주식 투자에 대한 생각

세무사가 기록한
진짜 주식 투자 잘 하는 법

주식 투자에 대한
생각

김진산 지음

서문

20여 년간 주식 투자를 하면서 느낀 다양한 경험과 생각, 마음을 2020년 중순부터 글로 남기기 시작했다. 마치 일기처럼. 처음에는 온전히 나를 위한 글로 시작했다. 그런데 글을 쓰면서 이러한 경험을 자녀에게 전해주고 싶은 생각이 들었다. 나와 가족을 위한 글이 목적이었다. 그런데 굳이 가족을 위한 글로 한정할 필요는 없겠다는 생각이 들었다. 가족을 위한 글이라면 다른 사람들에게도 충분히 도움이 될 수 있을 것 같았다. 이것이 『주식 투자에 대한 생각』이 세상에 나오게 된 이유다.

2002년 세무사업 개업 후 그 해는 정신없이 보내고, 2003년부터 주식 투자를 시작했다. 2008년 금융위기 때 큰 손실을 입고도 정신을 차리지 못했고 2018년 유럽 금융위기 때도 손실을 입었다. 오랜 시간 투자 경험자였지만 2020년까지는 너무나 평범한 투자자였다.

그러다가 2020년 3월 코로나 위기를 맞았다. 그전에 이미 계좌가 -35%였는데 3월 코로나 위기로 코스피 지수가 1,350포인트로 떨어지면서 내 계좌는 -80%로 박살 나고 있었다. 떨어진 계좌를 보자니 멀미가 날 정도였다. 2008년에 느꼈던 공포가 밀려왔다. 모든 상황이 절망적이었다. 아내 얼굴 보기가 미안했다. 아내가 새 아파트 이야기를 자주 했는데 들어주지 못하고 계좌를 허공에 날린 것이 너무 미안했다. 종합 주가지수는 조만간 1,000포인트를 깰 것처럼 보였다. 모두가 시장에서 벗어나려고 발버둥을 쳤다.

　나도 도망가고 싶었다. 원금 20%라도 건져서 종합주가지수 1,000포인트 아래에서 잡아서 원금을 회복하면 어떨까 하는 생각도 잠시 머리를 스쳤다. 그런데 내 투자 실력을 검토해 보면 나는 지금까지 400% 수익을 주식 투자를 통해서 달성해 본 적이 없다. 원금을 회복하려면 5배로 튀겨야 하는데 내 실력으로는 자신이 없었다. 원금을 회복하려면 앞으로 10년은 고생해야 할 것 같았다. 주식 투자의 목적이 투자 원금을 키우는 것이 아니라 '원금 회복'이 된 것이다. 그런데 아무리 봐도 나에게는 그럴 실력과 재주가 없었다. 차라리 그대로 두는 편이 원금 회복 가능성이 높다는 생각이 들었다. 시간이 지나니 2008년 금융위기 회복을 직접 경험한 것이 힘을 발휘했다.

　삶이 변하는 어떤 순간이 있다. 우리는 그것을 '트리거'라고 한다. 그 당시 위기 때 어떤 트리거가 내 삶을 변화시켰는지 고백하고자 한다. 불리한 상황에서 투자 의사 결정을 하지 않은 것이 트리거가 된 것이다. 불리한 상황에서 행동하지 않은 것, 단지 그것 하나이다. 이것은 어쩌면 나에게 행운이었다. 그 당시 어려움에 처했을 때 무엇을 알고 그런 행동을 한 것은 사실 아니다. 권투 시합에서 상대방에게 실컷 두들겨 맞아 KO 직전이었고, 비틀거렸지만 단지 쓰러지지만 않았을 뿐이었다. 수건을 링에 던지기 직전이었지만 끝나는 종이 울려서 간신히 살아난 것이었다. 시장은 빠르게 회복하기 시작했다. 정부가 공매도 금지를 내리고 시장은 조금씩 회복되었다. 나는 당시 네 종목에 투자하고 있었는데 한 종목이 빠르게 상승하면서 다른 종목의 손실을 모두 만회했다. 그 종목의 성장성을 미리 알고 투자한 것도 아니었다. 계좌 손실을 회복하려면 10년은 걸릴 줄 알았는데 상승하는 종목을 5개월도 참기가 힘이 들었다. 단지 내가 한 것은 불리한 상황에서는 가만히 있었고 유리한 환경에서만 움직인 것이다. 완벽한 운이었

　　　　　　　　　　　　　　　　　　　　　　주식 투자에 대한 생각

다. 소가 뒷걸음치다가 쥐를 잡은 것이다.

손실 계좌를 회복하고 수익까지 내면서 내 그동안의 주식 투자는 완전히 탈바꿈했다. 주식의 하락과 상승 전체 과정을 자연스럽게 경험한 것이다. 이 색다른 경험은 나를 차원이 다른 투자자로 변모시켰다. 그리고 나는 이 우연한 성공에 대해 깊이 생각하고 책을 탐독하기 시작했다. 내가 한 일은 놀라울 정도로 책과 많은 부분에서 일치했다. 단지 운이라고 생각했지만 나도 모르게 책에서 제안하는 행동을 했던 것이다. 투자자는 성공과 실패의 이유를 철저하게 분석하는 시간을 반드시 가져야 한다. 그리고 깊게 생각해야 한다.

우연한 성공조차 '왜' 생겼는지 생각했다. 그리고 나 자신에 대해서 더 깊게 생각했다. 우리는 시장에 대한 연구는 많이 한다. 시장에 반응하는 것은 바로 나 자신인데, 자신이 시장에 어떻게 반응하는지에 대한 생각은 거의 하지 않는 것이다. 정작 중요한 것은 자신에 대한 이해이다. 자신에 대한 데이터를 쌓는 것이 바로 자신을 이해하는 시작이다. 그래서 『주식 투자에 대한 생각』이 탄생한 것이다. 그리고 그 중요성을 알리기 위해서 이 글을 시장에 내놓는다.

투자에 있어서 성공의 경험은 아주 중요하다. 성공으로 이끈 행동을 반복하면 된다. 물론 실패의 경험도 중요하다. 실패의 경험을 반복하지 않기 위해서 그때의 방법을 피하면 성공의 가능성은 높아지게 된다. 작은 성공을 무한 반복하면 그 결과는 놀라울 정도로 커진다.

주식 투자 시장은 평범한 사람도 재능 있는 예술가가 걸작을 창조하듯 성과를 만들어 낼 수 있는 곳이다. 예술가는 걸작을 위해 타고난 재능과 평생의 노력을 쏟지만, 주식 시장에서는 일반인도 유사한 수준의 성과를 만들 수가 있다. 그만큼 효율이 좋은 곳이 주식 시장이다.

다만 주식 시장에서 좋지 못한 경험을 한 투자자들이 매우 많다. 공부 없이 본능에 따라 매매하며 상처를 입은 투자자들은 대부분 주식 투자를 말린다. 그래서 혁명적인 도구를 아예 멀리하려는 이도 있다. 무척 안타깝다. 이것은 고속도로에서 교통사고가 날 수 있으니 안전한 산길로 여행하는 격이다. 신호와 속도를 따르지 않는, 기분에 따른 운전은 큰 사고를 유발할 수 있지만 규칙에 잘 따르면 고속도로는 매우 효율적인 곳이다.

자녀가 학원에 갈 때 인사를 하면, 필자는 마음속으로 안전하게 잘 다녀오기를 기도하며 순수한 마음으로 자녀를 응원한다. 거기에는 어떤 이기심도 없다. 이것은 내가 부모님으로부터 받은 사랑 덕분에 가능하다. 이렇게 순수한 응원의 마음으로 임하면 많은 일들이 더욱 잘 된다. 자녀를 응원하는 마음으로 『투자에 대한 생각』을 세상에 내보낸다. 자녀에게 최고의 선물은 가난을 선물하는 것이라는 이야기를 들었다. 필자가 경험한 바에 의하면 너무나 정확한 말이다. 그 가치를 경험한 사람은 행운이다. 그러나 불행히도 필자는 자녀에게 그런 선물을 줄 능력이 없다. 그래서 자녀에게 사실 미안한 마음도 있다. 대신 물고기를 잡는 법을 알려주고 싶다. 그것이 이 글이 세상에 나오게 된 이유 중 하나다.

처음에는 항상 서툴다. 그럼에도 불구하고 처음은 가치가 있다. 출발을 의미하기 때문이다. 시작은 '과정'도 '결과'도 만들어내는 놀라운 능력이 있다. 그리고 처음이 있기에 발전이 있다. 사실 처음에는 욕심을 부렸다. 많은 내용을 담으면 더 많이 알게 되지 않을까, 하는 생각이었는데 너무 많은 내용은 독자에게 부담을 주어 역효과를 일으킨다. 차라리 잘라서 쉽게 제공하면 더 낫지 않을까?

세무사 공부를 할 때 공부해야 할 과목이 많아서 겁이 덜컥 났다. 저 많은 양을 언제 다 공부하지? 생각하면 머리가 질끈 아플 정도였다. 한번에

     주식 투자에 대한 생각

모든 과목을 다 공부하려면 엄두가 나지 않았다. 그래서 토막을 냈다. 그래, 자르자. 한 과목을 두 달로 자르고 목차를 두 달로 나누었다. 한 과목이 16장이라면 8주로 나누어서 주당 2장씩 공부했다. 2장을 한 주에 끝내려면 오전과 오후, 그리고 저녁 시간에도 공부해야만 했다. 그런 식으로 한 과목씩 정복해 나갔다. 이런 경험을 응용하면 좋겠다는 생각이 들었다.

너무 많이 욕심내기보다 쉽게 접하고 반복하고 지속하는 것이 최대의 결과를 만들어낼 수 있다. 한번에 많은 양으로 학습 의욕을 떨어뜨리는 것보다는 '누구나 쉽게 할 수 있고 지속 가능한 방법이 무엇일까'를 고민한 결과가 이 글을 쓰는 이유이다.

지하철을 이용하는데 많은 사람들이 스마트폰에 얼굴을 묻고 있다. 게임을 하는 사람도 있고 스포츠를 관람하는 이도 있고 뉴스를 보거나 유튜브를 시청하는 사람도 있다. 이런 사람들이 전자책을 보면 어떨까 하는 생각이 머리를 스쳤다. 그래서 최대한 쉽게 초등학생도 이해할 수 있게 써야겠다고 마음먹는다. 소비자의 삶에만 만족할 것이 아니라 생산자의 삶을 살아갔으면 하는 욕심이 생긴다. 앞으로 사회가 발전할수록 개인들의 여가 시간은 폭발적으로 증가한다. 그러나 대부분 갑자기 생긴 시간에 무엇을 해야 할지 모른다. 그 결과 게임과 스포츠에 중독되는 삶을 살아가게 된다.

유튜브와 시각적 영상의 영향으로 인해서 점차 사람들이 책을 멀리한다. 다행히 대부분 스마트폰이 있기에 전자책으로 잠깐씩 시간을 내어 책을 본다면 자신의 투자 실력도 늘리고 미래 노후도 준비하고 여가 생활에도 도움이 될 것으로 믿는다. 이것은 미래 사회에 대비하는 방법이다. 책 내용이 어려우면 사람들은 더 책을 멀리하게 된다. 최대한 쉽게 썼고 반복해서 읽고 내 것으로 만들면 된다. 부자로 가는 탑승권이 바로 책이다.

　지극히 개인적인 일기 성격의『주식 투자에 대한 생각』을 세상에 내보내는 이유는 무엇인가? 처음에는 나의 마음을 다스리고 투자에 몰입하기 위해, 즉 순전히 나를 위해 글을 썼다. 그런데 글을 쓰다 보니 마음을 다잡는 것뿐만 아니라 깊게 생각하는 습관이 생겼고 쓴 글을 나중에 읽어보니 실제 투자에도 도움이 되었다. 인간은 망각의 동물이다. 시간이 지나면서 귀한 경험을 잊는다. 그리고 비슷한 상황에서도 처음 경험하는 것처럼 반복적인 실수를 하고는 한다. 과거의 기록을 보면서 잊었던 배움을 빠르게 복습하고 투자에 활용하면 효율이 좋다. 효과가 있어서 이것을 자녀들에게 전수해야겠다는 생각이 들었다. 주식 투자는 경험이 무척 중요하다. 투자자가 오랜 시간 투자하면서 느낀 감정과 생각들을 자녀들에게 전해주고 싶었다. 이것은 자녀에게 물고기를 주는 것이 아니라 물고기 잡는 방법을 알려주는 것이다. 그런데 자녀가 아직 어리고 사회에 진출하려면 시간이 많이 남았다. 나와 가족에게 도움이 된다면 다른 사람에게도 도움이 될 것이다. 개인의 경험을 사회가 다 같이 이용하면 그것은 가치가 더욱 확장되는 것이다.

　『주식 투자에 대한 생각』을 완성하기까지 2020년 중순부터 대략 6년의 시간이 걸렸다. 매일 1시간 정도의 시간이 소요된 장기 기록물이다. 사실 주식 사이클을 고려할 때 10년의 경험은 무척 중요하다. 그런데 완성도를 기다리는 것보다 적시에 나와서 사람들에게 도움이 되는 것이 더 중요하다. 그래서 사실 세상에 5년 정도 빨리 나왔다. 앞으로 5년은 한국 주식 투자자들에게 아주 중요한 시기이다.

　세무사업은 24년 차, 주식 투자는 23년 차이다. 시간이 빠르게 흐르는 것이 너무 아깝다. 붙잡을 수가 있다면 붙잡고 싶다. 붙잡을 수가 없다면 천천히 흐르면 좋겠다. 시간은 인간에게 절대적으로 불리한 존재이다. 그런데 시간을 먹고 사는 것이 있다. 그것은 바로 투자이고 투자는 시간이 흐르면서 복리로 커지는 속성이 있다. 인간에게 불리한 시간의 흐름을 유리하게 만드는 것이 투자임을 밝힌다.

투자에서는 가장 먼저 들어오고 가장 나중에 퇴장해서 투자 기간을 최대한 늘려야 가장 많은 이익을 얻을 수가 있다. 즉 주식 시장에서 오래 투자를 해서 복리를 실현할 시간을 충분히 주는 것이 중요하다. 그런 의미에서 '평생 투자'를 강조한다. 투자의 세계를 볼 때 인간의 수명이 유한한 것이 너무 안타깝다. 그래서 필자는 수명 연장의 꿈인 신약 회사를 소유하고 싶어 한다. 하지만 그런 회사를 경영할 자신은 없다. 그런데 주식 시장이 있으니 이 얼마나 좋은가? 평범한 사람들이 부를 축적할 수 있는 혁명적인 도구가 주식 투자이다. 천천히 가더라도 방향만 맞는다면 동네 부자가 되는 것은 그리 어렵지 않다. 여러분이 동네 부자가 되기를 응원하며 이 책을 세상에 내놓는다.

생각은 사람을 지배한다. 생각은 그만큼 중요하다. 사람들은 보통 어떤 분야에 빠진다. 예술인도 그렇고 스포츠인도 그렇다. 빠지게 되면 몰입하게 되고 그 결과 걸작을 만들어 낸다. 뛰어난 재능에 더해, 쉽지 않은 분야에서 몰입까지 하니 일반인이 그것을 따라가기는 불가능에 가깝다. 뛰어난 성과에 그에 걸맞은 보상이 따라오는 것은 자연스럽다. 그런데 주식 투자는 일반인도 오래 투자하면 뛰어난 성과물을 만들 수가 있다. 여기서 중요한 포인트가 있다. 오래 투자해야 한다는 것이다. 그렇다면 오래 투자하는 것이 어려운가? 대부분 주식 투자 사이클인 10년을 넘기지 못한다.

이런 현상이 왜 발생하는가? 바로 빨리 부자가 되고자 하는 욕심에 본능적인 매매를 절제하지 못하기 때문이다. 사실 필자는 20년 가까이 주식 시장에서 고전했지만 행운아다. 두 번의 사이클을 경험했고 세 번째의 사이클을 경험하고 있는 중이기 때문이다. 이것은 말로 표현할 수 없는 재산적 가치를 가진 경험이다. 많은 사람들이 주식 시장에 뛰어들고 있지만 이런 오랜 경험을 가진 사람은 정말 소수이다. 왜냐하면 한 사이클(10년)을 버티지 못했기 때문이다.

필자는 지독한 행운아다. 사실 주식 시장에서 퇴출당할 기회가 여러 번 있었다. 한 사이클도 경험하지 못할 가능성이 아주 높았지만 용케 버텼다. 주식 시장을 떠나지 않은 것이 얼마나 다행인지 모른다. 오랜 시간 고생했지만 늦게라도 이 진실을 알아낸 것은 정말 가치 있는 일이다. 이런 진실을 알고 한 것은 아니다. 단지 부자를 꿈꾸고 그냥 했다. 그런데 그것이 맞았다. 완벽한 운이다. 이런 행운을 얻기 위해서 많은 시간과 돈을 허비했다. 그래도 가치 있는 진실을 알아낸 것은 축복이라고 생각한다.

복리의 마법을 이해하고 경험한 투자자는 부를 거머쥐는 사람이다. 알고 하면 너무 좋다. 대부분 모르고 하다가 중간에 포기한다. 확실한 이정표가 있다면 중도에 길을 잃지 않겠지만 이정표가 없다 보니 갈팡질팡하는 것이다. 투자자의 미래는 정말 밝다. 물론 투자 과정 중에 생기는 어려움은 있지만 극복하지 못할 대상은 결코 아니다. 길게 보고 평생 투자 개념으로 투자를 이어간다면 동네 부자는 따놓은 당상이다. 투자자로서 생각하면 인간의 수명이 유한한 것이 너무나 아쉬울 따름이다. 다행스러운 것은 인간은 죽고 없어지더라도 재물은 남아서 사회 발전에 기여한다는 사실이다.

우리는 모두 글을 읽고 쓸 수가 있다. 글은 생활을 편리하게 해준다. 그러나 금융은 어떠한가? 금융에 대한 교육은 거의 없다. 필자조차도 대학을 졸업하고 대학원까지 나왔지만 금융을 제대로 알지 못했다. 금융 문맹자였던 것이고 그런 사람이 주식 투자를 했으니 얼마나 고생을 했겠는가?

 주식 투자에 대한 생각

혼자 깨우쳐보겠다고 17년을 생고생하고 소중한 자본을 허비했다. 이제 탈출한지 6년 차이다. 이제 금융은 인간의 생존과 관련된 중요한 분야이다. 글을 배우듯 금융에 대해서 조금씩 알아가는 시간이 되기를 간절히 바란다. 금융 문맹에서 벗어나 금융 자산을 지키고 키우자. 그래서 동네 부자가 되어 보자.

목차

제5장 투자와 인생, 그리고 미래

제1장

투자 여정의 출발

1

실패에서 길어 올린
투자의 이유

폭락과 실패를 딛고 얻은
투자의 지혜

우연인가? 필연인가?

사람들은 모두 각자 현재의 삶을 살아가고 있다. 그런데 현재의 삶은 과연 우연인가? 아니면 필연인가? 현재의 삶이 만족스러운 사람도 있을 것이고 그렇지 못한 사람도 있을 것이다. 필자는 현재의 삶에 만족하고 있다. 분에 넘치는 사회적 대우를 받고 있고 감사한 마음뿐이다.

그렇다면 무엇이 현재의 삶을 이끌었는가? 고등학생 시절에는 입시 전쟁 속에서 1년을 허송세월로 보냈다. 나머지 2년은 열심히 해 보았지만 시간 부족을 절감했다. 원하는 대학과는 거리가 먼 지방 국립대였다. 그러나 여기에서 중요한 인생의 변곡점을 겪었다. 대학을 포기했더라면 그 후속 인생은 상당히 꼬였을 수밖에 없었을 텐데, 용케 합격했다는 점이다. 대학 합격 선물로 테니스 라켓을 선물받은 것이 또 나비효과를 낳았다. 대학 테니스 동아리에 들어가 테니스에 빠진 것이다.

대학은 나에게는 천국이었다. 처음으로 사람 대접받는 느낌이었다. 늘 공부와 일만 해야 하는 줄 알았는데, 놀거나 운동하거나 또 생각하며 시간을 보내는 방법도 있다는 것을 알았다. 젊은 시절에는 무엇인가에 잘 빠진

     주식 투자에 대한 생각

다. 그 대상이 대단히 중요한데 나는 테니스에 꽂혔다. 평생 테니스를 즐기고 싶었다. 그런데 선배 대다수는 직장 다니느라 바빠서 테니스를 즐기지 못한다는 것을 알게 되었다. 셋째 형에게 이런 고민을 털어놨더니 공인회계사 자격증을 준비해 보라는 조언을 들었다. 벌이도 괜찮고 전문직이라 시간도 확보할 수 있어 테니스를 계속 즐길 수 있다는 말에, 솔직히 무슨 일을 하는 줄도 모르고 자격증에 도전했다. 선택의 여지가 없었다. 2년을 치열하게 준비했지만 결과는 낙방이었다. 2달 뒤에 세무사 시험이 있었고 재정학 한 과목만 추가해서 공부하면 되었기에 또 도전했다. 간신히 턱걸이로 1차를 합격하고 다음 해에 2차를 합격해서 세무사 자격을 취득했다.

그리고 그다음 해에 세무사업을 개업했다. 그러나 경험 미숙과 어린 나이, 그리고 마케팅 역량 부족 때문에 심각한 경영 손실을 겪었다. 마이너스 인생을 살아갔다. 우여곡절 끝에 간신히 수지 타산을 맞추면서 주식 투자를 시작하지만 많은 손실을 입는다. 욕심에 눈이 멀어 미수와 신용 등 해서는 안 될 것을 먼저 몸으로 경험하고 비싼 수업료를 지불해야 했다.

사실 주식 투자는 대학생 시절에 나에게 찾아왔었다. 그 당시 행정고시를 준비 중인 셋째 형은 엄마를 설득해서 나에게 종잣돈 200만 원을 주게 했다. 대학생이 되었으니 주식 투자를 배우고 경험해야 한다고 했고 나도 동의했으나 테니스에 빠져서 여유 시간이 없었다. 그래서 그 돈을 계좌에 넣었다가 1년 후 다시 어머니께 돌려드린 기억이 있다. 이때 만일 테니스가 없었다면 나는 대학 시절 주식 투자에 빠졌을 것이고 돈맛을 보았다면 세무사라는 직업을 갖기는 어려웠을 것이다. 왜냐하면 3년 공부 기간이란 많은 기회비용을 생각하면 세무사를 택하기에는 효율이 떨어진다. 테니스라는 나비효과가 나의 직업 세무사를 가능하게 만들었고 세무사업을 바탕으로 생긴 소득으로 주식 투자를 하게 된 것이다. 이런 상황이 우연인지 아니면 필연인지 궁금하다.

2020년: 워렌 버핏의 투자 원칙과 김진산 세무사의 투자 원칙

버핏의 투자 원칙

1. 손해 보지 않는다.
2. 1원칙을 지킨다.
3. 1원칙과 2원칙을 지킨다.

김진산 세무사의 투자 원칙

1. 투자는 원금 손실이 되어서는 안 된다.
2. 투자의 시작은 고통스럽다.
3. 투자는 열매는 달다.

버핏은 투자는 '잃지 않는 것'을 강조한다. 수익보다 리스크를 강조함으로써 지키는 투자를 중요시한다. 그러나 '어떻게' 해야 하는지 방법이 빠져 있어 실천하기가 어렵다. 그렇다면 김진산 세무사의 투자 원칙은 어떠한가?

1. 투자는 원금 손실이 되어서는 안 된다.
2. 투자는 시작은 고통스럽다.

주식의 경우 가격이 떨어지면 팔기에 바쁘고 가격이 오르면 앞다투어 사려고 한다. 쌀 때는 쳐다도 보지 않다가 상한가를 가면 높은 가격에도 경쟁적으로 사려고 줄을 서며, 불나방처럼 달려들다가 나중에 가격이 하락

   주식 투자에 대한 생각

하면 엄청난 손실을 입기도 한다. 투자 시점에서 높은 가격에 산, 환희에 찬 투자는 나에게 많은 손실을 남기고는 했다. 투자 시점에서 고통스럽다면, 고평가에 사지 않았다는 뜻이다. 쳐다도 보기 싫은 주식을 응원하는 마음으로 조금씩 모아서(분할 취득) 사람들이 팔아달라고 아우성을 칠 때 풀어준다. 충분히 가치를 쳐줄 때 매도한다. 나는 주식 투자의 방법론을 이야기하는 것이다.

다른 사람들이 팔 때 나도 팔고 싶다. 그러나 그때는 저점일 때가 많아서, 팔고 나면 조금씩 상승하다가 나중에는 판 가격의 몇 배까지 상승하는 것을 보곤 했다. 다른 사람이 사려고 할 때 나도 사고 싶다. 서로 사려고 하다 보니 높은 가격에 환희에 차서 사고, 나중에 보면 가격이 빠지면서 많은 손실을 보고는 했다.

3. 투자는 열매는 달다.

투자는 농사와 같다. 씨를 뿌리자마자 열매가 열리는 것이 아니다. 씨가 잘 자라는 토양을 선택하고(종목 선정) 씨를 뿌렸으면 정성껏 돌보고(분할 취득과 관심) 열매가 맺고 충분히 익도록 기다릴 줄 알아야 한다. 주식은 인내력이 없는 사람으로부터 인내력 있는 사람에게 돈을 이전하는 게임이다. 엉덩이가 무거워야 돈을 벌 수가 있다. 열매가 달리자마자 수확하는 것보다 충분히 익었을 때가 맛이 좋다. 개인 투자자는 자금력과 정보에서는 늘 열세지만 기다린다면 충분히 수익을 낼 수가 있다. 오랜 시간 주식을 투자하면서 실수를 줄이고 안정적인 수익을 내는 시스템을 만드는 방법을 공유해 본다.

2021년: 투자할까 말까?

서른 살이었던 2002년, 세무사 사무소를 개업하고 일도 없는 차에 행정고시에 합격한 셋째 형의 조언으로 주식 투자를 시작했다. 처음에는 몇만 원으로 시작했는데 시간이 지나면서 금액은 상당히 커졌다. 사무소 1층에는 농협이 있었는데 지점장님 권유에 신용대출 1억 5천만 원을 받아놓고 조금씩 주식 계좌에 집어넣었다. 어느 순간 1억 5천이 모두 주식에 투입되었다.

상한가 따라잡기, 하한가 따라잡기, 신용으로 주식 사기… 이렇게도 저렇게도 해 봤지만 수익은 미미하고 손실은 확대되었다. 그러던 중 2008년 금융 위기가 덮치고 신용대출로 투자금의 3배까지 사들인 종목이 하한가를 기록했다. 3일째 하한가에 돌이킬 수 없는 피해를 겪었다. 헐값에 처분하지 않으면 결국 강제 매각되기에 선택하고 말 것도 없이 매도했고 엄청난 손실과 빚만 남게 되었다. 우량주들로 포트폴리오를 구성했지만 위기 앞에서는 우량주나 넝마주나 별 차이가 없었다.

부동산은 목돈이 있어야 한다는 생각에 주식으로 한몫 잡아서 부동산으로 가자는 생각이었는데 시작부터 꼬였다. 그런데 되돌아보면 부동산을 했으면 꽤 많이 벌었을 것 같다. 그 이후에도 2번 정도 더 깡통을 찼다. 그래도 주식 시장을 벗어나지 못했다. 심한 충격을 받으면 잠시 떠났다가 미련을 버리지 못했다.

2020년 3월 코로나로 인해 내 계좌는 -80%로 박살이 나고 있었다. 코로나 전에 -35%이었던 계좌는 며칠 사이에 45%가 더 빠졌다. 코스피 지수는 1,350근처를 기록하고 시장은 피비린내로 진동했다. 금방 1,000을 하회할 기세였다. 하루 손실액이 전일 대비 1억을 넘을 정도로 계좌는 쪼그라들었고 구토가 나올 지경이었다. 서울 LG화학에서 근무하는 둘째 형에

　　　　　　　　　　　　　　　　　　주식 투자에 대한 생각

게 전화가 왔다. 코로나로 하루 손실액이 50만 원 났는데 내가 걱정된다면서 괜찮냐고 안부를 물었다. 애써 태연한 척했다. 지금 쓸 돈이 아니라 10년 후 노후 자금이라고. 아내도 걱정된다면서 괜찮냐고 물었지만 같은 대답을 했다. 존 리 대표의 유튜브 동영상이 큰 위로가 되었다. 현재의 손실이 고통스럽지만 10년 후에는 10배의 수익을 줄 수 있다고.

그 당시 분위기는 지수가 1,000도 하회할 분위기여서 나도 고민했다. 20%라도 건져서 지수 1,000 아래에서 사보는 것은 어떨까? 본전하려면 400% 수익을 보아야 한다. 지금 가격의 5배로 뛰어야 한다. 17년 동안 그렇게 성공한 경험이 없었다. 자신이 없었다. 손절하기에는 너무 늦었다. 손실을 확정 지으면 그만큼 회복은 어렵다. 그냥 떨어진 채로 회복하는 편이 빠를 것 같았다. 여기에서 -80% 손실 후에 이후 투자에서 손실이라도 나면 어쩔 것인가? 투자에 점차 자신을 잃었다. 금융위기도 회복되더라. 놔두자. 악수보다 무대응이 때론 좋다. 10년 후에 두고 보자.

시장이 처참해지자 정부는 빠르게 한시적 공매도 금지를 내리고 시장은 조금씩 개선되었다. 내 계좌에는 네 개 종목 중 한 종목이 급등락을 했다. 2년 전 12,000원에 샀는데 3,980원을 찍더니 5,000에서 7,000원을 오가며 난리를 쳤다. 종가 15분 전에 상승 25% 기록하던 주가는 폐장 때는 하락 15%로 마감하며 하루에 변동폭이 40%가 넘었다. 고가에 팔고 저가에 사면 이익이 얼마냐며 자책하였다. 견디기가 무척 어려웠다. 10년은 고사하고 주식이 상승하는데 5달을 참기가 어려웠다. 하락은 잘 견디는데 상승은 정말 견디기 힘들다는 것을 몸소 경험했다. 어쨌든 이 주식은 5달 만에 57,000원을 기록했다.

소가 뒷걸음치다 쥐를 잡았다. 주식 투자 20년 동안 자책과 후회만 하다가 새로운 경험을 한 것이다. 투자 경험은 놀라운 자산이다. 지금도 나머지 세 개 종목 계좌를 보면 시퍼렇게 멍들어 있다. 그러나 전체 자산은 증가했다. 멍들면 장기 투자가 되고, 수익은 적극적으로 챙기는 나만의 방식을 만들었다. 2020년은 진입만 하면 수익을 주었지만 2021년은 대부분 손실을 경험했을 것으로 생각된다. 주식 투자는 잃지 않으면 결국 번다.

그러나 투자는 쉽지 않다. 2021년에 많은 투자자들이 그만두고 싶다고 생각했을 것으로 판단된다. 나 또한 그러했기에. 일로만 돈을 벌려고 하지만, 점차 나이를 먹으며 체력도 떨어지고 시간도 한정되어 있다. 돈이 일하게 하는 세상으로 변화하고 있지만 그 등락은 견디기가 쉽지 않기에 지인에게 추천하기기가 만만치 않다. 아내와 자녀들에게도 조언하고 추천한다.

주식을 비싼 가격에 구입하면 많은 대가를 치러야 한다. 그것을 탐욕이라 부른다. 먹을 것도 없는데 손실은 크게 열려있다. 저평가된 주식이 있는데 공포 때문에 매수를 못하고 오히려 매도를 하기가 쉽다. 충분히 가격이 싸서 오히려 손실은 작고 이익은 크게 열려 있다. 저평가에 사서 적정평가나 고평가에 놓아주면 되는 것이 주식 투자다.

오르면 끝없이 오를 것 같고 내리면 끝없이 내릴 것같이 느껴진다. 인간의 습성과 주식 생리는 정반대로 가기에 돈을 잃기가 쉽긴 하지만 극복해야만 하는 수고로움이 따른다. 쉽게 얻어지는 것이 무엇인가? 주식 투자 수익도 인내와 고통의 과실인 것이다.

주식 투자를 스포츠에 비유하자면 권투 시합이라고 생각된다. 스텝과 잽을 익히고 체력을 연마해서 링에 올라도 승리보다는 패하기가 쉽다. 투자 철학이 담긴 책 한 권도 읽지 않고 무작정 링에 올라가서 소중한 시드머니를 날려버리는 경우가 많다. 나 또한 그랬으니까. 부동산을 사듯이 공부해서 주식을 사고 처음 3년은 작은 규모를 운영하면서 노하우를 익히고 인

     주식 투자에 대한 생각

내하고 공부하는 연습부터 하면, 시행착오를 줄여 시드머니를 지키고 성장시키기 유리하다고 생각된다. 꼭 세계 챔피언이나 국내 챔피언까지는 아니더라도, 복싱으로 다이어트만 되어도 인생은 멋지기 때문이다.

2022년: 투자의 세계

요즘 투자자는 고민이 많다. 금리 인상, 원자잿값 상승, 오일 값 상승 거기에 러시아의 전쟁까지 악재투성이다. 손실 구간이 확대되면서 괜히 시작했다고 후회하는 사람들도 있다. 하긴 20년 이상 투자한 나도 멀미를 느끼는데 경험이 짧은 사람들이라면 견디기 고달픈 것이 당연하다. 빨간색으로 수익을 보면 재미도 있을 텐데 파란색으로 원금을 까먹고 있으면 멘탈도 흔들리고 투자 의욕도 꺾이고 심란해진다.

투자란 농사와 유사하다. 일년생 작물도 있지만 다년생 작물도 있다. 농사는 미리 예측 가능한 대신에, 손이 많이 가고 통제할 수 없는 날씨에 매우 취약하다. 투자는 일년생인지 다년생인지 예측 불가능한 대신에 손이 많이 가지 않고 날씨에 별 영향이 없다. 다만 하락과 상승에 대한 변동성에 멀미가 나기도 한다. 시간이 길면 투자자에게 유리한 가능성은 커진다.

무엇을 알려고 하면 배우는 수고로움이 뒤따르듯이 자산을 불려 나가려면 투자가 꼭 필요하고 투자자에게 수익이 나려면 인내라는 번거로움이 따른다. 배우는 수고로움 속에서 희열을 느끼기도 하는데 변동성을 즐기는 것이 가능하다면 투자의 세계를 제대로 경험한 행복한 사람임이 틀림없다.

목돈을 투입해서 이미 주식을 산 사람은 주가가 올라가기를 바란다. 기다리는 급등은 없다. 생각처럼 오르지 않고 오히려 빠지는 경우가 많고 박스권에서 오르락내리락한다. 그런데 내가 사지 않은 다른 종목은 화려한 시세를 내는 경우가 많다. 그럴 땐 마음이 흔들리기 마련이다. 여기에서 중요한 포인트가 있다. 기업이 성장할 충분한 시간을 주어야 하는데 단기 사이클(1년~3년)도 투자자 입장에서는 참기가 어렵다. 하물며 중기 사이클(3년~5년)과 장기 사이클(5년~10년)을 어떻게 참을까? 기업에 투자를 했으면 최소한 단기 사이클은 버티겠다는 마음을 먹는 것이다. 그러다 보면 단기 손실은 극복되는 것이 일반적이다. 이 시기를 이겨내지 못하면 투자 수익은 내 것이 아닌 남의 것이 된다.

목돈이 있어도 주식을 낮은 가격에 모으고 싶어하는 투자자도 있다. 주식을 조금 샀지만 주가가 떨어지기를 바란다. 그런데 주가는 좀처럼 떨어지지 않고 오히려 상승한다. 투자자는 마음이 급해진다. 기다리는 급락은 없다.

목돈이 없어 꾸준히 주식을 사는 투자자도 있다. 주가가 천천히 올라가기를 바라면서도 주가가 상승하면 기분이 좋다. 주식을 투자하는 재미가 쏠쏠하다. 금방 부자가 될 것 같다. 상승장에서는 이런 기분으로 투자 의욕이 높아진다. 그러나 2022년과 같은 상황이 되면 투자자는 시장에서 떠나고 싶어한다. 투자는 자신과 맞지 않다고 생각하며 스스로 시장을 떠나는 투자자도 생긴다. 주식 단기 사이클도 이해하지 못하는 것이다.

이것이 2022년 대한민국의 투자의 세계이다. 투자는 때때로 힘든 시기가 있다. 그 시기를 이겨내면 반드시 보람찬 희망의 세계가 투자자를 기다리고 있다.

2023년: 시장이 어려울수록 감사한 마음으로 극복하자

새해가 시작되고 투자자들도 희망으로 시작했지만 지수는 강하게 하방으로 누르고 있으며 계좌는 파랗게 멍들고 있다. 벌려고 달려들었는데 실컷 두들겨 맞고 원금 손실마저 상당해졌다. 주식 투자의 세계에서는 이 것이 일상적이고 빈번한 일이지만 지난 2년의 경험으로 그동안 잊고 살았다.

그동안 투자자들 사이에서는 저축은 미련한 짓이라는 인식이 있었는 데 지금은 저축이 왕이다. 세상 일은 늘 이렇게 돌고 돈다. 마치 계절이 순 환하듯이 투자도 비슷한데 이것을 잊고는 한다. 준비가 되어 있는 사람은 타격이 덜하겠지만 무작정 달려든 사람은 큰 충격에 회복이 어려울 수도 있다. 필자도 여러 번 충격에 빠지고는 했다. 그러나 결국 승패를 결정짓 는 것은 '어려울 때 다시 일어날 수 있는가'이다. 투자에서 늘 승리할 수는 없다. 확률 게임이다. 이기기도 하고 지기도 한다. 승률을 높이는 것이 살 아남을 가능성이 높다.

이렇게 어려운 장이 되면 모두가 시장을 떠나고 싶어 한다. 필자도 작 년 중순부터 시장이 매력이 떨어져 비상장 주식을 공부하기도 했다. 약 6 개월 만에 시장은 자신의 길을 확고히 하방으로 몰고 있다. 작년 투자 성과 를 살펴보니 12개월 중 3개월 상승하고 9개월 하락해서 결국은 -30%를 기록했다. 플러스 게임을 이어가야 하는데 마이너스 게임을 하고 만 것이 다. 평생 투자 개념으로 보면 이 또한 어쩔 수 없는 일이지만 당장 현실 세 계에서는 견디기가 쉽지 않다. 이런 부분이 투자를 어렵게 만드는 요인이 다. 당연한 것을 힘들어 한다. 긴 안목으로 보면 통과 의례이다. 그러나 이 러한 사실을 아는 사람과 모르는 사람은 인내의 깊이와 투자의 성과에서 커다란 차이를 만들어 낸다. 그래서 금융에서는 '경험'이 대단히 소중한 자 원이 되는 것이다. 앞선 사람들의 투자 성과를 보면서 우리는 무엇을 배우 고 얻을 수 있는가? 인내와 지혜가 부로 바뀐다는 것을 알 수 있다.

투자의 세계에 발을 디디는 것은 축복이다. 때로는 거친 길이 나타나기도 하지만 긴 장거리 여행의 세계이고 배움이 있고 보상이 있는 꿈의 길이다. 어렵더라도 감사한 마음으로 그 찬란한 길을 걷는 나 자신을 응원한다.

네이버(NAVER)가 나를 큰 부자로 만들어준다

2020년 중순부터 네이버에 글을 쓰기 시작했다. 글이라고 하니 거창한데 일기를 노트 대신 블로그에 쓰기 시작한 것이다. 컴퓨터가 일상이 된 현실이다. 어려서 맥가이버를 즐겨봤는데 타자로 글을 쓰는 장면이 나에게는 상당히 인상 깊었다. 그 당시에는 선진국인 미국에서나 가능한 일이었다. 우리에게는 공책뿐이었다. 그로부터 40년이 흐른 지금 한국에는 집이나 회사에 개인 컴퓨터가 있다. 편리하게 사용할 수가 있다.

고등학생 때 쓴 일기는 나에게 큰 도움이 되었다. 의자에 앉아 있는 자체가 나에게는 고역이었고 혈기는 또 왜 그렇게 좋은지 미친 사람처럼 날뛰고 싶었다. 그런데 정말 그렇게 하면 곤란한 일들이 발생해서 어떻게 해야 할지 난감했다. 그때 기적처럼 다가온 것이 일기다. 행동을 마음대로 못하면 일기에서나 내 마음대로 해 보자 했던 것이다. 글로 하니 큰 사회적 물의를 일으킬 일도 없을 터이다. 글로 마음대로 날뛰어 보겠다는 생각으로 일기를 시작했는데 결과는 예상과 다르게 흘러갔다. 마음이 차분해졌다. 놀라울 정도로. 나의 내면을 보게 되었고 내게 벌어지는 일들을 제3자의 시선으로 바라보는 능력이 생겼다. 친구들과 다투는 일도 점차 줄게 되었고 무엇보다 차분한 마음은 대학에 들어가는 데 큰 도움이 되었다.

서른 살에 세무사를 개업하고 일이 거의 없었다. 열심히 살았다고 생각했는데 사회에서는 전혀 알아주지 않았다. 영업을 나가도 반응은 별로였다. 그 당시 세무사는 나이가 많은 분들이 대다수였기에 30살의 젊은 세무사는 생소하게 보였을 것이다. 답답한 마음에 그동안 내 삶을 돌아보는 글을 썼다. 『서른한 살에 쓴 서른 살까지 이야기』가 나왔다. 10권만 책으로 만들었다. 데이트를 하던 아가씨에게 책을 선물했다.

그리고 20여 년의 시간이 흘렀다. 그동안 네이버에 쓴 블로그를 모아서 책으로 펴 낸다. 블로그 글은 나를 가르치기 위한 글이다. 너무 개인적인 글이다. 하다 보니 자녀를 잘 가르치고 싶은 욕심이 났다. 그래서 글을 쓰고는 식사 시간 때 자녀들에게 읽어주었다. 그러다가 주식 투자에 대한 경험을 우리 국민에게 알려주면 어떨까 하는 고민이 생겼다. 많은 사람들이 필자처럼 금융 문맹에서 벗어나 자신의 금융 자산을 크게 키울 수 있다면, 우리나라의 금융 산업을 발전시키는 일이 된다. 이것은 국부를 증대시키는 일이다. 내가 한 것은 네이버 블로그를 책으로 만드는 결정을 한 것뿐이다.

우리는 왜
투자를 해야 하는가?

왜 『주식 투자에 대한 생각』을 읽어야 하는가?

필자는 대학에서 경영학을 전공했다. 심지어 경영 대학원까지 졸업했다. 그럼에도 불구하고 사실 금융 문맹자였다. 세무사 개업 후 금융 문맹자인 상태에서 주식 투자를 시작했다. 이것은 무엇을 의미하는가? 우리나라 정규 교육 과정에서 체계적으로 금융을 교육하지 않는다는 것이다.

금융 문맹자가 주식 투자를 했으니 그 결과는 어떻게 되었을까? 여러분이 상상하는 그대로이다. 주식 투자 17년 동안 금융 문맹자로 살았다. 필자도 생각해 보니 참 어지간히 미련하다. 그렇지만 경험을 통해서 배웠고 책을 통해 배웠다. 알려주는 기관이 없으니 독학했고 그 결과 시간과 돈이 많이 소비되었다.

금융 문맹자로 살아가면서 피해를 본 사람이 필자 한 명일까? 사실 대한민국 주식 투자자 상당수가 금융 문맹자이면서도 투자하고 있다. 또 금융 문맹자로 투자 실패를 겪고 시장을 떠난 사람들도 매우 많다. 주식 투자를 하지 않는 대부분의 사람들은 당연스럽게도 금융 문맹자로 살아가고 있다. 이것은 대한민국 전체에서 매우 큰 손실이다.

이런 현실에서 어떻게 해야 할까? 제일 좋은 것은 필자의 책을 초중고 및 대학생들이 읽어야 할 필독 도서로 지정하는 것이다. 그리고 교육부에서는 금융에 대한 정규 교육 과목을 개설하여 학생들을 가르쳐야 한다. 그런데 불행하게 선생님들 대다수가 금융 문맹자이다. 우선 선생님들에게 금융을 필수적으로 가르쳐야 한다. 선생님의 영향은 그야말로 절대적이기에 이 교육은 획기적인 변화를 가져올 것이다. 금융 선생님들을 양성해야 한다. 그렇게 되면 대한민국은 엄청나게 발전하게 되고 국부는 커지며 노후가 든든해진다. 이것이 바로 금융 질서를 바로잡는 것이다. 이것은 정책 지도자가 할 수 있는 일이다. 필자는 그런 위치에 있지 못하다.

그렇다면 방법은 없는 것일까? 언젠가는 위의 내용들이 실현되겠지만 시간이 많이 걸린다. 기다리는 것이 능사가 아니다. 당장 우리의 노후가 위협받고 있으며 우리의 재산을 키울 기회가 상실된다. 가장 현실적이고 빠른 방법은 김진산 세무사가 저술한 『주식 투자에 대한 생각』을 읽는 것이다. 반복해서 읽어서 자신의 것으로 소화시켜야 한다. 그렇게 할 수 있다면 시간과 돈을 획기적으로 아껴서 그 자원을 씨앗으로 삼을 수 있다. 평생 투자를 해서 복리로 자산을 키울 수가 있다. 더 이상 노후를 가난하게 살 필요가 없다. 국가와 자녀에게 의존하지 않고 자기 힘으로 노후를 살아갈 수가 있다. 이것은 인간의 존엄성을 지키는 문제이다. 그리고 더불어서 정부 재정을 아낄 수가 있다.

우리 국민은 근면하고 세상에서 제일 똑똑다. 그런데 금융 문맹자여서 많은 국민들이 노후를 빈곤하게 살아가는 것이 안타깝다. 금융 문맹자에서 탈출하고 동네 부자가 되기 위해서는 꼭 『주식 투자에 대한 생각』을 읽어야만 한다. 가난하게 노후를 보내고 싶은 사람은 없을 것이다.

사람은 쉽게 변하지 않는다. 그래서 교육이 가장 어렵다. 변하기 위해서는 자신에 대한 정확한 이해가 필요하다. 자신의 상태를 정확하게 진단할 수만 있다면 대책은 의외로 쉽다. 자신의 현재 금융 문맹자라는 사실을 인정하는 것이 출발점이다. 알면 탈출할 수가 있고 그러면 내가 가진 부는 획기적으로 변한다. 필자도 주식 투자 23년 중에서 금융 문맹자로 17년을 살았고 금융 문맹자에서 탈출한지 6년밖에 지나지 않았다. 필자의 지나간 17년이 아쉽기에 이렇게 글을 쓰는 것이다. 금융 문맹에서 탈출하면 신세계가 보인다. 그 신세계에 여러분을 초대한다.

우리는 왜 투자를 하는가?

우리는 대부분 본업이 있다. 그런데도 투자를 하는 이유는 무엇인가? 경제적인 이유 때문이다. 본업을 하고 있음에도 효율을 올리기 위해서 투자를 진행한다. 투자는 비용 대비 효율이 좋기 때문이다. 여기서 투자의 '비용'을 생각해 보자. 시간과 에너지는 결국 자원으로서 돈이다. 처음에는 배우는 과정이기에 시간과 에너지를 투입하는 것은 타당하다. 그러나 본업을 희생한다든지 시간을 너무 많이 투입하면 투자 비용이 급증하는 현상이 발생된다. 물론 수익이 그에 상응해서 따라준다면 이야기가 달라지겠지만 대부분 수익은 쉽게 주어지지 않는다. 시간을 과도하게 투입해도 좋은 결과를 얻기 어려운 것이 현실이다.

대부분의 투자는 시간이 해결해 주는 경우가 많다. 투자 후에 많은 시간을 할애한다고 수익이 증가하지도 않는다. 따라서 본업에 충실하며 투자는 가끔씩 체크해 보는 정도만으로도 충분하다. 일부러 시간을 낼 필요조차 없을 수도 있다. 자투리 시간으로도 충분하기 때문이다. 투자 전에 신중하게 시간을 투입할 필요는 있지만, 투자 후에는 시간을 잡아먹을 필요

　　　　　　　　　　　　　　　　　　주식 투자에 대한 생각

가 없다. 시간이 흐르면서 가치가 증대되는 것이기에 효율이 좋다고 말하는 것이다. 투자 후에도 시간을 계속 잡아먹는다면 결코 효율이 좋다고 할 수가 없다. 시간은 투입해서 가치를 더욱 높일 수 있는 본업에 집중하고, 투자에는 세월을 들이는 것이 효과 만점이다. 이것이 바로 경제학에서 주장하는 최소 비용으로 최대 만족을 얻는 경제성이라고 말하고 싶다.

1. 돈의 가치 하락을 대비(인플레이션 방어)
2. 노후 대비 및 미래 자금 마련
3. 수동적 소득(이자, 배당, 부동산 임대, 투자 소득)으로 경제적 자유 달성
4. 부의 증식 및 자산 형성

왜 우리는 투자를 해야 하는가?

우리는 현재를 바쁘게 살아간다. 현재의 삶에 만족하는 사람도 있고 불만족하는 사람도 있다. 그런데 모두가 바라는 것이 있다. 바로 미래에 현재 이상의 삶을 살고 싶어한다는 것이다. 현재보다 뒤떨어지는 삶을 원하는 사람은 없다. 원하는 것이 있으면 그에 따르는 책임과 대가를 지불하는 것이 일반적이다. 효용이 비용보다 크다면 우리는 그 비용을 기꺼이 지불하기 마련이다. 많은 사람들이 현재의 노동력을 계속 유지할 수 있을 거라 생각한다. 경제적 측면에서는 현재 상태를 계속 유지하리라고 막연하게 생각하는 경향이 있다. 그러나 노동 가능 연령은 정해져 있다. 자신은 노동할 수 있고 능력도 있다고 자부한다. 그런데 사회에서는 노령의 노동자를 선호하지 않는 문제점이 있다. 내가 하고 싶다고 해도 사회 여건이 이를 허락하지 않을 수도 있는 것이다. 그렇다고 그때 가서 창업을 하는 것도 쉬운 길은 아니다.

물론 필자의 주장에 반론을 펼치는 사람도 있다. 인생은 유한하고 쓰는 돈이 내 돈이다. 현재를 살아가기도 벅찬데 저축과 투자가 무슨 말이냐? 모두가 흙으로 돌아갈 테고 재산을 싸 가지고 갈 것도 아니다. 현재 잘 먹고 잘 살다 가는 것이 최고이다. 그러나 이런 주장은 하소연이지 타당한 말은 아니다. 우리는 과연 이런 주장을 자녀에게도 할 수 있는가? 자신이 해 보고 좋은 것은 자녀에게도 권하기 마련이다. 자녀는 우리의 미래이기 때문에 그들이 이 세상을 바르게 헤쳐 나가길 바라는 것이 부모의 마음이다.

우리는 자원을 가능한 효율적으로 배분해서 사용해야 한다. 무한하지 않은 자원이기에 신중하게 사용하는 것이다. 다 먹지 않고 종자를 남겨 놓는 농부의 마음이 필요하다. 다 소비하지 않고 미래를 대비하기 위한 저축과 투자가 필요한 것이다. 생존을 위해서도 필요한 덕목일 뿐만 아니라 미래를 대비하는 수단이기도 하고 미래 세대를 위한 영양분을 남겨 놓는 배려이기도 하다. 우리는 사회로부터 다양한 혜택을 받으며 현재의 삶을 살아가고 있다. 그것이 가능한 이유는 선조가 만들어 놓은 사회적 영양분 때문이다. 그들이 사회를 발전시켜 놓았기에 우리가 그런 문명을 누리고 살아간다.

동물 다큐멘터리에서 종종 야생 동물들이 생존을 위해서 끊임없이 사냥을 하는 모습을 본다. 사냥에 실패하기도 하고, 큰 부상을 입고는 더 이상 살아가기 어려운 모습도 관찰된다. 생존 자체가 경이로울 뿐이다. 크고 작은 위험들이 도처에 널려 있다. 인간의 삶과 동물의 삶이 많이 대비된다. 인간들이 부를 누리고 쓰는 데만 열중했다면 현재의 문명은 없다고 생각한다. 잉여를 만들어 낼 능력이 있는 사회는 비약적으로 발전했다. 먹고 사는 문제에서 벗어날 때 인간의 창의성은 올라간다. 잉여는 투자를 낳고 그 투자는 더욱 큰 과실을 만들어 낸다. 자원이 효율적으로 배분되어 더 큰 성과물이 탄생하고 이는 사회 발전의 초석이 된다. 선순환 사이클을 더욱 크게 확대시키는 것이다.

항상 주식 시장에 발을 담가야 하는 이유는 무엇인가?

주식 투자자들은 본능적으로 손해를 보지 않으려 한다. 주식 시세는 하루에도 적지 않은 변동을 보인다. 최고가와 최저가의 차이가 투자자들을 끊임없이 단기 매매의 길로 유혹한다. 하루에도 변화가 있지만 일주일의 차이는 더욱 크게 난다. 한 달, 1년, 3년처럼 기간이 늘어나면 최고가와 최저가는 더욱 벌어진다. 그 차이를 먹는다면 어마어마한 수익을 가져갈 수 있다. 높은 가격에 팔고 낮은 가격에 다시 잡을 수 있다.

물론 그러한 능력이 있다면 얼마나 좋겠는가? 그러나 현실에서는 반대로 매매를 하며 손실을 키우는 경우가 더 많다. 조금 올라서 팔았더니 더 높은 가격으로 날아가서, 다시 사기 위해 떨어지기를 기다리지만 오히려 계속 달아난다. 인내하다가 마침내 포기하고 오늘이 최저 가격일 거라 확신하고 구매했더니 슬금슬금 빠지는 경험을 한다. 이론상으로는 단기 매매로 수익을 볼 수 있을 것 같지만 현실은 전혀 그렇지 않다는 데 문제의 핵심이 있다. 단기적으로 하는 예측 매매는 틀리기가 쉽다, 즉 단기적으로는 주가의 향방을 모른다고 인정해야 하는데, 우리의 본능은 그 사실을 거부한다. 단기 매매에 열중하지만 대다수가 단기 예측에 실패하면서 계좌는 쪼그라들고 만다. 그러고는 자신이 운이 없을 뿐 실력이 없는 것이 아니라고 우긴다. 이는 진실을 왜곡하는 데서 나오는 문제로, 객관적으로 보면 사실 실력이 없는 것이다. 단기적으로는 주가의 방향을 예측할 수 없다고 인정하고, 그에 준하는 단기 매매는 지양하며 장기적으로는 주가가 올라간다는 사실은 인지해야 한다. 장기 매매를 통해서 수익을 안정적으로 확보하는 것이 진정한 실력자의 자세이다.

　TV와 유튜브에서 소위 전문가들이란 사람들이 위기 때는 주식을 모두 팔아야 한다고 주장한다. 반면 열기가 뜨거울 때는 모두 주식을 사야 한다고 부추긴다. 얼핏 듣기에 그럴싸하다. 그러나 단기 주가 방향은 아무도 모르는데 마치 자신들이 신이라도 되는 양 매도와 매수를 부르짖고 있다. 간간이 맞을 때도 있지만 틀리는 경우가 훨씬 많다. 많은 투자자들에게 오판을 내리게 해서 많은 손실을 가중시키는 일이 적지 않음을 알아야 한다. 필자는 광고를 제외하고는 전문가 말을 듣고 큰 부자가 된 사람을 본 적이 없다. 객관적 사실은 이럴진대 아직도 눈먼 투자자들이 적지 않은 비용을 지불하며 전문가들의 정보를 쫓는다.

　단기적인 손실은 어쩔 수 없다, 처음부터 보수적으로 매수했다면 단기 손실을 최소화할 수 있지만, 이를 완전히 피하는 것은 거의 불가능하다. 2022년부터 시작된 예상 밖의 조정으로 1년 이상 -30%인 계좌가 복구되는 데 2달밖에 걸리지 않았다. 만일 손실이 커질 때 공포를 느껴 추가 손실을 막고자 -20%나 -30% 수준에서 손절매를 실시했다면 어떤 일이 벌어졌을까? 위기를 벗어난 후 본격적인 상승장에서 다시 진입한다면 문제가 발생한다. 이미 지수가 안정되었으니 다시 투자를 시작하더라도 2달의 상승은 허공으로 날아간 수익이 되는 셈이다. 하락은 길게 이어지는 반면 상승은 짧고 갑작스럽게 일어나는 경우가 많다. 그 짧은 상승기를 놓치면 수익에 치명상을 입게 된다. 핵심은 단기적으로는 주가가 상승할지 하락할지 모르지만 장기적으로는 상승할 가능성이 높기에, 그때를 대비해서 투자를 이어가는 것이다. 다만 여기에는 매우 큰 비용이 추가로 들어간다는 사실을 알아야 한다. 단기적인 손실을 감수해야 하는 것, 그리고 보유 중에 생기는 악재나 리스크를 져야 하는 것이다. 그러나 이를 능가하는 기대 수익이 있기에 기꺼이 그 비용을 지불하는 것이다.

주식 투자의 본질에 대해서 생각해 본다

코스피 2,340 코스닥 750이다. 저평가 구간이라고 생각되지만 지수는 계속 하방으로만 흐르고 있다. 기존 투자자는 손실에 신음하고 신규 투자자는 거의 없다. 고금리 고환율 고유가인 3고 현상에, 이스라엘과 팔레스타인 간 전쟁까지 불확실성을 키우고 있다. 현재 대부분의 주가는 낮은 가격으로 헤매고 있지만 매수는 별로 없고 매도세가 강하게 짓누르고 있다. 대부분 투자자들의 계좌는 평가 손실이 하루가 다르게 깊어지고 있다. 2달 전에는 일부 종목이라도 치고 나가서 투자자들에게 약간의 희망이라도 주었지만 현재는 모두 다 하락에 신음하고 있다. 그동안 상승하던 일부 종목들이 하락하면서, 오르지 못하던 많은 종목들도 덩달아 하락하고 있는 상태이다.

어느덧 사람들이 모였을 때 주식에 대한 이야기가 거의 사라졌다. 어쩌다 이야기하면 손실 계좌에 대한 후회와 번민으로 가득하다. 이러한 시기에 현명한 투자자는 어떻게 반응하고 대응해야 할까? 주식 투자의 본질에 대해서 생각하게 된다. 지수가 하락하게 되면 전체적으로 계좌에 손실이 쌓이게 된다. 날이 갈수록 손실이 확대되는 상태에서 주식 투자를 어떻게 해야 할까? 이런 상황에서는 투자자 대부분이 주식 투자를 어려워하고 힘들어한다. 이럴 때는 빠져나와 있는 것이 합당한가?

그럴 수만 있다면 좋겠지만 현실 세계에서 이런 어려움을 예측해서 어려움을 피한다는 것은 일반적인 투자자에게는 불가능하다. 필자도 20여

년 투자를 해 오고 있지만, 어려움이 언제든지 닥쳐올 수 있다고 생각하면서도 미리 대비하고 준비하는 데에는 늘 부족함을 느낀다. 주식 가격이 높을 때, 즉 시장이 호황일 때 우리는 자금을 모두 시장에 투입하곤 한다. 수익을 높이는 일은 하루라도 빨리 시장에 진입해서 좋은 주식을 사는 것이라고 확신한다. 설사 높은 가격의 주식이 조금 빠져도 건강한 조정이라고 생각하고 반등을 기다린다. 그러나 생각과 달리 많이 조정되고, 반등을 기다리다 어려운 시기와 맞물리면 하락폭이 더욱 깊어진다. 그리고 지루한 기간 조정이 이루어지면서 주가는 한 번 더 크게 빠진다. 여기에서 지하 1층, 지하 2층, 지하 3층 이란 말이 생긴다. 이러한 조정 과정 중에 주식을 매도하는 사람들도 있고 필자처럼 깊은 조정을 온몸으로 겪으면서 고통에 신음하는 투자자도 일부 있다. 그리고 이러한 주식이 다시 상승하기 위해서는 한참을 기다려야만 한다. 그리고 다시 회복한다는 기약도 사실 없다. 다시 회복하고 상승한다는 확신만 있다면 기다리겠다고 말하는 사람도 있지만 말처럼 쉽진 않다.

주식 투자는 미래에 얼마나 성과를 낼 수 있느냐가 관건이다. 현재의 평가액보다 미래의 평가액이 중요하다. 현재까지만 투자를 하고 투자를 멈춘다면 당연히 현재의 평가액이 가장 중요하겠지만 현재의 성과에 만족하는 투자자는 없고 모두 미래의 성과를 기대하기에 계속 투자를 이어가게 된다. 미래에 투자 성과를 획득하면 그 투자자는 그 시점에서 투자를 멈출 수가 있을까? 그 질문에 대한 대답은 아마도 '아니오'일 것이다. 투자 성과가 좋았기에 계속 그런 성과를 얻기 위해 투자를 반복할 것이다.

이러한 사실에 비추어 볼 때 주식 투자에서 중요힌 것은 현재의 수익률이 아니라 '낮은 가격의 주식을 누가 얼마나 모을 수가 있는지' 라고 생각한다. 수익률이 아니라 주식 수량을 모아 가는 데 있어 '낮은 가격에서 얼

　　　　　　　　　　　　　　　　　　주식 투자에 대한 생각

마나 많이 모을 수 있느냐'가 중요한 문제로 다가온다. 주식을 모아 가더라도 높은 가격에서 모으면 손실을 인내하기가 어렵고, 어려운 시절을 만나면 손실이 확대되어 중도에서 포기하게 될 가능성이 높아진다. 또한 성과가 크게 나오지 않아 실속이 없다. 반면 낮은 가격에서 많이 주식을 모았다면 어려운 시절을 극복한 후 자산의 크기가 확연히 달라지게 된다. 기업이 어려운 시절에 투자해서 수익을 내는 것이 주식 투자의 본질이 아닌가 생각하게 된다.

『주식 투자에 대한 생각』은 어떤 사람에게 도움이 될까?

『주식 투자에 대한 생각』은 나를 위한 책이다. 나에게 도움이 되다 보니 꼭 자녀에게 전수해 주고 싶었다. 따라서 우리 가족을 위한 책이다. 우리 가족에게 도움이 된다면 다른 가족에게도 도움될 것은 의심의 여지가 없다. 사실 가보로 물려주고 싶은 책이다. 대한민국의 최대 수혜자는 필자라고 생각한다. 국가가 제공하는 온갖 혜택을 다 입었다. 대학 교육에 대학원까지 높은 교육을 받았다. 거기에다 전문 자격증인 세무사 자격도 취득했다. 세무사 개업을 하고는 거래처 사장님들의 도움을 받았다. 부수적으로 쾌적한 환경과 높은 의료 혜택 그리고 세계 최고의 치안 서비스까지 받고 있다. 금융 인프라도 수준급이다. 필자는 대한민국에 빚을 지고 산 셈이다. 대한민국은 제조업은 눈부시게 발전했지만 금융 분야는 많이 부족하다. 금융의 하드웨어는 수준급이다. 그러나 그것을 이용하는 소프트웨어가 너무 부실하다. 결국 국민의 금융 문맹을 퇴치하는 것이 지상 과제이다.

1. 주식을 처음 시작하는 사람에게 이 책을 적극 추천한다. 필자는 스

스로 주식을 공부해 보겠다고 17년을 생고생했다. 올바른 책과 멘토를 찾지 못해 시간과 돈을 그만큼 허비한 것이다. 이 책을 통해서 시간과 돈을 아끼고, 그것을 미래 자산을 키우는 씨앗으로 활용하여 더 큰 부를 이루기를 소망한다. 금융은 경험이 아주 중요한데 많은 투자자들이 경험을 온전하게 하지 못하여 잘못된 방법으로 손실을 입는다. 시장에서 중도 탈락해 온전한 경험을 하지 못하는 안타까운 상황이 반복되고 있다. 그런 분들은 이 책의 최대 수혜자가 될 것임이 분명하다. 조기 교육이 가장 필요한 부분이 금융이고 그로 인한 혜택은 돈이라는 숫자로 찍힌다. 그 돈에는 시간이 흐르면서 복리의 마법이 작동하여, 조기 교육을 받은 자의 미래 자산은 갈수록 커진다. 그리고 무엇보다 잘못된 방법을 중도에 고치는 것이 사실 더 어렵다. 처음부터 제대로 배우자.

2. 주식을 시작한 지 10년 미만인 투자자에게 이 책을 추천한다. 주식을 통해서 반복적인 수익이 나오는가? 그런 사람은 성공한 것이다. 축하한다. 그 시스템을 반복하면 되는 것이다. 그러나 이런 투자자는 소수일 것이다. 왜 그럴까? 대부분 주식 투자에 대해 근시안적인 생각을 가지고, 잘못된 시각과 방법으로 주식 투자를 한다. 그렇기에 반복적인 수익 내는 시스템을 찾기가 어려운 것이다. 많은 투자자가 본능에 따른 매매를 반복하고 돈을 잃고 있다. 주식 투자 게임의 규칙을 모르고 돈만 갖고 게임에 참여하는 것이다. 이것은 마치 씨름판에서 기술을 익히지 않고 씨름판에 나서는 꼴이다.

3. 주식 투자를 10년 이상 했음에도 불구하고 반복적인 수익이 나지

     주식 투자에 대한 생각

않는 분에게 이 책을 추천한다. 우선 이런 분이 이 책을 발견했다면 정말 축하할 일이다. 정말 그동안 고생이 많으셨다. 어려운 고비를 잘 넘기셨다. 주식 시장에서 기회를 발견하려면 지금까지 자신이 경험한 것을 글로 써보는 시간을 가져야 한다. 자신에 대한 데이터를 축적해야 한다. 이미 많은 경험을 했기에 객관적으로 자신이 한 일에 대해서 세세하게 기록해야 한다. 시장이 어떤 상황일 때 무슨 생각으로 어떤 주식을 사서 결과가 어떻게 되었는지 기록하는 것이다. 그리고 그 결과에 대한 분석을 하는 작업이 꼭 필요하다. 그동안 반복되는 시장 상황에서 실수를 계속하고 있었던 것이다. 그동안 시장은 여러 번 기회를 제공했다. 자신이 시장에 어떻게 반응하는지를 알아야 한다. 즉 시장은 연구했지만 자신에 대한 연구가 부족한 것이다. 자신에 대한 데이터를 쌓지도 않았고 알려고 하지 않은 것이다. 즉 자신에 대한 정보 없이 시장에 반응한 것이다. 계획하고 실천하고 사후 관리까지 하는 것이 경영이다. 사후 관리가 미흡했던 것이다.

자신의 자산을 키우고자 하는 분에게 이 책을 추천한다. 돈을 버는 방법으로 근로 소득이나 사업 소득만 생각하는 사람이 있다. 근로 소득과 사업 소득도 좋다. 그러나 시간이 흐름에 따라서 근로 소득과 사업 소득의 미래는 밝지가 않다. 시간도 많이 필요하고 난도가 높다. 주식 투자는 평생 할 수 있는 사업이다. 난이도가 근로와 사업에는 비교가 되지 않는다.

책을 읽고 올바른 판단을 내릴 수 있는 지적 수준과 체력만 있으면 되는 사업이다. 따라서 초등학생도 할 수 있다. 글을 읽을 수가 있는 초등학생 수준이면 된다. 도대체 이런 사업이 어디에 있는가? 그리고 사실 어리면 어릴수록 유리한 사업이 주식 투자다. 주식 투자를 배우며 어린이가 성장하고, 더불어 그들의 투자 실력은 같이 성장한다. 작은 돈으로 배우면서 훈련하는 것이다. 많은 아이들이 학원에 많은 돈을 들여서 국영수를 배우고 있다. 그렇게 많은 돈을 들여서 배우고 정작 활용하지 않는 이유는 무엇인가? 바로 금융 문맹이기 때문이다. 부모도 금융 문맹이고 자녀에게 그것을 그대로 물려주고 있는 것이다.

세계 최고 수준의 대한민국 국민에게 왜 이런 현상이 벌어지고 있는가? 세상은 빠르게 변하고 있지만 우리의 금융에 대한 인식 수준은 1980년대를 벗어나지 못하고 있다. 금융에 강한 나라가 어디인가? 미국과 영국이다. 영국은 200년 전부터 세계 최강이었다. 식민지 개척과 산업혁명으로 번 돈을 금융업 발전에 사용한 것이다. 이제 대한민국은 제조업으로 번 돈을 금융업 발전에 써야 할 시간이다.

직접 사업을 해서 돈을 벌기가 쉬운가? 자신의 서비스나 제품을 개발하고 홍보를 해야 한다. 거래처를 모으고 서비스나 제품을 팔아야 한다. 돈을 수금해야 한다. 서비스나 제품을 팔고도 애프터 서비스를 해야 한다. 경쟁자가 더 큰 혜택을 제공하면서 고객들을 유인한다. 그런 경쟁자를 따돌리고 사업을 유지 발전시켜야 한다. 사업은 정말 종합 예술이다. 사업은 처음부터 끝까지 잘해야 한다. 그 과정 중에 어느 한 부분이라도 미흡하면 어려운 국면에 빠진다. 치열한 경쟁에서 살아남아야 한다. 이런 사업이 쉬운가? 그리고 몇 년을 고생해야 정상 궤도로 만들 수가 있다. 사업가는 존경을 받아야 마땅하다.

이렇게 쉽지 않은 것이 사업이다. 그런 사업을 자신이 직접 하는 것이 좋은가, 아니면 그런 어려운 일을 잘 수행하는 기업을 찾는 것이 쉬운가? 내가 직접 사업을 하지 않아도, 그 일을 가장 잘할 수 있는 기업을 선택하고 투자하고 기다리면 된다. 그게 바로 주식 투자 사업이다. 우리는 스포츠를 좋아한다. 세계적인 스포츠 스타가 경기하는 모습을 보면 응원이 절로 나온다. 내가 직접 경기에 나서서 뛰는 것이 쉬운지 응원하는 것이 쉬운지 묻는다면 바보 같은 질문이다. 응원하는 기업이 돈을 잘 벌면 내 자산이 올라간다. 얼마나 환상적인 시스템인가? 얼마나 효율적인 시스템 인가? 이런 혁명적인 시스템에 하루라도 빨리 들어가서 최대한 늦게까지 혜택을 보아야 한다. 이것이 바로 주식 투자 사업의 묘미다.

주식 투자 경험이 중요하다

우리는 자본주의 세계에 살고 있다. 자본주의 사회에서 주식회사 제도는 자본을 끌어들여 사업을 통해서 사회에 기여하고 부를 축적하는 구조다. 그리고 그 축적된 부를 다시 투자자에게 돌려주는 선순환 구조이다.

경제가 발전한다면 이러한 선순환 구조가 이뤄지는 것이 너무나 당연한데도, 우리의 주식 투자에 대한 인식은 '투기'나 '노름' 정도에 머무르는 것 같다. 필자도 경영학과를 졸업했지만 투자에 대해 잘 알지 못하고 깊게 생각해 보지도 않은 채 대책 없이 큰돈으로 주식 투자를 했다. 결과는 암담할 정도로 나빴다. 본능에 따른 매매, 한없는 욕심에 반응하는 매매를 통해서 통설을 확인시켜 주는 역할만 했을 뿐이다. 20년 투자 경험 중에서 17년을 그런 식으로 살았다. 반성 없는 도돌이표 생활이었다.

무엇이 나를 변화시켰는가? 소가 뒷걸음치다가 쥐를 잡았다. 경험이다. 그리고 그런 경험이 왜 나왔는지 생각하는 힘이 나를 발전시켰다. 잘못된 길을 고수하면서 결과가 좋기를 기대하는 어리석음에서 벗어나는 것이 중요하다. 기존에는 시장이 환호성 치는 시기에 진입하고 시장이 죽을

쑬 때 빠져나오는 패턴을 반복했다. 그러나 우연한 기회에 시장이 폭락을 할 때 팔지 않고 버텨 큰 수익을 얻었다. 어떤 믿음이나 확신이 있어서 팔지 않은 것은 아니다. -80%에 육박하다 보니 투자에 자신감이 떨어져서 사실상 자포자기 상태였다. 본전 찾기는 까마득히 먼 미래의 일로 생각했다. 투자 수익이 아니라 본전이 목표가 될 정도였다. -80%를 팔아서 다른 곳에 투자한다고 또 잃지 않을 자신이 없었던 것이다. 그냥 놔 두었다.

그런데 네 종목 중 한 종목이 꿈틀대었다. -80%에서 -50%로 변화하는 데 주식 가격이 요동을 쳤다. -20%로 점차 손실이 줄어들다가 다시 -40%까지 가기도 했다. 자책하기도 했다. -20%에서 정리했어야 했나, 하면서 깊은 한숨을 쉬기도 했다. 그러다가 0%를 지나더니 +10%를 보였다. 2년 전 12,000원에 산 주식이 2020년 3월 3,980원을 기록하더니 5개월도 안되어서 57,000원을 기록했다. 떨어지는 주식은 잘 버텨도 오르는 주식은 버티기 어렵다는 것을 몸소 체험했다.

잃는 경험뿐만 아니라 수익을 내는 경험 역시 중요하다. 어떻게 수익을 냈는지 경험을 곰곰이 생각해서 반복하는 역량을 갖추면 되는 것이다. 필자의 경험은 시장이 환호성 치는 종목에는 진입하지 말고, 죽 쑤는 종목에 진입해서 시장이 환호성 치는 시기에 놓아준 것이었다. 그리고 잃지 않는 경험을 한 것이 무엇보다 큰 소득이었다.

투자에 대한
나의 생각

투자에 대한 김진산 세무사의 말과 생각

1. 단기 투자자는 소중한 씨앗을 뿌려서 꽃을 수확할 수도 있지만 장기 투자자는 열매를 수확한다.
2. 돈은 자유를 주기도 하지만 그에는 책임도 따른다.
3. 잃지 않는 것이 원칙이다. 저축은 인플레이션으로 장기적으로는 잃기가 쉽다. 투자는 단기적으로는 잃기가 쉽지만 장기적으로는 잃기가 쉽지 않다.
4. 투자가 어려운 이유는 단기 손실에 휘둘리기 쉽기 때문이다.
5. 나에게 투자란, 지속적으로 사회를 발전시키는 회사를 찾아 지원하는 게임이면서 파트너이다.
6. 나에게 투자란 나무 심기이다.
7. 오래된 커다란 나무를 보면 그 나무에게, 그리고 그 자리에 나무를 심은 사람에게 경외감이 든다.
8. 투자는 생활이다.
9. 투자는 평생 친구이다.

10. 투자는 시간과 노력을 아껴 주고 자산을 불려 준다.

11. 투자는 내가 쓸 수밖에 없는 시간이, 돈을 벌어 주는 사업이다.

12. 내가 인생을 경험하는 데 시간을 사용한다. 투자는 그 시간을 먹고 자라 나에게 돈을 벌어 준다.

자산 관리에 대한 생각

대출 금리가 올라가는 상황에서는 대출 상환이 중요한 과제이다. 적극적인 투자보다는 위기관리가 더 우선시된다. 대출 상환은 그 자체가 수익률을 확실히 올리는 방안이기에, 이를 잘 활용하면 자산을 안정적으로 키울 수 있다.

1. 금리가 올라가는 상황이면 대출 상환에 우선 집중한다.
2. 금리가 높으면(5% 이상) 은행 예금도 투자를 위한 기회를 제공한다.

경제가 어려워지면서 주식 손실은 확대되고 부동산은 현금화가 어려워진다. 특히 부동산 투자 시에는 도시 지역 내에서 여러 지역으로 분산하며 '몰빵 투자'를 피한다. 도시 지역 내에서 현금화가 쉽도록 적당한 금액으로 분산하는 것이 좋다. 특히 보유 중에 수익이 발생하는 부동산이 좋은 투자 대상이다.

앞으로 10년은 부동산보다는 금융 자산 확보에 집중할 필요성을 느낀다.

투자에 대한 나의 생각

우리는 건강한 신체를 유지하기 위해서 운동을 하며 근육을 키운다. 투

　　　　　　　　　　　　　　　　　　주식 투자에 대한 생각

자는 정신적 근육을 키우는 운동이라는 생각이 든다. 나의 주식 투자는 서른 살, 사회생활을 하면서 시작되었다. 서른 살까지는 교육을 받고 세무사를 준비했으니, 소득 활동 시작과 동시에 주식 투자가 시작된 것이다. 그리고 투자는 내 삶이 지속되는 한, 즉 판단할 수 있는 인지 능력과 신체적 능력이 유지되는 한 계속해 나갈 것으로 생각된다. 무엇이 나를 이 길로 강하게 이끄는가?

나는 세무사 일을 하면서 소득을 얻는다. 삶이 단순하기에 소비가 상당히 절제되어 있지만 불편한 점은 없다. 오히려 소비가 많지 않아 시간이 확보되어 여유롭기까지 하다. 이로 인해 발생하는 남는 자금을 놀게 하고 싶지는 않다. 돈은 놀아서는 안 된다. 부지런히 돌고 돌아서 필요한 일을 해야 한다. 돈이 일을 하면 더 큰 열매를 만들어 낸다. 기업의 가치를 높이는 데 일조하고, 투자자는 이것을 향유하며 이러한 투자를 무한 반복한다.

돈을 일 시키고 사람은 놀면서 최소한의 관리 감독만 하면 된다. 돈은 일하면서도 지치지 않고, 밤낮을 가리지 않고 일하면서도 월급을 올려달라고 요구하지 않는다. 투입 대비 산출이 높아 어떤 일보다 효율이 높다. 현재 내 나이가 오십인데 앞으로 50년은 동행할 것으로 예상된다. 지금은 작은 눈덩이이지만 50년 동안 굴리면 복리의 마법은 나를 어마어마한 부자로 만들어 줄 것이다. 지금 나는 작은 씨앗을 심고 가꾸는 중이다. 아니다. 20년 정도 지났으니 이제는 충분히 자립할 정도로 성장했다고 보는 것이 맞겠다. 이제 시간은 내 편이고 나는 인생을 온전히 살아가면 된다.

현재도 만족스럽지만 미래가 더욱 기대되는 이유는, 책을 통해서 경험과 지혜를 얻었기 때문이다. 또 미래를 대비해서 해야 할 것들을 해 놓는 준비 과정이 있었기 때문이다. 나는 그 준비 과정 중 하나가 투자라고 생각한다.

여기에서 중요한 포인트가 있다. 대부분의 사람들이 잘못 알고 있는 사실로, 주식에 매달려야 돈을 벌 수 있다는 생각이다. 사실 이것은 굉장한 오류이다. 물론 투자 전에는 공부가 필요하다. 그러나 충분히 공부를 했고 그에 따른 투자를 했다면 그 이후에는 소요하는 시간이 대폭 줄어든다. 즉 투자 후에는 기다리는 일 말고 특별히 해야 하는 일이 거의 없다. 대부분의 투자자가 그 기다리는 시간이 지루해서 주식 시세판을 관찰한다. 투자자가 주식 시세판을 관찰한다고 기업이 성장하는 것이 절대 아닌데 불필요하게 노동하는 것이다. 오히려 주식 시세판을 보면 잘못된 행동을 하기가 훨씬 쉽다.

주식을 샀으면 산 사실을 잊어라. 그리고 자신의 일에 집중해라. 자신의 삶에 집중해라. 그러면 자산이, 시간이, 갈수록 커진다. 바로 여기에 주식 투자의 묘미가 있다. 주식 투자에서 부지런하고 성실한 태도는 도움이 되지 않는다. 그 에너지와 열정을 자신의 삶에 집중하고 주식 투자에서는 개미보다 베짱이가 되는 것이 좋다.

사고 나서 드는 생각

어떤 주식이 아주 매력적이라고 판단하고 매우 열심히 모아 왔다. 수량도 제법 되고 비중도 상당히 커졌다. 가치에 비해 터무니없을 정도로 저평가되었고, 꿈과 끼를 잔뜩 품은 주식이었다. 시세를 언제 줘도 전혀 이상할 것이 없는 주식이지만 시장에서는 헐값에 거래되고 있다. 잠깐 시세를 주어서 30% 정도 상승했지만 가치에 비해 너무 적게 올랐다고 생각했다. 그러나 시장의 평가는 나와는 달랐다. 다시 하락하더니 오히려 1년 정도 지나면서 계좌는 -30%로 손실이 났다. 나는 무엇을 놓친 것인가? 너무 높은 기대로 상황을 오판할 수도 있다. 사실 주식 자체는 매우 매력적이지만 주가는 짓눌려 있다. 그렇다고 하더라도 손실이 장기화되면서 투자자인 필자의 심리 상태도 변화됨을 깨닫는다. 투자 금액이 상당히 크고 손실 금액도 크다 보니 본전 욕심이 마구마구 올라온다. 수익은커녕 본전에 집착하는 나의 모습이 관찰된다.

코스피와 코스닥 지수가 1년 이상 장기 조정이 지속되다 보니 하락에 대한 대처 능력이 떨어진 것이다. 필자는 현금을 보유하는 능력이 거의 없다. 자금이 생기면 매력적인 주식들을 사지 않고는 견딜 수가 없다. 그러다 보니 그 매력적인 주식이 조정을 보이는 경우에는 답이 없는 경우가 종종 생긴다. 결국 잘못을 인정할 정도로 손실이 커지는 경우가 생기면 운명이겠거니 하며 체념하는 상태가 된다. 거의 포기 상태라고 봐도 무방할 정도이다. 권투 시합으로 치자면 흰 수건만 던지지 않았을 뿐 패배를 확신할 정도고, 케이오를 당하기 전 얼른 종이 울리기만 기다리며 링에서 힘겹게 버티는 모습이다.

이 정도의 힘겨운 상태에 도달하면 투자자는 무엇인가를 하려고 한다. 그러나 누누이 강조하지만 손실 구간에서 투자 번복 비용은 매우 치명적이다. 그냥 놔 두는 것이 베스트가 되는 경우가 있다. 그러다 보면 더 이상 하락하지 않고 슬금슬금 상승으로 방향을 바꾸는 것을 여러 번 목격했다. 사실은 이때가 투자하기에 가장 좋은 환경이고 수익률도 상당하지만 아쉽게도 여기에 투자할 자금이 없다.

필자가 만일 이전 투자를 성급하게 진행하지 않고 이 상황에서 투자했다면 수익이 상상하기도 어려울 정도로 많을 것이다. 그러나 이제 원금 회복이 지상 과제가 된다. 오랜 기다림 속에 원금에 탈출했으니 손실은 없지만, 그동안의 마음고생에 대한 보상이 없고 시간이란 기회비용도 날린 셈이다. 그리고 그 주식은 원금 사이를 오르락내리락하다가 마침내는 저 멀리 날아가는 것이다. 만일 손실을 크게 경험하지 않았다면 올라가는 재미를 만끽하고 수익도 증가하면서 쉽게 놓아주지 않게 되겠지만, 너무 이른 진입이 고통을 크게 만들었기에 '회복되자마자 바로 탈출하는' 심리 상태를 만든다는 점이 너무나 아쉽다.

왜 손실은 참으면서 수익은 참기가 어려운가? 과거의 고통이 재현될까 봐 두려움이 앞서기 때문이다. 그리고 주식이 어느 방향으로 나아갈지는 사실 아무도 모르고, 자신의 예상이 틀렸음을 경험으로 인지했기 때문에 확신이 사라진 것이다. 설사 확신이 있더라도 바로 날아갈지 또 조정 후에 날아갈지 모르기에 위험을 회피하려는 심리가 생기는 것이다.

매력적인 주식을 사고 싶을 때는 이러한 심리를 헤아릴 필요가 있다. 너무 이르게 진입하면 먹을 것은 별로 없고 손실이 크며, 기간 조정으로 인한 시간을 허비할 가능성이 매우 높다. 적극적 매수에는 늘 경계심이 필요하다. 매력적인 주식이 눈에 들어올 때는 오늘 이 시간이 가장 저렴한 것처럼 보이는 것이 늘 문제이다. 결국 투자 고수는 이러한 점을 깨닫고 매수에 늘 신중을 기하는 투자자임을 밝힌다.

금융 투자 수익 과세에 대한 생각

미국 주식 시장은 상당히 안정화되어 있고 전 세계 투자자들이 시장에 참여하고 있다. 한국 주식 시장이 박스권에 갇혀서 투자에서 성과가 미흡하다 보니 서학 개미 운동이 뜨겁다. 해외 주식 투자에는 주식 양도 차익에 대한 과세가 이루짐에도 불구하고 미국 주식 시장에 사람들이 몰리고 있다. 한국 주식 시장에서는 대주주가 아니면 주식 양도 소득세가 없는데

　　　　　　　　　　　　　　　　　　주식 투자에 대한 생각

도 불구하고 일반인이 주식으로 돈을 벌었다고 하는 이야기보다는 주식 투자로 돈을 잃은 이야기가 압도적으로 많다. 그만큼 한국 주식 시장은 난이도가 매우 높은 시장으로 수익내기가 쉽지 않다. 불공정한 공매도 세력, 경영자와 대주주의 소액 주주에 대한 무시, 주가 조작 세력 등 아직도 한국 주식 시장이 성숙되지 못한 점이 한국 시장을 어둡게 하고 있다.

한국 주식 시장에서 주식 양도 소득세가 도입되지 않은 상황에서도 국민들의 주식에 대한 불신이 상당하고 수익도 쉽지 않은데, 여기에 주식 양도 소득세까지 도입된다면 암울하기 짝이 없다. 물론 소득이 있는 곳에 세금이 있는 것은 당연하다. 그러나 아무리 좋은 제도라도 그것이 시장을 교란한다면, 혹은 매력적이지 못해서 성장을 꺾고 만다면, 기업의 자금 조달 시장이 위축되고 산업 성장을 저해하고 국민의 부를 축내는 결과를 만든다면 안타까운 일이 될 것이다. 시장을 더욱 키우고 매력적으로 만들어서 국민 부를 증대시키는 선순환 구조를 정착하는 일이 무엇보다 중요하다. 특히 부동산 문제를 안고 있는 한국은 더욱 자본을 산업에 활용하는 방법으로 주식 시장을 키울 필요가 있기 때문이다. 또한 부동산 문제에 대한 해결책으로 이자와 배당 소득에 대한 종합 과세가 아닌 분리 과세가 필요하다. 자본을 부동산에 축적하지 않고 산업에 투자하게끔 유인해서 국민 부를 증대시키려는 선순환 정책이 더 강한 대한민국을 만드는 방법이다.

금융 투자 수익에 대한 과세는 득보다 실이 많은 정책이다. 만일 투자자의 의견을 무시하고 강행한다면 국가적 재앙을 가져오는 실패한 정책으로 끝날 가능성이 매우 높다. 현재 주식 양도세가 없음에도 미국 주식으로 넘어가는 투자자가 계속해서 늘고 있는 상황이다. 그만큼 한국 주식 시장에 염증을 느끼는 투자자가 많은데 만일 금융 투자 수익에 대한 과세가 이루어진다면 그나마 남아 있는 한국 주식 투자자들까지 대거 미국 시장으로 넘어갈 수밖에 없다. 그렇게 되면 한국 부동산 문제는 더 심각해지고 한국의 산업은 자금 조달에 어려움을 겪게 될 것이다. 이는 국부를 유출하는 문제로 귀결된다. 중요한 시기에 K-금융을 만들어서 나라와 국민을 부자로 만들어야 하는데 금융이 발전할 골든 타임을 놓친다면 국가 경쟁력은 크게 떨어지게 된다. 이것은 우리 세대를 궁핍하게 만들고 후세대에게 죄를 짓는 짓이다. 꼭 이 엉터리 법안을 막아야 한다고 생각한다.

생산 수단에 대해서

근로자는 근로 활동이 생산 수단이다. 사업가는 사업이 생산 수단이다. 그런데 이러한 생산 수단이 막히면 어떻게 될까? 그동안 모아 두었던 재산을 쓰든지 아니면 무척 어려운 상황에 놓이게 된다. 우리에게 생산 수단이 있을 때는 은행을 활용할 수 있지만 생산 수단이 막히면 대출 신용도가 하락해 결국 대출도 막히게 된다. 그렇다면 지인들에게 아쉬운 소리를 해야 하는데 이 또한 어렵기는 마찬가지이다. 국가가 이 문제를 해결해 줄 수가 있을까? 국가는 내가 돈을 벌 때는 세금을 징수하지만 내가 어려울 때는 거의 도움이 되지 못한다. 결국 내 앞길은 내가 책임져야만 한다.

젊었을 때는 미래에 대한 희망을 꿈꿀 수도 있고, 많은 기회가 존재한다. 그러나 60세 이후에는 또는 은퇴 이후에는 이야기가 달라진다. 은퇴에는 여러 의미가 있다. 생산 수단을 이어가지 못한다. 따라서 은퇴 전까지 부지런하게 노후 자금을 확보해야 하는 것이다. 은퇴 이후에는 나의 시간을 생산 수단과 교환하지 않고도 온전하게 나에게 시간을 보장해 줄 수 있어야 한다. 은퇴 전에 확보된 자금이 새로운 생산 수단이 되어서, 나의 노후를 보장할 수 있도록 만들어야 한다.

주식 투자에 대한 생각

부자는 생산 수단이 강력한 사람들이다. 그리고 생산 수단의 종류가 다양해서 그중 근로 소득이 차지하는 비중이 크지 않다. 우리가 젊어서 투자를 하는 이유는 이렇게 생산 수단을 다양하게 만들고 강력하게 만들기 위함이다.

이자 소득, 배당 소득, 부동산 임대 소득, 사업 소득, 근로 소득, 투자 소득(주식과 부동산)은 우리의 노후를 위해서는 중요한 소득 원천이다. 이러한 소득을 만들기 위해서는 한결같이 자금과 시간을 소비해야 한다. 그래야만 과실을 맛볼 수 있다.

돈 관리와 투자에 관하여

사람들은 돈을 벌기 위해 많은 시간을 소비한다. 근로 활동 혹은 사업을 하며 온종일 일하고, 집에 들어와서도 사업과 관련된 생각을 하면서 시간을 보낸다. 돈을 버는 데는 많은 이들이 진심이다.

그런데 돈을 관리하는 면에서는 상대적으로 서툴다. 또한 부족함을 느끼면서도 크게 개의치 않고 살아간다. 너무 안일하다. 버는 데 집중하다 보니 관리할 여력이 없다고 핑계 대기도 한다. 그러나 아무리 많이 번다고 해도 관리 능력이 따르지 않는다면 밑 빠진 독에 물 붓기이다. 작은 돈을 벌어도 관리 능력이 있다면 축적의 맛을 보는 것은 순리다.

들어오는 돈은 늘리고 나가는 돈을 통제하는 것이 관건이다. 들어오는 돈이 적지 않음에도 항상 허덕이고 있다면 잘못을 깨닫고 고쳐야 한다. 그렇지 않으면 그런 상황이 계속 이어지고, 종잣돈을 만들기 어려워지며 쫓기는 생활에 허덕일 뿐이다. 결국 부를 형성하기 위해서는 고유의 그릇을 키워야 하는데 이 돈 관리 능력이 필수적으로 요구된다. 이 능력이 없어지면 모든 것이 모래성을 쌓는 일이 된다.

그런데도 이 중요한 문제를 타인에게 의존하려는 사람들이 종종 있다. 자신의 그릇을 키우는 원천인 돈 관리를 다른 사람에게 맡긴다는 것은 자신의 성장 기회를 빼앗긴다는 의미다. 자신의 목숨 줄을 타인에게 내준 것이나 다름없다.

수입을 만들기 위해 많은 시간과 수고를 들였고, 또 들어온 돈을 잘 관리하여 생긴 자금으로 미래를 위한 투자를 실행하게 된다. 여기서 돈 관리 능력이 또다시 힘을 발휘한다. 절제된 선택과 집중이 투자의 성패, 그리고 그 과실의 크기를 결정하기 때문이다. 투입할 수 있는 투자 재원은 제한되어 있기에 신중한 선택이 필요하다. 그리고 투자자에게는 인내의 시간을 요구한다. 그에 대한 보상으로 투자금은 시간의 흐름에 따라 복리의 마법에 의해서 커 나간다. 선택과 인내는 잘 훈련된 투자자에게 수익금이란 선물을 제공한다. 이런 일련의 과정 속에서 투자금도 커지고 투자자의 관리 능력도 함께 성장한다.

2

부의 초석을 다지는
투자의 원칙

자신만의
투자 원칙 갖기

주식 투자 원칙

다들 주식 투자를 어려워한다. 좋아 보여서 샀는데 내가 사면 떨어지고 내가 팔면 귀신처럼 올라간다는 것이다. 오르고 내리는 변동도 심해서 멀미가 나기도 한다. 볼 때마다 떨어져서 입맛도 없고 손실은 자꾸만 커져서 볼 때마다 팔고 싶은 마음이 간절하다. 손실 나면 보기 싫어서 팔고 싶고, 이익이 조금이라도 나면 빨리 확정 짓고 싶어서 팔고 싶은 마음이다.

그렇다. 주식 투자가 어려운 이유는, 감정이 개입되고 원칙이 없으니 내 마음이 바람에 나부끼는 깃발처럼 흔들리기 때문이다.

주식 투자의 원칙은 무엇인가? 잃지 않는 것이다. 손절을 안 하고 익절만 하면 된다. 손절 금지! 손절할 주식을 사서는 안 된다. 높은 가격에 사면 손실이 커지는데 손절을 하지 말아야 된다고? 높은 가격에 사면 참고 기다리는 시간이 길어질 뿐이다. 5년이 걸릴 수도 있고 10년이 걸릴 수도 있지만 잘못된 시간 선택에 대한 대가를 치르면 된다. 시간은 마법과 같아서 잘못된 선택도 옳게 만들어 버리는 능력이 있다. 손절을 하지 않고 인내해야 하고 급전을 쓰지 않아도 되는 행운도 따라야 한다.

모두가 환호성치는 주식을 살 것이 아니라, 더 이상 떨어지지 않을 인기 없는 주식을 사서 손절하지 말고 인내해서 꼭 익절하는 원칙으로 수익 내는 방식을 만들기를 응원한다.

주식을 선택할 때 보통 상승할 것을 기대하지, 떨어지는 경우는 거의 생각하지 않는다. 그러나 사고 보면 주가는 생각과 다르게 움직인다. 손실을 확인하면 마음이 불편한 것이 사실이다. 짜증도 나고 화도 나고 감정이 격해진다. 계좌를 보는 것 자체가 싫다. 마음도 심란한데 TV나 유튜브 속 전문가들은 손절을 하고 다른 주식을 사서 빨리 손실을 만회하라고 조언한다. 여기에서 포인트가 있다. 현재 손실 난 종목 역시 미래 유망한 주식이라는 전문가의 조언에 귀 쫑긋해 샀다는 사실이다.

많은 투자자들이 오해하는 것이 있다. 주식 투자는 정보를 선점하고 내부 정보를 알아야 성공한다고 믿고 있다. 이미 시장에서 공개된 정보로는 돈을 벌기 힘들다는 것이다. 그래서 정보 매매에 집착하게 된다. 전문가의 말과 주식 정보 찌라시, 추천 종목에 따라서 주식을 사고판다. 이런 정보 매매의 피해는 넘치고 넘치지만 유혹을 뿌리치기 힘들다. 이런 투자는 지속 가능하지 않은 방식이다. 장기 투자를 방해할뿐더러, 투자 실력을 키우는 방법이 절대 아니다. 직접 공부한 후 추천주를 사고파는 것은 좋지만 맹목적인 투자는 위험하다.

자신만의 투자 원칙을 세우는 것이 중요하다.

1. 원금 보존을 먼저 고려하자.

    상승만 기대하지 하락은 거의 예상하지 않고 투자한다. 상승 확률보다, 하락 확률이 낮은 종목 선정이 중요하다.

2. 여유 자금으로 투자하자.

생활에 지장을 주는 자금으로 투자하면 심리적으로 불안해져 올바른 판단을 내리기 어렵다.

3. 장기적인 관점과 시간의 힘을 활용하자.

기업의 성장이 수익으로 연결되며, 복리에는 강한 힘이 있다. 시간은 손실도 수익으로 만드는 역할을 한다.

4. 자신이 아는 기업에 투자하자.

투자를 하기 전에 기업의 사업 모델과 재무 상태 그리고 성장 가능성에 대해 공부해서 작은 변동성에 흔들리지 않아야 한다.

5. 감정을 제어하자.

탐욕과 공포에 흔들리지 않고 평상심을 유지해야 바른 판단을 내릴 수가 있다. 자신이 공부하지 않은 종목에 대해 급등을 놓쳤다고 시기하지 말자.

6. 꾸준히 학습하고 경험하자.

주식 시장에서는 평생토록 배우고 경험을 쌓아가는 자세가 필요하다.

7. 자신만의 투자 원칙을 수립하고 준수하자.

자신의 수익 내는 방식을 찾고 그것을 반복한다.

어떤 투자가 매력적인가?

종잣돈이 있다면 어떤 투자가 매력적인가? 1억을 가지고 10년 동안 투자한다고 가정해 보자. 1억 원을 가지고 부동산(임대용 건물)에 투자하면 매년 임대 수익 3%씩 받고, 10년 후 건물 가격이 2배(시세차익 100%)가 된다고 가정하면, 총 자산이 약 2.34억 원이 된다.

반면, 같은 돈을 주식에 투자해서 연 복리 10%의 수익률로 10년간 투자하면 총 자산이 약 2.59억 원이 된다. (계산: 1억 × (1.1)^10 ≈ 2.59억 원)

1. 은행에 예금으로 10년 동안 예치하면 세전 1.34억 원이다. 세후로 본다면 120% 아래로 더욱 떨어진다. 안전하다고 생각되지만 인플레이션을 고려하면 원금을 지키는 것조차 벅차다. 은행의 예금자 보호도 5천만 원밖에 되지 않기에 많은 금액을 은행에 예치하는 것이 부담이 될 수도 있고 큰 금액을 예치한 경우 금융소득 종합 과세로 세후 수익률은 낮아지게 된다.

2. 부동산에 투자하면 매월 임대 소득을 얻을 수 있고, 10년 정도 보유하면 보통 구입 가격의 100% 상승하는 것이 일반적이다. 매년 임대료 3% 정도를 받는다고 가정하면 (1.03)^10으로 1.34억 원이며, 여기에 시세차익 1억 원을 합하면 2.34억 원이다. 세후 효과로 보면 (1.015)^10+0.5=1.16+0.5=1.66억 원이다. 예금 이자와 비교하면 안정적이며 매력적이다. 매월 수익과 함께 구매력을 유지할 수 있는 장점이 있다.

3. 다음은 주식 투자를 한다고 가정해 보자. 연 복리 10%인 경우다. 세전 효과로 (1.1)^10=2.59억 원이다. 아직 국내 투자 수익에 대해서는 과세가 이루어지지 않고 있지만 세후 효과를 고려해도 예금과 부동산과는 비교가 되지 않는 탁월한 효과를 나타낸다. 다만 변동성에 노출되기에 안정성이 떨어지고, 종목 선정과 투자에 대한 공부와 인내가 선행되어야 한다. 특히 시세 등락에 초월할 수 있는

자세가 필요하다. 그리고 한 달 만에 30~40% 정도 손실 보는 일도 견디어 내야 한다. 그리고 매년 10% 정도의 수익을 전제로 한 결과이기에 꾸준한 성적을 낼 역량이 필요하다. 개인 투자자가 마치 펀드 매니저처럼 자신의 자산을 철칙에 따라 운영한다면 결코 어려운 일이 아니다. 성과가 다른 투자에 비해 워낙 월등하기에 이것을 무시하기에는 너무 기회비용이 크다고 할 수가 있다.

따라서 투자 성향이 적극적이라면 주식 투자를, 투자 성향이 보수적인 사람은 부동산 투자를 하면 된다. 그러나 필자가 생각하기에는 부동산과 주식 투자를 서로 섞어서 하는 것이 포트폴리오 구성상 안정성을 높이는 방법이다.

주식 투자에서 자금 운용은 어떻게 할까

주식 투자자는 두 부류가 있다. 첫 번째는 적립식으로 매달 소득이 들어오면 투자하는 유형이고 두 번째는 목돈을 운용하는 경우이다. 각자의 상황에 맞는 방법이 있다. 어떤 경우가 더 유리할까? 당연히 목돈을 운용하는 사람이 성과가 높다. 종잣돈을 매달 모아 가는 사람보다 목돈 운용 투자자에게 더 많은 기회가 주어지고, 복리의 효과가 높다. 그러나 투자의 첫 단계는 매달 투자하면서 모아 가는 형태이다. 이것 또한 지속적으로 유지하면 놀랄 정도로 빠르게 계좌가 불어난다. 솔직히 처음 10년은 대단한 효과를 보기에는 실력도 투자 자금도 투자 기간도 부족하다. 그러나 20년, 30년 지속적으로 해 온다면 이야기는 완전히 달라진다.

많은 투자자들이 3년, 5년, 10년 이내에 주식 시장에서 탈출하는 우를

　주식 투자에 대한 생각

범하곤 한다. 단기적인 손실에 상처를 입고 떠나는 경우가 매우 많다. 안타까운 일이다. 투자의 세계에서 10년은 대단한 성과를 내기에는 부족할 수도 있다. 그러나 20년, 30년으로 확대하면 신세계가 펼쳐지는 곳이 주식시장이다. 물론 10년 안에도 큰 수익을 볼 수 있지만 압도적인 수익을 얻을 기회는 시간이 흐를수록 높아진다.

매달 적립식으로 투자하다가 손실이 나는 경우에는 어떻게 하는 것이 좋을까? 목돈을 만드는 과정 중에 있기에 이것은 사실 행운이다. 저렴한 가격의 주식을 살 기회로 삼아 계속 주식을 모아 갈 수 있기 때문이다. 이런 관점에서 보면 매우 좋은 현상이고 감사해야 하지만, 이 기간 투자를 중단하는 경우가 많고 플러스가 생기면 다시 주식을 모아 가곤 한다. 이렇게 하면 수익금과 수익률이 장기적으로는 떨어진다.

그렇다면 목돈을 운용하는데 손실이 났다면 어떻게 할까? 운용자금 100%를 집행한 경우가 아니라면 다행이고, 운용자금 100%를 투입했는데 손실 상태라면 매우 어려운 상황이다. 투자 실력이 부족한 것을 인정해야 한다. 고가에 진입했음을 인정해야 발전할 수가 있다. 자신에게 문제가 없고 주식에 문제가 있다고 생각한다면 최악이다. 주식을 버려야 하는 상황이고 손실이 확정되는 것이다. 그러나 자신에게 문제가 있고 주식은 문제가 없다고 여긴다면, 시간을 더 주어서 주식이 회복되기를 기다리면 된다. 투자자는 배움을 얻고 주가는 회복된다. 시간이라는 기회비용을 날렸지만 원금을 지켜 낼 수 있다.

그리고 주식 투자 자금 운용 중에 단기간에 예상외로 큰 수익을 얻었다면 어떻게 해야 할까? 예상만큼의 소소한 수익은 그대로 두면 되지만 많은 수익을 주는 경우라면 다른 접근이 필요하다. 보유 주식이 갑자기 오버슈팅을 하면서 큰 수익을 주었다면 잘라 내어 수익을 실현하는 것도 좋다.

이렇게 얻은 큰 수익금은 어떻게 해야 할까? 수익 실현한 돈을 운용하는 방법에 따라 주식 투자의 결과에 매우 많은 차이가 난다. 슈퍼 개미는 모두 이런 운용 자금 관리에 능통한 투자자들이다. 투자 실력이 최상급이라면 투자 자금 재원이 많을수록 높은 수익을 보지만, 투자 실력이 미흡하거나 보통이라면 주식 투자 수익의 자금을 확대하는 것보다 적절하게 줄이는 것이 좋다. 우연한 수익에 도취되면 다시 까먹기까지 그리 많은 시간이 걸리지 않기 때문이다.

우연히 얻은 수익을 자신의 것으로 만들기 위해서는 투자 수익금으로 대출을 상환하거나 부동산을 취득해서 주식 투자 자금이 실력에 비해 확대되지 않도록 할 필요가 있다. 초심의 행운이 독이 되지 않게끔 하려면 수익금을 지켜 낼 수 있는 역량이 생길 때까지 베팅을 자제해야 한다. 그래서 원금 정도만 계속 운영하면서 투자 실력을 키워 나가는 것이 매우 중요하다. 즉 투자 수익금이 생겼을 경우 대출 상환이나 부동산 취득을 하고, 원래의 종잣돈은 주식 투자 자금으로 키우는 데 집중하는 것이다.

주식 투자 유형

주식 투자 유형 두 가지가 있다.

1유형은 잔잔한 수익을 거두다가 큰 손실을 입는 것이다. 지수가 상승하는 시기에, 사기만 하면 수익을 보는 단타를 즐기다가 조금 깊은 조정에 큰 손실을 보는 것이다. 노력 대비 수익이 크지 않은 대신 큰 손실을 보지 않으면 꾸준한 수익도 맛볼 수가 있지만, 지수가 박스권에 갇히면 작은 수익도 쉽지가 않다.

2유형은 잔잔한 손실을 보다가 갑작스러운 상승으로 손실을 만회하고

　　　　　　　　　　　　주식 투자에 대한 생각

상당한 수익을 보는 유형이다. 1년 중 두세 번의 거래로도 연중 수익률을 달성할 수가 있다. 손절을 하지 않기에 엉덩이가 무거워야 한다. 자신이 공부하지 않은 종목이 상승할 때는 무덤덤하게 견디고 투자한 종목이 소소하게 하락할 때도 담담하게 인내해야 한다. 이 방법은 지수가 상승할 때는 효과가 더욱 좋고 지수가 박스권이어도 실천할 수 있다. 다만 시장이 주는 수익이기에 기다림이 핵심이다.

필자는 5년 넘게 기다리는 종목도 있다. 진입 시기가 너무 빨랐기에 손실도 크고 기다림도 길어지는 것이다. 손절이 없기에 부동산이 되어 버렸다. 소위 말하는 비자발적 장기 투자자가 되었다. 그러나 시장은 돌고 돌기에 반짝반짝 빛이 나는 때가 올 것이다. 다만 그 시기를 알지 못하기에 지금 보유하는 것이다. 종목 선정이 좋으면 기다림의 시간도 짧아지고 수익률도 좋아진다. 종목 공부는 아무리 강조해도 지나치지 않다.

주식 투자에서 승자는 누구인가? 오래 버티는 사람이다. 단기 사이클(1년~3년)과 중기 사이클(3년~5년) 그리고 장기 사이클(5년~10년)을 경험해야 한다. 그리고 정말 중요한 것이 있는데, 바로 장기 사이클을 가능한 한 많이 경험하는 것이다. 이것은 경험 자산일 뿐만 아니라 실제 자신의 자산이 퀀텀 점프하는 시기이다.

그런데 안타깝게도 많은 투자자들이 이 진실을 모른다. 그래서 단기 사이클과 중기 사이클에서 작은 손실을 입고 나면 주식 시장에서 멀어진다. 그리고 일부 생존한 투자자도 장기 사이클 위기를 겪으면 주식 시장을 떠난다. 최소한의 주식 사이클인 장기 사이클까지 온전하게 경험하고 배운 투자자는 소수이다. 대부분의 투자자들이 단기적인 시세차익을 추구하다가 장기적인 성장을 할 기회를 잃는 것이 너무 안타깝다.

주식 투자에 있어 나는 누구인가? (어떤 유형인가?)

주식 투자자는 스스로 '나는 누구인지' 생각해 볼 필요가 있다. 개인 투자자 각각은 고유한 매수 세력이지만 그 힘이 너무 작아 세력을 형성하지는 못한다. 세력이라고 하면 부정적 이미지가 떠오르기도 하지만 사실은 매수 세력으로 인해 주가가 힘차게 상승하는 것이다. 매수의 힘이 집단적으로 발생하기에 우리는 이를 매수 세력이라고 한다. 매수 세력은 이익 실현을 위해서 결국에는 매도 세력을 형성한다.

투자자는 자신이 어떤 유형에 속하는지 생각해 볼 필요가 있다. 세력을 앞서는 리더는 상승 여력이 풍부한 종목에 미리 선점해서 낮은 가격에 진을 치고 있다. 그리고 그 뒤를 따라 움직이는 세력은 돈 냄새를 맡고 거대한 자금력으로 주가를 순식간에 상승시킨다. 그리고 많은 개인 투자자들이 급등한 주식을 사기 위해 안심하고 달려들면서 주가는 한 번 더 상승하게 된다.

주식 시장을 구분해 보자면 세력을 앞서는 소수의 가치 투자자, 이런 가치 투자자를 따르면서 돈을 벌고 싶은 거대 자금의 매수 세력, 그 세력과 동행하면서 수익을 내는 일부 투자자가 있다. 그리고 다수의 대중은 몰려다니며 수익을 쫓지만 계좌는 신통치가 않다. 떼를 지어 몰려다니는 투자로는 수익을 내기가 몹시 어렵다. 많은 사람들이 함께하기에 심리적 안정감이 있을지는 모르지만 계좌는 외로운 늑대 유형보다 빈곤하다. 시장을 이끄는 투자자가 될 것인지 뒤따라 다니는 투자자가 될 것인지는 각자의 선택에 달려 있다.

    주식 투자에 대한 생각

실패하는 투자 유형과 성공하는 투자 유형

실패하는 투자 유형

1. 돈을 벌려고 수익에 집중한다. 급등주에 집착한다.

2. 기다리지 못하고 바로 산다.

3. 단번에 산다.

4. 산 가격보다 떨어지면 손절 처리한다.

5. 손실이 나면 화가 나서 팔아버린다.

6. 내가 산 주식이 아닌 다른 주식이 급등하면 쫓아간다. 급등하는 주식이 너무 부럽다.

7. 짧은 기간에 큰 수익을 기대한다.

8. 큰돈을 벌어서 머리 아픈 주식을 끝내고 싶다.

9. 손실에 대해서 시장 탓을 하고 자기반성이 없이 도돌이표 투자를 지속한다.

10. 책을 보지 않고, 전문가의 말만 신뢰하고 그대로 따라한다.

11. 반복적인 성공 투자 방식이 없다. 수익도 일회성 수익이다.

12. 거래가 빈번하고 무언가를 해야만 투자를 잘 하는 것이라고 생각한다. 매매를 부지런히 한다.

13. 큰 투자 금액을 가지고 시작해서 빨리 벌고 싶어 한다. 잃는 것은 생각도 못 했다.

14. 철저히 본능에 따른 매매를 한다.

15. 빨리 수익을 내고 싶은 마음에 신용이나 미수로 주식을 사서 레버리지를 키우는 매매를 한다.

16. 주식은 3개월이나 6개월, 적어도 1년 이내에는 반드시 상승한다고 확신한다.

17. 주식 하락은 있을 수 없는 일이라고 생각한다. 오로지 보유 전략만 생각한다.

18. 10개 이상 분산 투자가 안전하다고 생각한다. 보유 주식 수를 늘린다.

19. 귀가 얇아서 이 종목 저 종목 유목한다. 단기 투자에 집착한다.

20. 손실을 보다가 본전이 오면 속시원히 매도한다.

21. 작은 이익이라도 확정하는 알뜰함이 있다. 큰 손실은 대범하게 인내한다. 작은 물고기에도 집착한다.

22. 씨앗을 뿌리자마자 수확하려고 달려든다. 투자 후에 조급증이 든다.

23. 과일이 익기도 전에 따서 맛이 없다.

24. 과일이 너무 익어서 떨어지고 난 후에 후회한다.

25. 투자 그릇이 작다. 넘치는 수익을 다 담아내지 못하고 흘려버린다.

26. 단기 수익에 집착한다.

27. 100일 조정하고 3일 상승하는 주식의 속성을 모른 채 투자한다.

성공하는 투자 유형

1. 돈을 잃지 않으려는 보수적 투자인 가치주에 집중한다.

2. 투자 대상 주식을 바로 사지 않고, 기다리고 기다려 최대한 낮은 가격에 산다.

3. 단번에 사지 않고 나누어서 여러 번에 걸쳐 산다. 기간도 분산하고 횟수도 분산한다.

4. 산 가격보다 떨어지면 손절하지 않고 기다린다.

5. 손실이 나면 반성도 하지만 주식의 당연한 속성으로 인정한다.

6. 내가 산 주식이 아닌 다른 주식이 급등하면 내 순서를 기다린다. 내

　　　　　　　　　　　　주식 투자에 대한 생각

가 공부한 주식이 아닌 다른 주식 급등에도 담담하다.

7. 평생 하는 주식인데 급할 필요가 없다는 것을 안다. 천천히 가도 방향이 중요하다고 생각하며 방법을 배운다.

8. 큰돈을 벌어도 주식 시장을 떠나고 싶지 않고 평생 하고 싶어 한다.

9. 손실에 대해서 자기반성이 먼저다. 방법이 잘못되지 않았는지 검토하고 다른 방법을 시도해 본다. 같은 실수를 반복하지 않기 위해 방법을 변화시키면서 결과를 비교 분석한다.

10. 전문가의 말대로 해서 돈을 번 투자자는 없다. 책을 통해서 성공한 투자자들의 투자 철학과 투자 방법을 내 것으로 만들어서 활용한다.

11. 수익이 반복 지속되는 성공 투자 방식이 있다.

12. 거래가 거의 없다. 거래에 있어서 게으르다. 사야 할 이유와 팔아야 할 이유가 없으면 움직이지 않는다.

13. 작은 투자 규모로 시작하여 잃지 않는 법을 배우는 데 집중하고, 잃는 것을 두려워한다. 버는 방법을 습득한 후 투자 규모를 키워서 반복적인 성공을 한다.

14. 본능을 거스르는 전략적인 매매를 한다.

15. 미수와 신용은 주식 시장에서 빨리 퇴출되는 지름길임을 알고 레버리지를 쓰지 않고 자기 돈으로만 주식을 한다.

16. 주식은 1년 내에 상승할지 2년 내에 상승할지는 모르지만 5년이나 10년 내에는 반드시 상승할 때가 있다고 믿는다. 그 때를 정확히 모르니까 사서 보유하는 전략을 쓸 뿐이다.

17. 주식이 상승할지 하락할지는 모르기에 양 방향으로 가능성을 열어두고 투자를 진행한다.

18. 가장 가능성이 높은 종목을 세 종목 정도로 압축해서 운용한다. 공

부가 안 된 주식은 멀리하고 될 성싶은 주식에 집중한다. 그리고 공부에 집중한다. 소수 종목에 집중할 때 전문가가 될 수 있다. 백화점식 주식은 필패다.

19. 공부한 주식을 매매하고, 장기 투자를 기본으로 하되 가치가 제대로 인정받으면 놓아준다. 자기 보유 주식이 빛을 볼 때까지 순번을 기다리며 인내한다.

20. 손실 후에 본전이 오고도 팔지 않고 기다리다가 많은 이익을 보고 매도한다.

21. 작은 이익에는 무던함을 보이고, 상당한 이익에만 반응한다. 작은 손실은 견디고 큰 이익은 실현한다. 중간 크기 이상의 물고기에 관심을 갖는다.

22. 씨앗을 뿌린 후 여름에는 김도 매고 물도 주며, 가을까지 기다려서 수확한다.

23. 과일이 익도록 기다려서 수확한다.

24. 과일이 낙과가 되기 전에 부지런히 수확한다.

25. 투자 그릇이 커서 수익을 온전히 담아낼 수가 있다.

26. 단기 수익보다는 중기 수익이나 장기 수익에 관심이 있다.

27. 100일 조정하고 3일 상승하는 주식의 속성에 대해 알고 투자한다.

계획을 세우고 실행하고 검토하기(plan-do-see)

고시를 준비할 때, 대략적인 계획을 세우고 공부하고 실천하면서 나중에는 전체적으로 검토하는 시간을 갖고는 했다. 계획대로 진도를 나가지 못하면 '왜 그런지' 반성하는 시간을 갖고 미세 조정에 들어갔다. 어쨌든

　　주식 투자에 대한 생각

큰 틀에서는 맞아 들어간다.

재테크, 자산 시장은 어떤가? 왜 높은 가격에 사서 어려운 시기에 고전할까? 자산 시장(평생 기간)은 고시 준비 기간(대략 3년 정도)과 비교가 되지 않을 정도로 긴 기간이다. 그런데 매일매일 가격이 변하고 그 변화의 폭도 상당히 크다. 장기간으로 보면 우상향하지만 단기적으로는 오르고 내리기에 사람들을 혼란에 빠뜨린다. 그 변화무쌍함에 희생자가 나오기도 하고 이를 견디고 이용하는 사람은 큰 수익을 얻기도 한다. 왜 똑같은 경제 현상에 각자 다른 결과가 날까? 모두 자산 시장에서 성공하기 위해 진입했지만 성적표는 천차만별이다.

오를까? 내릴까? 투자는 확률 게임이다. 절대적이지 않고 말 그대로 가능성이다. 그런데 그 확률이 시간에 따라 변화한다. 시간을 짧게 잡으면 성공의 가능성이 줄어든다. 시간을 길게 잡으면 가능성이 올라간다. 그런데 시간은 무한하지 않고 비용이 싸지 않다. 높은 가격을 지불하면 더 긴 시간을 다시 지불해야 한다.

투자 의사 결정을 할 때는 현재의 가격뿐만 아니라 미래에 기다려야 하는 시간까지 고려해야 한다. 한번 결정하면 이를 번복하는 비용이 매우 크기에 그 비용도 생각해야 한다. 투자 시점에서 철저히 조사하는 것은 미래의 비용을 획기적으로 줄일 수 있는 최고의 방법이다.

투자 시점에서 비용은 아래 세 가지를 고려해야 한다.

1. 투자 대상의 현재 가격(price)
2. 투자 대상에 대한 기다리는 비용(time)
3. 투자 대상 번복(잘못된 투자) 비용(loss)

철저하게 조사하지 않고 시작하는 즉흥적인 투자는 1, 2, 3 비용 모두를 증가시켜서 원금을 훼손시키는 결과를 초래한다. 나는 위의 1, 2, 3 비용을 높게 지불해서 곤란에 처한 적이 많다. 그럼에도 불구하고 성장을 이루어냈다.

그 성장의 해법은 무엇인가? 바로 시간이다. 시간은 낮은 가능성을 높게 끌어올리는 마법과 같은 존재다. 기다림과 인내는 나의 상처를 아물게 하는 치료제이고 보약이었다.

　　　　　　　　　주식 투자에 대한 생각

종목 선정의
중요성

주식 투자에서 무엇이 중요한가?

필자에게 주식 투자에서 중요한 것이 무엇이냐고 묻는다면 다음 세 가지를 말하고 싶다. 중요한 비중을 말하자면, 우선 종목 선택이 40%를 차지한다. 수많은 종목 중에서 어떤 종목이 좋은지 선택을 잘 하는 것이 매우 중요하다. 좋아 보이는 종목이 많지만 결과까지 좋은 종목은 많지 않다. 내재가치와 미래가치가 좋은 종목을 선택하는 것이 실패 확률은 떨어뜨리고 성공 확률은 올리는 방법이다. 많은 종목에서 방망이를 마구 휘두르면 결국은 아웃된다. 스트라이크 존에 들어오고 치기 좋은 공을 선별하는 능력이 안타나 홈런을 칠 가능성을 높이는 것이다. 잘 아는 종목, 공부가 철저히 이루어진 종목, 가능성이 높은 종목을 선별하여 적정가치보다 현저하게 떨어져서 적정평가 이상에서 매도할 가능성이 충분한 상태인지 살펴보면 된다.

훌륭한 종목을 선택했어도 일시적인 하락은 어쩔 수가 없다. 이 시기를 못 버티고 손절하여 그 후에 날아가는 종목을 많이 경험했다. 그래서 좋은 종목을 선택했으면 다음에 꼭 해야 하는 일이 있다. 바로 보유하면서 인내하고 기다리는 것이다. 중요도 비중을 치자면 50%이고, 가장 중요하고 어려운 일이다. 시세가 매 순간 변하고 매일 변하고 매주 변하고 매월 변하고 매년 변하는데, 그 변화를 모두 견디어 내는 것은 말처럼 쉽지 않다. 종목 선택은 어떤 일의 '시작'에 해당하고, 보유하면서 기다리는 것은 그 일을 '행동'하고 '실천'하는 것과 비슷하다. 어떤 일을 하든 시작이 중요하고 또 그 일을 실천하는 것이 무엇보다 중요하다. 시작이 잘못되면 그에 따르는 후속 처리가 무척 험난해지며 좋은 결과를 기대할 수 없다. 선택을 잘 했어도 그 후 행동이 뒷받침되지 않고 기다리지 못하고 팔아버리면 손실이 가중되는 것이다.

선택도, 기다리는 것도 잘 했으면 90% 해낸 것이다. 이제는 성공을 위해 적절한 때에 수확해야 한다. 수익을 충분히 주었는데도 회수를 못하면 익은 과일이 낙과하는 것과 같다. 현저한 저평가에서 적정평가가 이루어지면 그때부터는 매도해서 마무리를 지어야 하는데, 너무 큰 욕심에 수확을 놓치면 낭패를 보기가 쉽다. 따라서 마지막으로 중요한 것은 매도 결정으로, 10% 비중으로 중요하다고 말하고 싶다. 수익을 크게 남기느냐 적게 남기느냐의 결정이기 때문에 중요하기는 하지만 선택과 기다림보다는 비중이 낮다. 그렇다고 중요하지 않는 것은 아니다. 수확의 크기를 결정하고 또 다음 농사를 짓기 위한 종자를 확보하는 단계이기 때문이다. 평생 이러한 세 가지를 반복해서 수행하는 것이다. 농사를 짓는 이유가 가을에 더 많은 수확을 하기 위해서인 것처럼, 투자를 하는 이유는 이후에 더 큰 수익을 반복적으로 내기 위함이다.

내가 공부하지 않고 내가 투자하지 않은 종목이 날아가는 것은 내가 지은 농사가 아니기에 크게 중요한 일이 아니다. 내가 사지 않은 땅값이 뛰고 다른 사람의 재산이 증가하는 것에 관심을 갖는 것과 다름없다. 다른 사람의 길에 유혹당하지 않고 나의 길을 묵묵히 가는 것이 투자의 바른 길이라고 생각된다.

주식 투자의 어려운 점

언제나 종목 선정이 어렵다. 수많은 종목 중에 무엇을 선택할까? 재무가 뒷받침되고 수익성이 좋은 종목이 뛸 가능성이 많다. 내가 좋아하는 종목보다는 남들이 좋아할 만한 종목이 더 높이 가는 경향이 있다. 재료가 끼가 있다면 더욱 좋다. 사야 할 이유가 많은 종목 중 가장 좋은 1위에서 3위까지만 선택하자. 앞으로 빛을 볼 섹터에서 스타가 될 가능성 있는 종목을 공부하고, 기대와 다른 방향으로 갈 가능성도 고려해야 한다.

종목 선정이 성과의 70퍼센트 역할을 한다. 다음은 '언제 사느냐'의 문제이다. 좋은 종목이라도 진입 시기가 나쁘면 손실 기간이 길어져 오래 인내해야 하기 때문이다. 오르기를 참지 못하고 팔아 손실로 끝나는 경우도 많다. 최저점을 잡는 것은 불가능한 일이지만 사고 싶은 가격보다 한참 낮은 가격에서 사는 것이 필요하다. 기다리고 기다리고 또 기다린다. 필자는 최저점에서 사려 도전해 보지만 사고 나면 −30%~−10% 손실은 늘 경험한다.

경험상 마이너스는 필연적이다. 이 상태를 못 견디고 손절하면 계좌는 쪼그라들고 손실을 키울 뿐이다. 살 때와 현재 큰 변화는 없는데 시장 변동에 따른 단순한 하락일 뿐이라면 팔 이유가 없다. 다만 진입 시기가 나쁘면 인내해야 하는 기간이 길어질 뿐이다. 필자는 좋은 종목임에도 진입 시기가 나빠서 5년 넘게 보유한 종목도 있다. 진입 시기가 좋은 경우 1년에도 몇 번이나 수익을 주는 종목도 있다. 세 종목 정도로도 충분한 수익이 가능하다. 주식은 돌고도는 경향이 있다. 아직 시장의 선택을 받지 못했더라도 기다리다 보면 자기 순번이 돌아오는 것이다.

지인이 어떤 종목을 사야 하냐고 나에게 묻는다. 난감하다. 나는 내가 보유한 종목 이외에는 깊이 있게 분석하지 않아서 잘 모른다. 잘 모르는 주식을 권할 수는 없다. 모른다고 사실대로 말하면 그럼 어떤 종목을 갖고 있냐고 묻는다. 세 종목을 알려준다. 수익률을 묻는다. -30%, -20%, -5%. 웃는 모습이 보인다. 어쨌든 그게 사실이다. 이렇게 안 움직이는 주식은 자신과 안 맞는다고 한다. 그리고 그래프도 본다. 낮은 가격에서 허우적거리는 볼품없는 주식이다. 내보이기도 민망하다. 현재는 이렇지만 언젠가는 마이너스가 플러스로 변해 상당한 수익을 주면 계좌에서 사라질 것이다. 그리고 계좌 잔고는 풍성해진다. 셋 중에 -30%는 5년 이상 보유 중이고 -20%는 1년 3개월 보유 중이며, -5%는 두 달 보유 중이지만 나에게 몇 번 수익을 주어서 계좌를 살찌우는 일등 공신이다. 현재의 손실도 모두 만회하고 남는 충분한 수익을 주었다.

쌀 때 사서 비쌀 때 팔면 된다. 주식은 결국 시간을 사는 것이다. 나는 셋 중 두 개는 틀렸고 하나만 맞았다. 그러나 틀린 두 개도 언젠가는 맞게 된다. 오랜 시간이 걸릴 뿐이다. 인내하고 기다릴 줄 알면 틀린 것도 맞게 되는 놀라운 결과를 만든다. 공짜는 없다. 시간이라는 비용이 들어간다. 그러나 시간이라는 비용이 수익으로 변한다면 기다리는 것은 가치 있는 일이다.

주식 투자 과정 중 무엇이 어려울까?

주식 투자자에게는 여러 가지 일들이 있다. 우선 투자를 생각하면 무엇에 투자할지를 고민하게 된다. 그래서 투자 대상에 관심을 갖고 공부하는 과정이 있다. 투자자는 늘 투자 대상을 물색해야 하기에 정보에 민감해진다. 많은 정보 중 자신에게 가장 적합한 투자 대상을 선택하게 된다. 이것을 통틀어서 투자 전에 하는 공부라고 치자. 다음으로는 공부해서 선택된 투자 대상을 매수하는 과정이 있다. 그리고 그러한 투자가 과실을 맺을 수 있도록 기다리는 시간이 있다. 자신의 투자 대상 선택의 결과가 나오는 매도 과정이 있다. 이것이 투자의 일련의 흐름이다.

공부, 매수, 기다림, 매도의 과정이 있는데 이 중에서 가장 어려운 것은 무엇인지 또 가장 중요한 것은 무엇인지 생각해 보자. 사실 첫 단추는 대단히 중요하다. 방향이 맞지 않으면 많은 시련이 따라오게 되어 있다. 인생은 반복해서 사는 것이 아니다. 단 한 번 살아가고 똑같은 시간을 반복할 수 없는 특징이 있다. 그리고 우리가 습득하는 정보에도 한계가 분명히 존재한다. 세상은 불확실성으로 가득하다. 그러나 인간은 끊임없이 실수를 하면서 그 과정에서 배움을 얻고 성장 발전해 오고 있다. 제일 어리석은 것은 실수할까 봐 아무것도 시도하지 못하는 것이다. 시도를 해야 성공 가능성이 생긴다. 무엇이든 한 번에 배워지는 것은 없다. 조금씩 조금씩 알아가는 과정이다. 주식 투자도 마찬가지이다. 실수를 통해서 알아가는 것이다. 그것을 10년, 20년 이어가면서 배우고 성장하는 것이다. 평생 투자이고 평생 공부이다. 이것은 매우 중요한 일이다.

배운 것을 활용하기 위해서 매수라는 대가를 치른다. 돈이라는 여러 잠재적 가능성을 이제는 꼭 찍어서 그 대상으로 국한하고 돈의 사용을 제한하는 과정이다. 즉 돈이 묶이는 것이다. 용도를 완전히 제한하게 된다. 의사 결정이 제약 조건을 만들면서 책임까지 부담시킨다. 이제는 이러한 제약을 인내해야 하는 기다림의 과정이다. 그 기다림 중에 손실이 발생하기도 하고 수익이 발생하기도 하고 이 둘이 상호 교차하기도 한다. 이 과정에서 투자자는 행동을 결정할 수가 있다. 자신의 성과를 결정짓는 매도의 과정으로 투자는 종결된다.

필자에게 4단계 중에서 가장 어려운 부분은 3단계인 기다림이다. 4단계 모두 중요하지만 특히 3단계는 주식 투자자에게는 가혹할 만큼 힘든 여정이라고 생각된다. 1단계 공부와 2단계 매수를 잘 했다면 3단계 기다림은 상대적으로 여유가 있지만, 1단계와 2단계가 잘못 되었다면 3단계는 견디기가 더욱 어렵게 된다.

3단계를 자세히 살펴보자. 바람직한 것은 이 기간 중에 수익이 계속 커지는 것이다. 그러나 상승만 하는 주식은 없다. 오르고 내리기를 반복한다. 계속 오르기만 하면 기다리는 것이 쉬울 테지만 문제는 그 과정 중에 하락을 반복한다는 점이다. 투자자는 상승만 바라기에 하락하면 인내하기 쉽지 않다. 그리고 높은 가격에서 잘라 내고 낮은 가격에서 다시 잡고 싶어 한다. 이러한 심리가 투자자를 단기 투자자로 만들어 버린다. 그래서 기다림이 어려운 것이다. 그리고 잘 성장하는 주식이 갑자기 고꾸라지면 조금씩 쌓아온 계좌가 한 번에 쭉 빠지면서 허탈감이 몰려 오기도 한다. 이때 투자자는 위기감을 느껴 또 기다리지 못하고 매도하는 경우가 매우 많다. 앞으로 계속해서 커 나가는 과정인데도 이것을 참지 못하는 것이다.

사실 투자에서 기다림은 이러한 과정이 계속 반복되는 것이다. 새로운 것은 아무것도 없지만 미래의 일이다 보니 눈먼 장님이나 별반 다르지 않는 투자 행태를 보이고 만다. 그래서 평상시에 투자에서 성공한 사람들의 책들을 가까이하면서 이런 단기적인 투자 습성에서 벗어나야 한다. 위대한 기업은 하루아침에 만들어지는 것이 아니다. 오랜 세월을 이겨내는 과정이 필수적이다. 이 과정에서 우리에게 많은 힌트를 주게 되어 있다. 우리

주식 투자에 대한 생각

는 그 기업이 성과를 낼 수 있도록 응원하고 기다리면 된다.

사실 주식 투자의 가장 큰 비중은 기다림이다. 이것은 달리 표현하면 효율이 매우 좋다는 말이다. 투자하기 전에 충분히 공부하고 투자했다면 그 이후에는 그렇게 많은 시간을 들일 필요가 없다는 말이다. 그 기다리는 시간에 인생을 더욱 다양하게 풍부한 경험의 시간을 가지면 된다. 기업은 스스로 밤낮없이 발전하려고 몸부림치고 있기 때문이다.

일희일비하지 않는
태도

주식 투자, 실수로부터 배운다

주식 투자를 시작한 지 20여 년이 흘렀다. 오랜 시간을 투자했음에도 불구하고 성적은 초라했다. 너무 많은 시간을 실수로 날려 버렸다. 많은 시간과 돈을 실수와 바꾸었다. 비싼 수업료를 내고 경험을 축적한 것이다. 2008년 금융위기와 2020년 코로나 위기를 온몸으로 받아냈다. 그리고 그 사이사이마다 중간 정도의 위기도 견디기가 무척 힘들었다. 실수의 연속이었다. 당시에는 못 견딜 위기라고 느꼈지만 지나고 보니 '그때가 기회였는데' 하는 생각도 든다. 이걸 보면 수업료를 헛되이 지불하지는 않은 것 같다.

현재 시장에서 생존해 있을 뿐만 아니라, 실수로부터 배운 경험들로 무장되어 미래가 더욱 기대된다. 감사한 마음이다. 이제는 주변 사람들도 부자가 되는 길을 걷도록 하는 전도사 역할을 자처하고 있다.

주식 투자는 본능에 따라서 하면 필패다. 어쩌면 실수는 필연적이다. 실수 없이 성공한 사람은 단 한 명도 없다. 그렇다면 수업료를 적게 내고 배우는 방법을 생각해 보자.

물고기 잡는 법을 배우면 평생 써먹을 수가 있다. 조급한 마음을 가지고 움직이면 비싼 수업료만 낼 뿐이다. 돈을 벌 기회는 평생 있으니 조급할 필요가 전혀 없는데, 가까운 수익에 눈이 멀어서 안타까운 결과를 내고 만다.

실력이 뒷받침되지 않은 부는 축적되지 못하고 시장에 흩뿌려지고 만다. 실력이 뒷받침되면 부는 자연스럽게 따라오니 우선 실력 향상에 전념하자. 그리고 실수는 반복하지 않는 것이 주식 투자 실력 향상의 방법이다.

주식 투자가 어려운 이유

20여 년 주식 투자를 해왔지만 쉬운 적이 없었다. 거의 대부분 손실을 경험했고, 좌절하고 힘들어했던 기억이 대부분이다. 잠시 상승했다가 시간이 지나면 하락하기 일쑤였고 잠깐의 수익도 빠르게 손실로 변하곤 했다. 손실이 일상이고 수익은 예외적이었다.

그런데도 불구하고 사람들에게 주식 투자를 해야 한다고 말한다. 다른 사람을 힘들게 하고 싶어서가 절대 아니다. 나처럼 막무가내로 하면 안 하는 것만 못하다. 주식의 속성과 그에 따르는 위험을 잘 알고 하기를 바란다. 나는 20여 년의 경험 후에야 이제 조금 깨달았다. 책도 읽으며 마음을 다잡고 투자에 임하지만 결코 쉽다고는 생각하지 않는다.

무엇이 오랜 기간 투자를 한 사람도 이토록 힘들게 하는가? 오랜 경험을 한 사람도 시장을 예측하기가 어렵기 때문이다. 상승을 기대했는데 하락하고 하락을 기대했는데 상승하는 등 예측이 맞는 경우가 별로 없다. 틀리는 것이 일상이고 예측이 불가한 측면이 있다. 그런데도 주식을 보유해야 하니, 위험에 그대로 노출된다. 해외 변수도 상당하다. 어디에서 지뢰가 터질지도 모른다. 상승하는 날보다 하락하는 날이 더 많은 것도 사실이다. 계좌를 열어 보게 된다. 기대를 갖고 열어 보지만 역시나 실망투성이다. 필자를 비롯해서 많은 투자자에게 실망과 좌절을 안겨주는 경우가 다반사이다. 일희일비하지 않는다고 생각하지만 유쾌한 경험은 아니다. 견뎌 내는 해법밖에 없지만 기다림이 쉽지는 않다. 나중에는 수익을 주는데 뭐가 어렵냐고 반문할 수도 있지만 그 기다림과 인내는 생각처럼 쉽지 않다. 많은 사람이 그 대목에서 지치고 포기한다. 주식 투자가 현실에서 어려운 이유 중 큰 하나이다. 그래서 주식 투자는 인내력 없는 사람으로부터 인내력 있는 사람에게 돈을 옮기는 게임이라는 말까지 나온다.

대부분 단기적인 수익에 마음이 가지만 현실은 결코 그렇지 않기에, 괴리감에 정신이 혼란스럽고 마음이 지친다. 그러나 이것이 수익을 위한 필연적인 과정이라는 것을 경험으로 알고 대응하는 것과 경험 없이 대응하는 것에는 너무나 큰 차이가 있다. 그래서 금융에서의 경험이 소중한 재산이 되는 것이다. 그 경험은 시간이란 큰 비용을 지불한 귀하디 귀한 지혜로, 재산을 지키고 증식할 지원군 역할을 한다.

따라서 누가 금융(주식)을 먼저 경험했고 누가 오랫동안 금융(주식)을 유지했는가에 따라 개인의 지혜와 재산은 결정된다고 본다. 하루, 일주일, 한 달, 1년, 10년이 아니라 평생 투자하고, 그것도 부족해서 자녀와 손자도 투자를 이어가도록 하는 것이 복리의 마법을 키워가는 핵심 요인임을 안다. 오늘도 나에게 주어진 길을 묵묵히 걷는다.

     주식 투자에 대한 생각

주가 변동에 일희일비할 필요가 없다

주가가 갑자기 불쑥 상승하고 또 다음 날은 푹 빠지고… 이런 변동성에 대부분의 투자자들이 혼란에 빠진다. 상승할 때는 자신의 예측이 맞았다고 생각했으나 쭉 빠지다 보면 경영자가 한심하다는 비난이 쇄도한다. 장밋빛 환상에 젖어 있다가 갑작스러운 하락에 우울해지는 것이 현실이다.

그렇다면 회사에 대해 가장 많이 알고 또 가장 많이 투자한 대주주는 이런 변동성에 어떻게 대처할까? 그들은 사실 대처할 수단이 거의 없다. 물론 시장에 지분을 파는 경우도 간혹 있기는 하지만 거의 없다. 주가가 천정부지로 높게 형성되어 있을 때 예외적으로 지분을 팔기도 하지만 드문 현상이다.

대주주가 투자한 돈은 개인 투자자에 비할 바가 안되게 엄청나게 큰 금액이기에 그 변동성이 어마어마할 것은 당연하다. 그리고 대주주가 돈을 많이 버는지 소액 주주가 돈을 많이 버는지는 말 안 해도 모두가 알고 있다. 대주주는 돈이 될 것을 미리 예상하고 많은 자금을 기업에 투자했다. 그리고 기다린다. 소액 주주도 자신의 투자 범위 내에서 금액을 투자하고 기다린다. 그러는 과정에 주가는 변동성을 일으킨다. 대부분의 소액 주주는 작은 파도에 끊임없이 새로 올라타고 내리기를 반복한다. 소액 주주는 탑승과 하차가 너무나 쉽게 이루어진다. 그러나 대주주는 한번 탑승하면 거의 움직이지 않는다. 투자 규모는 작더라도 대주주 흉내는 낼 수 있다고 생각한다.

주식 투자 손실은 괴롭지만 인내해야만 한다

필자를 비롯해서 많은 개인 투자자들이 손실에 신음하고 있다. 천장 3

일, 바닥 97일이다. 생각해 보면 너무나 당연한 사실이지만 인내하기가 쉽지 않다. 지식으로 아는 것과 실제로 적용하는 것은 완전히 별개의 문제이다. 필자도 손실은 당연하다고 인지하지만 현실에서 인내하기는 사실 무척 힘이 들었다. 그래서 참고 참다가 발목에서 주식을 쓰레기처럼 버리던 시절이 있었다. 그리고 급등하면 가슴 위에서 사려고 발악하던 경험도 있었다.

급등과 급락에 일희일비하지 않으려고 노력하고 있지만 현실에서는 쉽지 않다. 급락하면 온몸에 나도 모르게 에너지가 빠져나가 힘이 없고 급등하면 활기가 넘친다. 계좌는 늘 시퍼렇게 멍이 들어 있다. 빨간색은 모두 실현해서 계좌는 파란색만 남아 있다. 고수라고 자칭하는 필자도 이러한데, 투자 기간이 몇 년 되지 않은 사람은 오죽할까? 고수들도 시련의 시기가 있다. 그러나 고수들은 시련을 인내하는 법을 안다. 초보는 손실 구간을 인내하는 법을 모르기에 더욱 고통스럽다. 그 고통에 매몰되어 비싼 가격에 구입한 주식을 헐값에 내던지고 만다.

필자는 7년 전 사자마자 손실이 나기 시작한 주식을 아직까지도 가지고 있다. 지금 생각하면 터무니없는 고가에 구입해서 여전히 탈출 기회가 나지 않고 있다. 앞으로 10년을 더 가지고 있어야 할지도 모른다. 그사이 코로나로 인해 급락도 경험하고 양적완화로 급등도 경험했지만 여전히 파랗게 멍들어 있다. 나는 이 주식이 부동산이라고 생각을 바꾸었다. 어떤 사람은 손절을 해서 올라갈 종목에 투자하라는 조언도 했다. 그럴듯한 조언이지만 코로나 시절에 실행했더라면 끔찍한 결과를 초래했을 것이다. 어쨌든 나는 나만의 방식으로 투자를 했고 결과도 얻어냈다. 자신의 수익 내는 방식을 체득해야 한다.

필자는 어느 순간부터 원금 손실을 가장 두려워하는 투자자가 되어 가고 있었다. 투자자는 신이 아닌데 어떻게 손실이 나지 않겠는가? 필자는 사는 순간부터 손실 나는 경우가 대부분이었다. 늘 손실을 달고 사는 것이 일상이다. 그 손실을 인내해야만 수익도 볼 수가 있다. 다만 사는 시점은 대단히 중요하다. 가슴 위에 있는 주식을 사는 것은 피하고 또 피해야 한다. 탐욕에 눈이 멀어 고점에 주식을 잘못 사게 되면 인내하야만 하는 시간이 무척 길어질 수가 있다. 그 고통은 말할 수 없이 가혹하기만 하다. 현실 인식에서 오는 고통과 미래의 불확실성이 투자자에게는 견디기 어려운 고난이다. 벌어도 시원찮은데 손실이라니! 수많은 개인 투자자들이 느끼는 감정이다. 따라서 가슴 위가 아닌 무릎 아래에서 사는 고수의 눈이 필요하다. 무릎 아래에서 사도 일시적인 손실은 견디어 내야만 한다. 그리고 손절이 아닌 익절을 습관화해야 한다.

많은 투자자들이 이번 손실만 회복하면 주식 시장을 떠나겠다고 생각한다. 그러나 주식 시장은 떠날 시장이 아니고 평생 관심을 가져야 하는 시장이다. 농사를 한두 해 망쳤다고 농사를 포기하면 어떻게 많은 수확을 거둘 수가 있겠는가? 일년생 작물이 있는가 하면 인삼처럼 다년생 작물도 있지 않은가? 거품이 잔뜩 끼었는지, 적정 평가인지, 아니면 일시적인 저평가인지를 따져 보고 부동산처럼 운영한다면 수익의 기회는 언제나 있다고 생각한다.

서두름은
금물

투자에 있어서 서두르지 마라

주식 투자를 할 때 필자는 늘 서두르곤 했다. 올라가는 주식을 보면 못 사서 안달이었다. 그러나 결과는 늘 한결같이 참담했다. 많은 손실이 뒤따랐다. 그래서 더 이상 안 떨어질 종목에 집중했다. 최저가에 도전했지만 역시나 −30%라는 결과가 나왔다.

그러면 투자를 안 하는 것이 옳을까? 절대 아니다. 투자를 안 하면 나중에 더 위험할 수 있다. 그렇다면 가장 좋은 방법은 투자를 하되 투자하고 싶은 시점에서 30% 할인해서 들어가는 것이다. 그것이 마음고생도 덜하고 수익률도 높일 수 있는 방법이다. 현재가 최저점이라고 생각되면 여기에서 추가로 30% 할인되는 시점까지 인내하고 기다리면 된다. 하방을 더 열어두고 진입하면 안전 마진을 확보하고 수익을 증대시킬 수 있다.

자신의 행동에 대한 데이터가 필요하다. 필자의 경우는 위와 같은 데이터가 나온 것이다. 각자가 주식을 매매하면서 어떤 실수가 있었는지 확인하는 과정이 꼭 필요하다. 그러면서 그 실수를 줄여 나가는 훈련이 필요한 것이다. 이렇듯 투자에 대한 의사 결정 능력은 하루아침에 생기는 것이 아니고 훈련과 경험이 쌓여서 나중에 그 위력을 발휘하게 된다.

자신의 행동을 수정하면서 훈련하면 미래에는 더 나은 의사 결정을 하게 되고 그 덕에 미래 자산은 더욱 커진다. 투자는 이 과정의 무한 반복이다. 결국 각자가 흔히 하는 실수를 줄이는 것이 핵심이다.

금융에서는 서두르면 대가를 지불해야 한다

주식 계좌가 온통 파란색으로 멍들어 있다. 2년간 파란색에다가 손실도 35% 정도로 작지 않다. 가끔 잠깐의 수익이 나기도 했지만 수익을 키우려다가 오히려 손실만 커졌다.

올해는 시장이 어려워서 작은 수익도 지키고 싶었는데, 마침 한 종목이 4% 미미한 수익권에 접어들어 적은 수량만 매도를 했다. 작은 금액이지만 근 2년 만에 한 수익 실현이었다. 현금이 너무 없어 미래를 대비하고픈 생각이었다. 적은 현금이었지만 이자 정도라도 벌고 싶었고 손실이 아니라는 것에 만족해야 했다.

그런데 조그만 현금이 생기자 이것을 또 굴리고픈 욕심이 들었다. 높은 가격에서 노는 종목들이 눈에 들어와서 내 손과 눈과 이성을 마비시켰다. 급등한 종목들이 나를 유혹했다. 손은 유혹에 이끌려 이것저것 열심히 누르고 있었다. 그러나 한편으로는 이성이 그러면 안 된다고 말렸다. 2년을 기다려서 얻은 소중한 수익을 단 몇 분 만에 날려서는 안 된다. 인내의 시간들이 떠올랐다.

현재 계좌가 파란색인 것은 서두른 대가이고 결과이다. 그래서 2년 가까이 시간을 허비하고 있는 것인데 또다시 그런 악수를 이어가려는 내 행동이 한심스럽다. 20여 년을 투자하는데도 이렇게 유혹에 휩쓸리는 나를 발견한다. 벌기는 어려운데 잃기는 너무나 쉽다. 유혹에 넘어가기만 하면 된다. 몇 분 만의 행동이 몇 년의 기다림과 손실을 인내해야 하는 참혹한 결과로 이어질 수 있다. 스스로가 그 덫에 나를 빠뜨리려 하고 있었다. 간신히 욕심의 유혹에서 빠져나왔다.

아무것도 하지 않으면 되는데 그것이 어렵다니 참으로 아이러니할 뿐이다. 그냥 그대로 둬라. 그것이 전부다. 금융에서는 전략적으로 움직이지 않고 충동적으로 행동하면 치명상을 입게 되어 있다. 전쟁을 대충 하는 격이다. 적군의 유인에 빠지면 몰살당할 것이 뻔한데도 병사를 사지에 몰아넣는 것과 하등 다를 바 없다.

오늘 나의 욕심이 나를 이기려 하고, 내 마음을 마구 휘젓고 다녔지만 용케도 버티어 내었다.

돈 벌려고 달려들면 잃기 쉽고, 잃지 않으려고 하면 번다

20여 년 주식 투자를 하면서, 초반 17년은 돈을 벌기 위해 주식 시장에 달려들었고 많은 수업료를 지불하면서 자기반성 없이 도돌이표 인생을 살았다. 운 좋게 10%의 수익을 얻으면 다른 종목에 들어가서 30% 이상 손실을 보고 나오는 일이 반복되었다. 본능에 따라 매매하면 아무리 종잣돈이 많아도 결국 전부 시장 돈이 된다. 급등하는 빨간 종목만 보면 사고 싶고, 높은 가격에서 매수해 파란색을 보이면 팔아 손실을 반복한다. 우연히 수익을 내도 결국 매매를 지속하면서 손실로 이어지고 만다. 급등하는 종목을 따라다니면 손실로 끝나는 경우가 많았다. 돈을 벌기 위해 적극적으로 매매하는 것은 소중한 시드머니를 시장에 뿌리는 행위나 다름없다.

사업을 시작하자마자 돈을 버는 경우는 거의 없다. 자리잡기 위해서는

　　　　　　　　　　　　　　　　　　　　주식 투자에 대한 생각

몇 년의 투자가 필요하다. 주식 투자도 마찬가지이다. 시장에 진입하는 초보가 돈을 벌면 무척 위험하다. 초심자의 행운은 그 사람을 망치기 쉽다. 물론 반복적인 수익을 거둔다면 이야기는 다르다. 반복적인 수익을 얻기에는 주식 시장이 그리 호락호락하지 않다. 많은 경험도 필요할 뿐만 아니라 자기 절제가 필수이다.

반복적인 수익이 입증될 때까지 본격적인 시드 머니를 투입해서는 안 된다. 자신은 다르다며 오늘도 많은 희생자가 나온다. 급한 마음에 빨리 가려고만 한다. 방향이 잘못된 경우, 부지런하면 결과는 더욱 안 좋다. 잘못된 길로 많이 걸을수록 되돌아오기 힘들듯, 주식 투자에서 방향이 잘못되면 손실을 감당하기 어렵다. 커져야 하는 종잣돈이 쪼그라들고 심지어는 써 보지도 못하고 없어진다.

버는 투자보다 잃지 않는 투자를 권한다. 필자도 많은 손실을 본 상태에서 멘탈이 완전히 붕괴되었고 모아온 주식을 시장에 헐값에 갖다 버렸다. 그런 행위들을 반복했다. 그러다가 코로나가 터지면서 똑같은 일이 반복될 처지였다. 본전은 꿈과 같은 목표였다. 잃지 않으려고 '파는 행위'를 하지 않았다. 팔고 다른 종목으로 수익을 낼 자신이 없었다. 그래서 시장의 몽둥이를 그대로 맞았다. 시장은 나를 녹다운시켰다. 팔라고 위협했지만 운 좋게 굴복하지는 않은 것이 잃지 않은 경험뿐 아니라 수익도 가져다주었고, 주식 투자의 신세계를 경험하고 투자 방법을 터득하는 계기가 된 것이다.

주식 투자에 있어서 가장 중요한 일은 많은 돈을 벌어들이는 것이 아니라, 잃지 않는 것이다

우리는 왜 주식 투자를 할까? 무엇을 중요하게 생각해야 하는가? 돈을 잃지 않아야 한다. 돈은 가능성을 의미한다. 돈을 잃는다는 것은 그만큼 가능성을 잃어버리는 것이다. 종잣돈을 잃으면 얻을 수 있는 과실의 크기도 상대적으로 줄어든다.

다시 첫 질문에 집중해 보자. 주식 투자를 하는 건 기본적으로 돈을 잃지 않기 위해서이다. 그리고 모아 가기 위해서이다. 지키면서 모아 가는 것이 핵심이다. 이 무슨 뚱딴지같은 소리인가? '돈을 잃지 않으려면 예금이나 현금을 보유해야지'라고 생각하기 쉽다. 그러나 예금이나 현금은 장기적으로 보면 결국 돈을 조금씩 잃는 행위다. 인플레이션을 감안하면 실질 구매력을 유지하지 못하고 조금씩 계속해서 손실을 보는 구조이다. 20년 전 물가와 현재 물가를 비교해 보면 명확해진다.

인간의 생애 주기를 보면, 30년은 교육을 받고 30년은 일을 하면서 재산을 모으고 30년은 모은 재산을 소비하면서 인생을 보낸다. 따라서 최소 30년은 재산을 쌓아가는 시기이다. 이 기간에 노후 재원을 만들어야 하는데, 누수 없이 쌓아 갈 수 있는 중요한 도구가 주식 투자라고 생각한다. 주식은 화폐 가치로 표시되면서 실질 구매력을 반영하기에 인플레이션으로 인한 가치 하락을 방어해 준다. 또한 배당금까지 주기도 하기에 일석이조 효과가 있다. 원금도 중요하고 투자 기간도 매우 중요하다. 30년 투자를 더 늘릴 수 있다면 복리의 효과는 어마무시하다.

따라서 잃지만 않는다면 누구나 복리의 마법으로 노후에는 큰 부자가 될 수 있다. 그런데 빨리 부자가 되고자 무리수를 두고, 단기간에 투자하고 끝내겠다는 망상에 사로잡힌 사람들이 매우 많다. 수익률이 아무리 높아도 단기적인 투자로는 큰 부를 이루기가 어렵다. 복리의 마법이 없기 때문이다. 그러나 적은 수익이라도 반복되고 기간이 길어지면 복리의 마법 덕에 계좌는 풍성해진다.

　　　　　　　　　　　　　　　　　　　　주식 투자에 대한 생각

연구자들은 실험실에서 많은 연구를 한다. 이미 그 분야에 대해서는 세상에서 가장 많이 아는데도 더 연구하려고 한다. 대기업들은 사업을 통해서 돈을 벌 만큼 벌었는데도 지금도 세계 각국을 누비며 사업을 확장하고 있다. 많이 배운 사람은 더 많이 배우려고 몸부림친다. 배움에는 끝이 없는데도 말이다. 필자는 주식 시장이 배움의 터이며 사람들을 성장시켜 주는 곳이라고 생각한다. 어쩌면 평생 학교 개념이다. 그곳에서 배우고 활용하고 응용하는 삶의 터전이라고 말하고 싶다. 부를 지키고 유지하고 증식시키는 주식 시장의 중요성을 다시 한번 강조한다.

주식이 오를 때 사지 않고, 떨어졌을 때 살 수 있는가?

내년 6월까지 한시적으로 공매도를 금지한다는 뉴스가 나왔다. 그동안 2차 전지 등 공매도로 깊은 조정을 보였는데 월요일 장이 시작하면서 폭발적인 상승을 이루어 내고야 말았다. 그동안 억눌렸던 주가가 갑자기 점프하면서, 시장에 너도나도 사고 싶어하는 욕구가 가득하다. 2차 전지 관련 주들이 무더기로 상한가에 육박하는 상승을 보이면서 시장을 뜨겁게 달구고 있다. 필자도 여기에서 자유롭지 못하다. 그동안의 상승과 하락을 눈여겨보면서 기회를 살피고 있었지만 다른 주식들이 물려 있어 움직일 수 없었는데, 이번 상승 또한 지켜만 보는 안타까운 처지가 되고 버렸다. 자금이 없어서 강제로 인내하게 된 것이다.

2차 전지 관련 주는 올 한 해 뜨거운 감자였다. 그리고 공매도 공격을 받으면서 50% 이상 조정을 보였고, 고가에서는 달려들던 투자자들이 저가에서는 서로 도망가기 바빴다. 그리고 또다시 질주를 시작하고 있다. 고가의 주식을 사지 않을 인내와 용기가 있는가? 저가의 주식을 살 용기와 인내가 있는가? 어느 것 하나 쉽지 않다. 이 본성을 거스르며 투자를 할 수 있어야 하는데 강렬한 시세 변화에 파묻혀 헤어나기 어려운 것이 현실이다. 이러한 현상을 극복하는 가장 좋은 방법은 어려울 때 투자를 미리 해두는 것이다. 이 사실을 다시 깨닫게 하는 현상을 겪고 있다.

주식 시장의 가장 큰 적은 무엇인가?

주식 시장에서 가장 큰 적은 무엇이라고 생각하는가? 다양한 답이 나올 텐데, 필자는 '빨리 벌고 싶은 마음'이라고 생각한다. 정석대로 투자한다면 시간이 흐르면서 투자 금액과 투자 수익이 증가할 테지만, 빨리 움직이는 주식에 시선을 빼앗기고 테마성 종목에 빠지기 쉽다.

그리고 또 하나는 '매일 벌려고 하는 마음'이다. 현실은 전혀 다른데 주식을 매수만 하면 돈을 벌 것 같은 착각이 든다. 그러나 그런 마음으로 매수한다면 많은 손실이 우리를 기다리고 있을 것이다.

많은 공부를 해서 매입한 주식도 일시적으로 손실을 견뎌야 하는데, 감각만 믿고 매수한다면 손실은 예정되어 있다고 보는 것이 합리적이다. 공부가 뒷받침되지 않으면 손실을 견딜 수가 없다. 자신의 예상과 반대로 갈 때 그 당혹감은 인내심을 발휘하기가 어렵다. 주식 투자에서 원금 손실이 결과로 확정되면 복리의 마법이 작동되는 것이 아니라서 치명적이다. 전진을 해야 하는데 후퇴하는 격이다. 그리고 잃어버린 원금을 회복하기 위해서는 더 높은 수익률을 내야 하기에 더욱 힘든 과정을 장애물로 맞이하게 된다.

주식 시장은 어쩌면 평생 해야 하는 마라톤과 같다. 100미터 달리기처럼 서둘러 질주한다면 완주 자체가 불가능해진다. 주식 투자에서 속도보

　　　　　　　　　　　　　　　　　　　　주식 투자에 대한 생각

다 중요한 것이 방향이라고 생각된다. 조금 느리더라도 방향이 바르다면 자신이 생각하는 부보다 더 큰 부를 만드는데 지장이 없다. 주식 투자자 여! 절대로 서두를 필요가 없다. 그래도 넘치는 부를 만드는데 전혀 지장이 없다. 이미 주식 시장에 발을 담근 이상, 바른 투자를 한다면 미래 어느 시점부터는 갑부라는 타이틀이 우리를 따르게 되어 있다.

왜 투자가 어려운가?

한 해를 보내면서 생각해 본다. 투자하는 여성 두 분을 보았다. 함께 엘리베이터를 탔을 때 비상장 주식 투자 경험 기간을 물어보았다. 두 분 모두 초창기 멤버로서 4년 되었다고 한다. 그들은 투자의 어려움을 토로했다. '주식 거지'라는 것이다. 투자한 자금이 쪼그라들고 심각한 마이너스 상황이라 돈을 뺄 수 없는 처지라서, 돈을 쓸 수 없는 답답한 마음을 내비쳤다. 나는 강제 저축이란 말로 위로했지만 그분들은 그것은 듣기에 좋은 말일 뿐 현실적으로는 돈을 쓸 수 없는 꽉 막힌 생활이라고 했다.

필자는 상장 주식에서 일반인은 가격 변화에 매몰되어 휩쓸려 나가기 쉬우나, 비상장 주식은 가격 변화에 무디어서 장기 투자가 쉬우리라고 생각했다. 그러나 오히려 하락기에는 더 큰 위험에 노출됨을 알게 되었다. 팔고 싶어도 팔 수가 없는 상황에 처해서 더욱 답답한 모습으로 변한다는 것이다.

이러한 하락은 투자에서 필연적인가? 투자 시점이 가장 낮은 가격이라고 생각해서 들어갔지만 시간이 지나고 보니 상당히 높은 가격에 진입했음을 깨닫는 경우가 많았다. -30%에서 -40%는 기본이고 그보다 더 심한 경우도 많다. 결국 인내해야 하는 시간은 더욱 길어지고 고통의 시간은 길고도 길다.

호기로운 투자는 결국 고통의 긴 시간을 안기기에 본인이 최저점으로 생각하는 구간보다 -30% 이상 할인되었을 경우를 예상하여 기다리고 인내하는 과정이 필수적이다. 최저점에서 -30% 할인했을 때 들어가야 한다. 이는 고통의 시간을 덜어주고 인내의 무게와 시간을 덜어주는 유일한 방법이라고 생각된다.

또한 여유 자금을 확보해야 심리적으로도 안정되고, 현실적인 문제에도 대처해 나갈 수 있다. 긴급히 써야 하는 돈인데 마이너스 수익률이 큰 경우에는 실패할 수밖에 없는 상황에 노출된다. 이러한 방법을 피하는 방법은 여유 자금 확보뿐이다.

투자는 꼭 필요하지만 방법이 잘못되면 안 하느니만 못한 결과를 낼 수도 있다. 이것이 투자에서 겪는 현실적인 어려움이다. 예상치 못한 난관에 닥쳤을 때 어떻게 대응하는지에 따라 투자의 성패가 결정되기에, 어려움을 예측하고 그 난관을 조금이라도 부드럽게 넘기는 지혜가 필요한 것이다.

1. 최저점 예상치에서 30% 할인된 금액으로 살 수 있을 때까지 기다리고 인내하자. 이는 고통의 시간을 줄이는 중요한 방법으로 기다리고 기다리고 또 기다려서 낮은 가격에 사자.

2. 생활과 투자 여력을 위한 여유 자금을 확보하자. 하락 시에도 견딜 무기를 갖는 것이다. 욕심을 절제하자.

3

부의 시스템을 구축하는
3단계 투자법

주식 투자
3단계

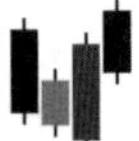

주식 투자 1단계

주식을 시작하는 사람에게 꼭 하고 싶은 말이 있다. 투자 원금을 백만 원이든 삼백만 원이든 오백만 원이든 정해 놓고 시작하라는 것이다. 그리고 그 자금은 시장에 바치는 수업료로 생각하는 게 좋다. 돈을 벌려고 주식을 하는데, 잃게 되는 돈이니 금액을 정해 놓으라니 깜짝 놀랄 수 있겠다.

본능에 따라 매매하면 누구나 잃는 경험을 하기 마련이다. 당하고 또 당하고 그리고 당한다. 씨름판에서 자신의 힘만 믿고 기술을 모른 채 계속 달려드는 꼴이다. 아무리 투자 원금이 많아도 잃는 것은 시간 문제다. 대신 경험을 쌓을 수는 있기에 그 과정에서 기술을 배워야 한다. 그러나 배움 없이 반복적인 실수를 하는 것이 대부분이다. 반복되는 실수를 끊는 것이 기술이다. 손실을 보았으면 방식을 바꾸어야 되는데 보통은 계속 돈만 투입한다. 이때 필요한 기술은 '가급적 거래를 자제'하는 것이다. 시간이 걸리는 것을 무시하고 계속 거래하면 손실은 커질 뿐이다. 큰 상처를 입고 시장에서 퇴출되거나 자신 스스로 시장에서 떠난다.

따라서 투자 원금을 정해 놓고 시작한다. 1억을 투자하고 싶으면 백만

　　　　　　　　　　　　　　　　　　주식 투자에 대한 생각

원만 투자하는 사람이 현명하다. 대신 투자 원금에 동그라미가 세 개 생략되었다고 가정하는 것이다. 투자 원금이 백만 원이지만 10억을 굴린다고 가정하고 투자를 시작하면 된다. 매매 일지를 써도 좋고 종목 선정 이유를 적어 보는 것도 좋다. 손실을 반복하지 않는 기술을 이 단계에서 배우면 된다. 이것이 주식 투자의 핵심 중 핵심이다. 필자는 이 사실을 18년 만에 깨달았다. 18년 동안 시장에 반복해서 거름만 뿌렸다. 몇 번 시장에서 퇴출되기도 하고 스스로 그만두기도 했지만 또 시장에 기웃거렸다. 참으로 미련스럽기도 하고 안타깝기도 하지만, 어쨌든 이 사실을 깨달았다는 것이 무척이나 다행스럽고 고맙다.

주식 투자 1단계의 목표는 작은 투자금으로 주식 시장을 경험하면서, 빨리 부자가 되고자 하는 본능을 절제하는 요령을 배우는 것이다. 주식 시장을 이해하고 나 자신을 이해하는 시간이다. 최대 목표는 자신만의 수익 내는 방식을 만드는 것에 있다. 자신의 수익 내는 방식을 모른 채 투자 자금을 백날 늘려봐야 수업료로 나간다는 사실을 알아야 한다. 주식 매매 거래가 빈번할수록 원금 보존이 쉽지 않다. 본능이 거래를 계속하라고 부추긴다. 대부분의 투자자가 단기적인 시각으로 주식을 바라보며, 계속 주식 투자 1단계에서 아까운 자본을 소진한다. 주식 시장은 투자자가 잘해서 돈을 버는 곳이 아니다. 시장이 벌어다 주고 시간이 벌어다 준다는 사실을 깨닫게 된다면 성공이다.

이때 반드시 매수해야 하는 것은 '지수 투자'이다. 투자금 중에서 절반은 S&P 500과 KODEX 200을 매수하고 나머지를 자신이 투자하고 싶은 유망한 종목에 넣으면 원금을 보존하면서 시간이 지남에 따라 투자 실력도 높일 수가 있다.

주식 투자 2단계

주식 투자 1단계에서는 손실을 보지 않는 기술을 배우는 것이 핵심이었다. 투자에서 손실 보지 않으면 거의 이득이다. 한 번의 이득이 아닌 반복적인 이득을 만드는 기술을 습득했다면 투자 규모를 늘릴 때이다. 이때는 내가 생각하는 투자 규모를 투입해도 좋다.

1단계에서 백만 원으로 시작한 것이, 반복적인 성과의 결과로 백오십만 원이나 이백만 원으로 성공했을 때 투자 규모를 본격적으로 확대해도 좋고, 그전까지는 '투자 원금은 시장에 바치는 수업료'라는 사실을 명심해야 한다. 여기서 주의할 점은 일회성 수익이 아닌 반복적인 수익이 결과로 보일 때까지는 1단계임라는 것이다. 1단계에서는 아무리 큰 투자 원금도 결국은 시장에 바치는 돈이다. 내가 1단계인지 2단계인지는 스스로 알아야 자신을 제어하며 소중한 원금을 지킬 수가 있다. 이렇게 지켜진 시드머니가 나중에는 몇 배에서 수십수백 배로 커지는 경험을 할 수 있을 것이다.

주식 투자 1단계에서 자신의 수익 내는 방식을 터득했다면 상위 10%에 해당한다. 대부분의 투자자가 주식 투자 1단계에서 벗어나지 못한다. 그런데 주식 투자 1단계에서는 투자 자금을 늘려도 거의 효과가 없다. 돈을 버는 사업 구조를 이해하지 못하므로 계속해서 투자금을 넣어도 진전이 없다. 자신의 자본, 즉 힘만 믿고 씨름판에 나서는 꼴이다. 씨름을 하기 위한 기술이 전혀 없는 상태에서 백날 해봐야 도루묵이다.

주식 투자 2단계로 넘어가기 위해서는 주식 투자 사업에 대한 이해를 바탕으로 장기적인 안목을 가지고 주식 시장을 대할 줄 알며, 반복적인 수익이 결과로 보여야 한다. 반복적인 수익이 난다면 비로소 주식 투자 2단계로 돌입한 것이다. 이제는 주식 투자를 사업적으로 할 때이다. 이때는 투자 금액의 위력이 한층 커진다. 자신이 투자하고 싶은 금액으로 투자를 해

　　　　　　　　　　　　　　주식 투자에 대한 생각

도 성과가 나는 때이다. 이때 자산이 급격하게 불어나게 된다.

주식 투자 1단계에서 아껴둔 자본이 주식 투자 2단계에서 위력을 보이게 된다. 이 자본은 나중에는 상상하기 어려운 금액으로 커질 것이다. 평생 동안 그 돈은 일하면서 투자자에게 보답하며 성장한다.

주식 투자 3단계

주식 투자 1단계는 작은 투자 규모에서 손실을 보지 않는 기술을 습득한 후에 반복적인 수익을 보는 것까지 목표로 한다.

주식 투자 2단계는 반복적인 수익이 검증되었을 때 투자 규모를 원래 생각한 대로 늘려서 본격적으로 수익을 확대하는 구간이다. 투자 규모가 커지고 수익도 늘어서 재미를 붙인다. 계좌도 풍성해지고 효율성도 높아지는 단계이다. 반면 변동성도 심해져서 두려움이 몰려오기도 한다. 벌 때는 오랜 시간이 걸리지만 예상치 못한 일이 발생하면 순식간에 반타작이 나기도 한다.

주식 투자에서 '백 퍼센트'란 없다. 늘 변화 가능성을 염두에 두어야 한다. 그래서 일정한 수익이 나면 계좌에서 덜어내는 3단계가 필요하다. 상당한 수익이 났을 경우에는 그 수익을 계속 재투자하기보다는 계좌에서 덜어내서 따로 관리하거나 부동산으로 갈아타는 것이다.

예상 못한 일이 발생했을 경우 생길 수 있는 큰 피해를 줄이고, 너무 큰 금액의 변동성으로부터 자산을 지키면서 키울 수 있는 방법이다. 20여 년 경험상 우리나라 주식 시장은 변동성이 매우 크다. 작은 위기는 1년에 두 번 정도, 중간 위기는 3년에 한 번 정도, 큰 위기는 10년에 한 번꼴로 발생한다. 투자자 중 상당수가 이런 위기 때마다 큰 손실을 입게 된다. 평생 자산을 키워야 하는데 이런 위기에 무너진다면 무척이나 마음 상하는 일이다. 위기는 늘 오기에 대비하면 그만이다. 손실이 와도, 버티고 이겨내면 또 기회가 오기 마련인데 한 번에 크게 무너지면 회복하기가 무척 힘들다.

주식 투자 3단계는 한 마디로 '위기 관리 시스템'이다. 내가 감당할 그릇 범위에서 투자하고 포트폴리오를 다양화해서 자산을 지키면서 키우는 방법인 것이다. 주식 투자의 묘미는 3단계 수준을 반복적으로 지속적으로 하는 것이다.

수돗물을 사용하기 이전에는, 마중물을 넣어서 펌프질을 하면 물이 나왔다. 마중물이 있다면 펌프질로 물을 퍼 올릴 수 있듯, 종잣돈이 있다면 자산을 키우는 주식 투자 3단계 수준을 실천해 보기를 권한다.

주식을 처음 시작하는데 자산 배분을 어떻게 할까?

주식 투자 사이클을 이해해야 한다. 그 사이클은 10년이다. 그런데 대다수가 이 10년 사이클을 버티지 못한다. 1989년 블랙 먼데이, 2000년 닷컴 버블, 2008년 금융위기, 2018년 유럽발 금융위기, 2020년 코로나 위기가 대표적인 10년 사이클에서 벌어진 위기이다. 그런데 특이한 것이 2020년 코로나 위기이다. 사실 코로나는 전염병이어서 갑자기 발생했고, 어떻게 보면 인간이 통제할 수 없는 재해였다. 그러나 다른 위기들은 인간의 탐욕으로 인해 발생된 것이 분명하다. 이렇게 보면 2028년과 2030년 사이에 또다시 인간의 탐욕으로 인해서 세계적인 위기가 발생할 것을 예상해 볼 수 있다. 이런 세계적인 위기에 많은 투자자들이 큰 손실을 입고 시장을 떠나게 된다.

그렇다면 어떻게 해야 할까? 가장 좋은 것은 위기 때 투자하는 것이다.

두 번째는 조금만 투자하다가 위기 때 최대한 많이 투자하는 것이다. 세 번째는 위기 때 손실을 입지만 버티는 것이다. 최악은 위기 때 큰 손실을 입고 시장을 떠나는 것이다. 대부분의 주식 투자자가 최악의 선택을 한다. 이것이 가장 안타깝다. 이처럼 최악의 선택을 하는 이유는 무엇인가? 본능에 따른 두려움 때문이다. 따라서 이 사실을 깨닫고 최악의 선택만 하지 않으면 어떤 선택도 미래를 위한 큰 경험의 자산이 된다.

주식 투자를 해서 10년 안에 부자가 되겠다는 생각을 버려라. 10년은 경험을 쌓고 배우는 시기이다. 돈을 버는 시기는 그 이후라는 사실을 알아야 한다. 이 위기의 사이클을 많이 경험할수록 미래에 버는 자산은 커진다. 비로소 복리의 마법이 작동하게 되는 것이다. 따라서 10년은 경험과 배움의 시간이라는 것을 다시 한번 강조한다. 10년 동안은 가능한 돈을 적게 잃으면서 돈을 버는 시스템을 구축하는 것이 핵심이다. 돈을 버는 구조적인 방법을 깨달아야 한다. 우연히 돈 벌고 기뻐하는 것이 아닌, 경험을 토대로 반복적으로 돈 버는 시스템을 구축하는 것이다.

자산 배분을 어떻게 할 것인가? 정답은 없지만 최선은 다음과 같다.

> 미국 지수 투자 (50%) S&P 500
> 한국 지수 투자 (20%) KODEX 200
> 대형주 한 종목 (10%)
> 중형주 한 종목 (10%)
> 소형주 한 종목 (10%)

이렇게 다섯 종목을 하면 된다. 이렇게 하면 지수 투자가 70%이고 개별 종목은 30%이다. 투자 기간 동안 큰 수익이나 큰 손실은 피할 수가 있다. 잃지 않으면서 훈련할 수 있는 것이다. 다시 한번 강조하지만 처음 투자 10년은 돈을 버는 것이 목적이 아니라, 잃지 않으면서 경험하고 수익 내는 구조를 만드는 것이다. 개별주는 세 종목을 절대로 넘지 않기를 강조한다. 세 종목만 알아도 부자가 되는데 지장이 없다. 많이 안다고 그것이 수익으로 가는 것이 아니다. 투자자는 투자한 기업의 전문가가 되어야 한다. 많은 기업을 선택하는 것은 전문가가 되는 것을 방해하고 손실을 늘릴 뿐이다. 개별 종목 투자는 해당 기업에 대해서 전문가 수준이 아니면 해서는 안 되는 것이다.

돈은 벌고 싶지만, 공부하기 싫고 신경도 쓰기 싫은 투자자는 어떻게 해야 할까? 답은 있다. 바로 미국 지수 투자와 한국 지수 투자를 50%씩 하면 훌륭하다. 그렇게 해도 은행 이자보다 2~3배 큰 수익을 얻을 수 있다. 그런데 이것도 10년 사이클에 걸려서 위기를 경험하면 어려운 상황에 빠진다. 이때 공포에 팔지 않고 버티는 것이 핵심이다. 물론 위기를 피해서 수익이 났을 때 처분하면 좋겠지만 그 위기를 미리 대비하고 처분할 수 있는 투자자는 거의 없다. 그렇다면 지수 투자도 10년 이상 투자하고 위기 시 버텨야 수익을 얻을 수가 있다. 수익이 작다고 생각할지 모르지만 20년, 30년 복리를 고려하면 역시 부자가 되는데 지장이 없다. 그리고 30년 이상 투자한다면 자산은 더욱 커진다. 천천히 부자가 되는 가장 쉬운 방법이다.

지수 투자보다는 높은 수익률을 원하는 투자자는 개별 종목을 공부해야 한다. 개별 기업에 대한 전문가 수준이 되어야 하는 것이 전제 조건이다. 작은 돈으로 훈련해서 자신에게 맞는 성공 방정식을 찾아야 한다. 일시적인 것이 아니라 반복적인 성공 방정식을 찾는 과정이다. 최대한 적게 잃으면서 돈을 버는 시스템을 구축하는 것이다. 절대로 큰돈으로 훈련하면 안 된다. 수업료 개념으로 적은 돈을 투자하고 경험하면서 배우는 것이다.

이제 부자로 가는 첫걸음을 시작했다. 주식 사이클 10년을 우선 버티고, 반복해서 경험하는 것이 통과 의례다. 이 시험을 통과해야만 부자가 되는 것이다. 필자는 첫 번째 위기인 금융위기에서 최악의 선택을 했지만 다시 시장에 돌아왔다. 두 번째 위기는 버티긴 했지만 성공하지 못했고, 세 번째 위기에서 박살났지만 버텨서 성공했다. 그리고 이 진실을 깨달은 것이다. 이 깨달음이 글을 쓰게 만들었다.

실전에
들어가기 앞서

주식 투자 수익은 어떻게 결정 나는가?

주식 차트 10년을 보면 흔들림은 있지만 전체적으로는 우상향하는 형태를 보인다. 그러면 대부분의 사람들이 수익을 낼 것 같지만 실상은 그렇지가 않다. 꾸준하게 오르는 주식에서도 손실을 보는 사람들이 많다. 왜 그럴까? 차트만 보면 엄청난 수익을 거두는 것이 맞는데 수익은 크지 않고 손실이 있는 경우도 상당하다. 좋은 주식을 취득했으면서도 잦은 매매로 수익을 분산시킨 경험이 있을 것이다. 더 많이 벌고 덜 손해 보겠다고 부지런하게 움직였지만 결과는 그냥 놔두는 것보다 수익이 한참 떨어진다. 무릎에서 부지런하게 사고팔기를 반복했었는데 몇 년이 지나고 보니 어깨에서 머리까지 움직인 것을 보고 과거를 후회한 적이 있다.

투자자 대부분은 작은 이익에 매몰되어 큰 수익을 놓친 적이 있으리라 생각한다. 지금 잘나가는 우량주들이 10년 전에는 아주 헐값에도 거래가 미비했다. 또 너무 큰 욕심을 부리다 수익을 다시 시장에 내어준 경험도 있을 것이다. 대어를 낚으려면 작은 물고기에 시선을 빼앗겨서는 안 된다. 큰 농사꾼은 작은 규모의 파종보다 대량 생산에 집중한다.

 주식 투자에 대한 생각

각자 투자 수익에 대한 그릇이 있다고 생각한다. 그 그릇의 크기에 따라 수익이 결정된다. 수익을 결정할 때 '그 정도면 된다'는 생각 또는 '그것이라도 확보해야겠다'는 생각에 수익을 실현하기 때문이다. 단기 수익에 집착하는 경우에는 대부분 다시 수익을 반납할까 봐 두렵기 때문에, 이것이라도 확보하자는 생각에 매도하는 것이다. 마음은 잠시 평온했지만, 계속해서 주식이 날아가는 모습을 바라보며 아쉬워하던 경험이 있다. 매도한 주식이 잘 되기를 바라는 마음은 있다. 그런데 너무 빨리 놓아 주어서 아쉬움은 있다. 어쨌든 고마운 주식이기는 하다. 그래도 수익을 주었으니까.

주식 투자 수익 내기

주식 투자에서 꾸준한 수익을 내는 것이 가능한가? 쉽지는 않지만 가능하다. 단기적인 수익인지 장기적인 수익인지도 중요한 이슈인데, 평가 기간은 어떻게 정할까? 필자는 매일매일의 손익보다는 월간 손익이나 연간 손익을 의미 있게 지켜본다.

주식 시장은 무척 흥미롭다. 주간을 보면 5일 중 4일은 빠지고 1일은 상승한다. 월간을 보면 5주 중에 4주는 빠지고 1주는 상승한다. 연간을 보면 10개월은 빠지고 2달은 상승한다. 즉 빠지는 시기가 오르는 시기보다 4배 이상 길다. 그럼에도 불구하고 시간이 흐르면, 주가는 파동을 치면서도 우상향을 하는 것이 일반적이다. 단기 투자를 할 때는 크게 상승하는 날짜를 놓치면 절대 수익 내기가 불가능하다. 그런데 사고 파는 과정에서 크게 상승하는 날짜를 놓치기 쉽다는 것이 문제이다. 따라서 잦은 매매를 꼭 피해야 한다.

매일매일 주가를 관찰하다 보면 심리적으로 매우 흔들리고 감정이 상하기 쉽다. 그러나 주식 시장은 기분대로 매매하면 손실만 키우는 구조다. 주가 변동을 당연한 일로 받아들이고 일간 손익보다는 주간 손익이나 월간 손익이나 연간 손익을 체크하는 것이 핵심이다.

필자는 월간 손익을 '중간 평가'의 개념으로 보고 연간 손익을 '목적'으로 둔다. 매년 수익을 보면 복리의 마법이 자산을 키워주는 것을 경험한다. 이렇게 평생 자산을 불려 나가는 것이다. 하루하루의 급등락에 연연하지 말자. 자주 매매할 필요도 없다. 월간 손익이 플러스면 성공이고 최소한 연간 손익이 플러스면 꾸준한 수익 내기를 실현하고 있는 것이다.

주식 투자에서 변동성을 보고 '피할 수 없다면 즐겨라'라고 생각하는 수준까지 발전한다면 자산은 틀림없이 불어난다. 주식 투자는 평생 하는 것인데 월간 손익이나 연간 손익 같은 중간 이정표를 활용한다면 훨씬 수월하게 전진할 수가 있다.

늦었다고 서두를 필요 없다. 천천히 간다고 해서 자책할 필요도 없다. 방향이 중요하다. 시작했다는 것은 엄청난 축복이다. 특히 바른 방법으로 시작했다는 것은 첫 단추를 잘 꿰었다는 의미이다. 성공 투자를 위해서 꼭 필요한 단계이다. 이제 남은 것은 자신을 믿고 시간의 힘을 빌리는 것이다. 대부분 시간이 해결해 준다. 투자자는 자신의 일에 매진하면 된다. 투자에 더 매진한다고 더 큰 수익이 나오는 것은 아니다. 왜냐하면 기업은 내가 주식 시장에 열정적으로 참여하거나 그렇지 않거나 상관없이 꾸준히 자신의 길을 가기 때문이다. 그래서 효율이 좋다고 외치는 것이다.

주식은 언제 사고 파는가?

주식은 언제 사는가? 정답은 여유 자금이 생길 때이다. 다만 더 효율적으로 사는 방법을 연구해 볼 필요는 있다. 우리는 주식이 언제 오를지를 알 수 없다는 것을 인정해야 한다. 대개 현재 높은 가격을 유지하면서 그동안 많이 상승한 종목에 눈이 간다. 현재 시점에서 많은 사람들이 환호성 지르는, 높은 가격을 유지하고 있는 종목이다. 내일도 모레도 계속 상승할 것처럼 기세 좋은 종목이 매력적으로 보인다. 절대 떨어지지 않고 바로 오늘이 이 주식을 가장 저렴하게 살 수 있는 날로 생각되어 매수 버튼을 누른다. 계속 신고점을 돌파할 것으로 예상하며 가슴은 뜨거운 열기로 가득하다.

몇 시간 혹은 며칠은 행복하더라도 시간이 흐르면서 두려움이 생긴다. 빨간색을 보이던 계좌가 파란색으로 바뀌더니 점차 시퍼렇게 멍들고 만다. 곧 복구되겠지, 하고 기대하며 버틴다. 그러나 기대와 달리 손실의 폭은 확대되어 -30%에서 -40%가 되면서 후회와 좌절을 경험한다.

필자의 경험은 보통 이렇다. 최저점이라고 생각한 주식을 매수하고 나면 보통 -30%에서- 40%로 빠진다. 이것이 복구되는 데는 보통 2~3년이 걸린다. 그리고 20~30%의 수익 내는 데까지는 또 1년 이상 걸린다. 그러나 이 기간은 대략적인 예상일 뿐이고, 어느 날 갑자기 회복되어 수익을 주기도 한다. 그러나 그날이 언제인지는 아무도 모른다. 따라서 매수를 할 때 매우 신중해야만 한다. 첫 매수를 10% 이내로 집행하고, -30~40% 빠졌을 때 40%를 집행하고 -70~80%일 때 나머지 50%를 집행하면 거품 없이 주식을 구입할 수 있지만 말처럼 쉽지 않다.

평상시에는 늘 계좌가 시퍼렇게 멍들어 있다. 보통 -30~40%가 일반적이다. 이쯤 되면 '아 내가 투자를 잘못했구나' 시인하고 반성한다. 그럴 즈음 갑자기 계좌가 조금씩 복구되기 시작한다. 이를 통해 알 수 있는 사실은 주식이 상승하는 시기를 정확히 예측하지 못한다는 것이다. 주식은 모두가 포기하고 있을 때 스멀스멀 오르기 시작한다. 조금씩 상승하다 계좌가 복구되더니 어느 날 갑자기 수익을 만들고, 갑자기 장대 양봉을 만들면서 사람들이 환호한다. 내가 경험한 바로는 이것이 주식이다. 언제 오르고 언제 내리는지는 모르지만 오르면 사람들이 환호하며 높은 가격에도 매수하고 떨어지면 쳐다도 보지 않는다. 그리고 주식을 헐값에 버리다시피 한다.

그렇다면 언제 주식을 사는 것이 좋은가? 저 밑에서 인기가 없는 주식을 사야 한다고 생각한다. 즉 고수가 산 주식으로, 많이 물린 주식을 사면 기회가 높다고 생각한다. 고수가 산 종목이라면 매력적인 주식이고, 그 주식에 물렸다면 거품까지 제거된 상태인 것이다.

주식 매수 금액을 10%, 40%, 50% 3차로 분할해서 구매할 수 있다면 나는 그를 주식 고수라고 칭한다. 주식 매수는 여유 자금이 있을 때 하는데 이렇게 자금을 나누어 집행한다면 매우 효과적이다. 이를 위해서는 인내하고 또 인내하고 그리고 인내해야 한다. 즉 '기다리고 또 기다리고 그리고 기다린다'와 통하는 말이다.

     주식 투자에 대한 생각

제2장

주식 투자 실전과 전략

1

승률을 높이는
투자 전략과 원칙

가능한
저점에서 사자

여기서 더 낮아질 수 없다고 생각하고 매수를 진행하지만, 수익률은 늘 -30%에서 -40% 사이를 찍는다. 보통 주식 연간 수익률이 10%인 것을 생각하면 3~4년을 기다려야 원금 회복이 가능해진다. 물론 운이 좋으면 그보다 빠를 수도 있지만 평균적으로 생각했을 때 그렇다. 손실 회피 성향이 강한 투자자는 회복까지 고통스러운 시간을 인내해야만 한다. 그 고통이 너무 커서 빠른 회복을 꿈꾸고, 이를 실행하면 손실이 확정된다. 계속 똑같은 실수를 반복하게 되어 있다. 결국 원금은 더 쪼그라들고 만다.

실력을 키울 준비도 역량도 부족한데 상금에 눈이 멀어 또다시 권투 링에 올라가 시합하는 것과 하등 다르지 않다. 실컷 두들겨 맞고 돈을 융통해서 또 링에 올라가기를 반복한다. 우리는 이 선수가 승리할 것이라고 기대하고 응원할 수 있는가? 그러나 주식 투자에서는 이런 권투 선수와 같이 행동하는 경우가 무척 많다. 시합에서 진 이유를 모르고 계속 시합을 하듯, 투자에서 손실 난 이유를 모른 채로 투자를 반복한다. 아무리 강자라고 해도 경기 중 안 맞고 승리하는 권투 선수는 없다. 승리를 쟁취하기 위해서는 맞으면서도 공격과 방어를 하면서, 맞더라도 피해를 최소화하며 꾸준

  주식 투자에 대한 생각

한 득점타를 내는 수밖에 없다. 투자도 마찬가지로 손실이 없을 수는 없다. 다만 손실을 입었을 때 손실을 최소화하면서 버티는 방법을 터득해야 한다.

실력을 쌓기 전 계속 시합을 반복하는 것보다, 한 번의 시합에서 많은 경험과 노하우를 배우는 것이 좋다. 또한 인내는 피해를 최소화하고 기다림은 실수를 덮어 주는 괴력을 가지고 있다.

잘못된 선택은 뜻하지 않게 많은 기다림을 만들고, 고통스러운 시간을 강요하고, 기회비용을 요구한다. 기다리고 또 기다리고 또 기다릴 줄 아는 태도는 그러한 고통의 시간을 단축하고 계좌를 풍성하게 만드는 핵심 방법임을 밝힌다. 이 간단한 것을 20년 전에 알았다면 얼마나 좋을까 생각해 본다.

수익률보다 중요한 것은 수익금이다

한 지인이 투자 수익률이 몇백 퍼센트라고 하자, 그 자리에 있던 사람 모두 놀라서 얼마를 벌었는지 물었다. 액수를 듣고 모두가 실소를 금치 못했다. 투자 원금이 너무 작아서 수익금의 액수가 민망할 정도였던 것이다. 왜 이런 현상을 보이는가? 아마 투자한 자산이 성공할 것을 예측하고 기대했다면 그 정도로 작은 금액을 투자하지 않았을 것이다. 그냥 우연하게 한 번, 믿거나 말거나 식으로 해 본 것이다. 투자에 대한 확신도 책임도 지지 않았기에 투자 역시 그에 합당한 대우를 해준 것이다. 이렇듯 투자 수익이 의미를 가지기 위해서는 투자 원금의 크기도 매우 중요하다. 투자 원금의 크기는 투자 대상에 대한 책임의 크기이기도 하다. 그에 따른 성패의 결과도 함께 가져가는 것이다.

많은 사람들이 투자에 대해 불안해하며, 그 변동성에 매몰되어 희생될 가능성이 있기에 두려움도 가지고 있다. 공부에 많은 시간과 노력이 필요하듯 투자의 세계에서도 공부와 노력 그리고 시간이 필요하다. 작은 경험들을 쌓아서 실력을 갖추고 자금 투입을 늘려가야 하는데, 경험과 공부 없이 욕심으로만 목돈을 투입하고 힘들어하는 사례가 많다. 공부하지 않고

　　　　　　　　　　　　　　　　　　주식 투자에 대한 생각

시험을 치르는 것과 별반 다르지 않다. 그리고 성적표가 잘 나오지 않는다며 공부를 지레 포기하는 것이다. 환상적인 수익률보다 실속 있고 의미 있는 수익금이 내게는 훨씬 살갑게 다가온다고 말하고 싶다.

본진을 이동하기 전
정찰병을 보내자

　마이너스 계좌를 보자니 나의 실수가 눈에 크게 들어온다. 그동안 운 좋게 -30~-40%의 손실이 수익으로 돌아섰기에 실수는 어쩔 수 없다고 여겼는데, 사실 더 큰 수익의 기회가 있었으나 이를 무시한 경향도 있었다. 정찰병을 보내지 않고 일시에 큰 금액으로 투자한 경우가 많았다. 작은 금액으로 정찰병을 보내고 -30% 시점에서 본격적으로 투입하면 더 나은 수익을 보일 것으로 예상된다. '과연 기다릴 수가 있느냐'가 핵심이다. 인내하고 인내하고 또 인내해야만 가능하다.

　2022년을 돌이켜보면 수익이 두 번 정도 가능했는데 욕심이 커서 그 기회를 모두 놓쳤다. 10%에서 30% 사이 익절을 패턴화해야겠다. 연 복리 20%이면 대단한 성과임에도 이를 간과했더니 후퇴하는 일이 발생하였다. 원금도 까먹는 불상사가 발생하고 말았다.

1. 마이너스 대출 상환 목표
2. 여유 자금 확보
3. 10%에서 30% 수익 챙기기 패턴화
4. 투자할 때 -30% 정찰병 보내기
5. 수익 실현 후 관망(쉬기) 필수

어려울 때 투자는
옳다고 생각한다

호황 때는 너도나도 투자를 하면서 높은 가격에도 과감해진다. 하루라도 빨리 사는 것이 돈을 버는 길이라는 생각이 강하게 든다. 상승 추세를 활용하고자 하는 것이다. 이는 단기적으로는 돈을 벌 수는 있을지 몰라도 장기적으로는 수익률을 떨어뜨리고 손실을 보기 쉬운 구조이다. 물론 잘 진입해서 적당한 수익에 빠져나올 수도 있겠지만 상승할 때에 수익을 잘라 내어 확정하기는 생각처럼 쉽지 않다. 더 많은 수익을 상상하기 때문이다. 그러다가 수익 실현 기회를 놓치고 하락하기 시작하면 손실 폭이 확대되는 것을 경험하게 된다.

투자에 절대적인 시기는 존재하지 않는다. 다만 평생 투자 개념에서 살펴보면 가능한 낮은 가격에서 진입하는 것이 중요하다. 물론 쉬운 일이 아니다. 상승하는 종목을 따라가기는 쉽지만, 하락하는 종목에 투자하는 것은 인간의 본성을 거스르는 일이기 때문이다. 투자하기 좋다고 여겨지는 시기는 돈이 시중에 넘치고 주식 가격은 상대적으로 높을 때이다. 결국 높은 가격에 매수하기 쉬운 구조이다. 그러나 시장이 어려울 때는 주식 가격은 헐값이지만 투자자들에게 외면받기 쉽다. 모두가 시장의 불확실성을 예상하고 있기에, 먼저 들어가서 손실을 인내하기가 쉽지 않기 때문이다. 더 낮은 가격에 진입할 수 있다는 기대를 갖는 경우도 있고 공포에 짓눌려서 투자를 두려워하기도 쉽다. 그리고 투자자들에게 여유 자금이 별로 없는 경우도 많다. 호황일 때 자금이란 실탄을 모두 사용해서 여유 자금이 없는 경우다.

따라서 투자를 하고자 한다면 현재 시장이 어려운지 호황인지를 가늠해 보고 투자 의사 결정을 하는 것이 좋다고 본다. 그만큼 성공 확률은 올라가게 되고 투자 수익률 또한 높아진다. 인간의 본성을 거슬러서 어려울 때 투자에 진입하고 모두가 환호성을 칠 때는 여유 자금을 비축하는 것도 좋은 전략이라고 생각된다. 거품이 없을 때 투자하는 습관을 들여 놓으면 평생 부와 함께 성장하게 된다고 필자는 생각한다.

 주식 투자에 대한 생각

여유 자금을
확보하자

예비 자금을 확보하자

어젯밤 미국 시장이 큰 폭으로 하락했다. 한국 시장은 더 크게 얻어맞았다. 2020년과 2021년의 환호성이 추억이 되어 버렸고, 2022년 말 현재는 모두 시장에서 도망가고 싶어한다. 보유하고 있는 모든 주식이 손실 구간이고 올해는 -30%로 마감이 예상되고 있다.

20여 년간 -30%라는 수치를 너무나 익숙하게 보아 왔지만 2020년과 2021년에는 수익을 보았던 터라 낯설다. 베테랑도 이런 현실에서는 꿈을 키우기는커녕 하락이 언제 멈출지 예상하기도 쉽지 않다. 내년은 또 어떤 혹한이 올지 걱정도 된다. 통장의 작은 돈도 키우려고 투자 자금으로 넣었는데, 이제는 이런 활동을 잠시 멈추고 대출 상환에 전념해야 할 것으로 생각된다. 대출까지 끌어들인 투자가 마이너스 수익일 때는 한심스러움이 가중된다. 이중 손실이기 때문이다. 주식 가격이 하락해도 더 투자할 자금이 없기 때문에 기회가 소멸된다는 게 안타깝다.

이렇게 손실 구간이다 보니 여유 자금이 더 소중하게 느껴진다. 수익이 나면 꼭 예비 자금이 있어야 함을 깨닫는다. 마이너스 대출까지 가지고 온 나로서는 예비 자금이 사치로 여겨졌지만, 더 나은 투자 수익과 생존을 위해서 예비 자금은 필수임을 경험으로부터 배운다. 상황이 늘 좋을 수만은 없으니 비 올 때를 대비하는 것이 중요하다.

1. 대출 투자 자제
2. 여유 자금 확보: 주가 변동 때는 보통예금(CMA)도 좋은 투자

여유 자금을 확보하자

늘 투자에 목말라했다. 특히 주식에서 한 번 투자가 이루어지면 수량 확보에 매달렸다. 몇 년간 충분한 수량을 모았지만 마이너스 수익률은 참혹하기만 하다. 특히 요즘처럼 시장이 하락 추세로 변하면 두려움도 커진다. 애써 장기 투자라고 위로하지만 하락장에서는 미처 준비하지 못한 '실탄'이 아쉽다. 위험에 무방비로 노출된 모습이다. 좋은 기회가 위기로 변할 수 있음을 느낀다.

한 주라도 더 모으려고 애썼지만 위기가 닥치면 더 큰 위험으로 돌변한다. 기다리는 수밖에 없다. 다시 햇볕이 들 때까지 인내해야 하는데 쉽지가 않다. 2022년도에는 주식을 한 주도 팔지 못했다. 수익 실현 기회가 두 번 정도 있었지만 욕심에 둘 다 놓치고 말았다. 수익을 확보해서 하락장에 대비하면 좋으련만 그러질 못했다. 예비 자금도 없다. 탈탈 털어서 수량 확보에만 매달려 손실이 극대화되고 말았다. 예비 전투병도 없이 모두 본진을 전장에 보내고 떨고 있다.

올해에는 최대한 예비 병력을 모으고, 수익도 작게 잡고 보수적으로 운영해야 할 것으로 생각된다. 작은 전투라도 이기는 습관을 들이고야 말겠

     주식 투자에 대한 생각

다. 지키는 투자도 중요하다.

위기 시에 수익률을 다 까먹는다. 그것을 피할 수는 없지만 최소한으로 만드는 것이 핵심이다. 위기가 지나고 나면 또다시 폭발적 성장을 하는데, 자금이 없으면 기회도 없기에 버티는 것이 중요하다. 그것이 내 실력을 평가하는 중요한 잣대가 된다. 소나기 지나갈 때 피해를 최소화하면 태양은 또다시 투자자를 들끓게 한다. 돌고 도는 순환 주기를 잘 활용하면 커다란 부와 성장을 경험할 수가 있다. 이 점을 유념해 생존해야 한다. 태풍 속 거친 파도를 피하고 일반적인 파도 속에 윈드서핑을 즐기듯, 부의 파도를 활용하면 평생 쌓아갈 부는 엄청날 수밖에 없다.

1. 예비 자금을 확보하자.
2. 박스권 장세나 하락 장세가 예상되는 바, 작은 수익이라도 실현하자.
3. 투자는 최대한 기다리고 기다리고 또 기다리자.

한 단계 늦추어서 투자해도 늦지 않다

현 시장은 급등과 급락을 반복하고 있다. 투자자들이 한 방향으로 포지션을 잡기가 대단히 어렵다. 급등해서 올라탔는데 쉽게 수익을 주지도 않으면서 손실을 주고는 한다. '앗, 뜨거워'하며 내리면 다시 급등하기도 한다. 특히 투자 경험이 많지 않은 사람은 무척 혼란스러워 한다. 이런 시장에서는 어떻게 하는 것이 좋은지 생각해 본다.

우선 지금 시장에 거품이 끼었는지를 물어야 한다. 그리고 사람들이 투자를 어떻게 생각하는지를 물으면 답이 쉽게 나온다. 지금 시장은 거품이 끼지도 않았고 투자자들이 투자를 쉽게 결정을 할 수가 없다. 얼마 전(2022년) 주가 하락 시 공포를 경험했고, 지금은 공포는 아니지만 상당히 짜증이 나는 변덕스러운 시장 환경이기에 역시 손실에 대한 두려움이 상당히 존재한다. 그리고 대부분의 투자자들이 손실 계좌에서 아직 복구가 되려면 상당한 시간이 소요되리라는 것을 알고 있다. 심지어 복구에 대한 확신이 없는 투자자도 있다. 계좌가 복구되지도 않았기에 투자 심리는 위축되어 있는 것이 현재 상태이다.

그러나 투자 환경을 고려하면 투자를 하기에 아주 좋은 시기라는 생각

　　　　　　　　　　　　　　　　　　　　　주식 투자에 대한 생각

이 든다. 공포 속에서 하는 투자의 묘미가 있지만, 자칫하면 큰 손실을 경험하기 쉽기에 일반 투자자가 공포 속에 투자를 진행하기는 매우 어렵다. 따라서 겁이 많고 소심한 투자자나 일반 투자자는 현 시점에서 투자하는 것이 매우 이상적이라는 생각이 든다.

많은 투자자들이 최고점에 투자를 늘리는 경우가 매우 많다. 그렇게 하기가 쉬운 것이 투자의 세계이다. 현재는 적당한 폭으로 조정이 이루어진 상태로, 하방에 대한 압력보다는 상방에 대한 압력이 조금 더 높은 것으로 판단된다. 다른 나라에 비해 주가가 많이 빠진 상태가 투자 매력도를 높이는 것이다.

현재 상태는 투자하기에 상대적으로 매우 좋은 위치로 판단된다. 러시아-우크라이나 전쟁과 이스라엘-하마스 전쟁까지 진행 중이고 미국 고금리가 절정에 있는 상태로 국제 정세가 불안정함에도 불구하고 미국이나 유럽 그리고 일본 증시는 상대적으로 견고하다. 이에 비해 한국 증시는 유독 심하게 하락한 상태다. 주변 정세가 조금만 안정되어도 증시는 안정화될 것으로 판단된다. 보유자는 주식을 지키는 노력을 해야 하고 여유 자금이 있는 투자자는 지금 할인된 가격에서 주식을 모아 가는 전략이 매우 바람직하다고 생각한다.

사고 싶은 종목은 그날 사지 말고 3일을 기다려라

어떤 종목이 갑자기 급등해 버리면 더 멀리 날아갈 것 같아 인내하지 못하고 사고 만다. 갑자기 매력적으로 보이고 더 높은 가격을 지불해야 살 수가 있다. 그러나 그 광기의 시간이 흐르고 나면 언제 그랬냐는 듯이 비실대면서 조정에 들어가는 경우가 다반사이다.

경험이 많든 적든 대부분의 투자자가 겪는 현상이다. 3일을 기다리라는 말은 거품이 가라앉을 시간을 두는 방법이자, 서두르지 말라는 강력한 절제 능력을 갖추는 것이다. 서두른 투자는 큰 손실을 가져오거나, 큰 수익을 적은 수익으로 만드는 요인이다. 이런 기본을 지키는 것이 실패 확률을 낮추고 수익률을 올리는 비법임을 밝힌다.

주식을 살 때는 보통 한번에 사고는 한다. 욕심이다. 자신을 신뢰한 대가는 상당하다. 가장 낮은 가격에 사서 이익을 한번에 많이 보겠다는 것인데 사고 나면 가격이 떨어지는 것이 보통이다. 주식은 결코 자신의 생각대로 움직이지 않는다. 자신의 생각이 늘 틀린다는 것을 인정해야 한다. 그렇다면 조금씩 나누어 살 수밖에 없다. 분할 매수는 매입 단가를 낮추어 결국엔 수익률을 높이는 데 도움을 준다. 실수를 인정하기에 무모한 투자를 방지하고 투자를 지속하게 해 주는 방패이면서 아이러니하게도 수익을 증대시킨다.

     주식 투자에 대한 생각

포트폴리오를 구성하자

금융 자산과 부동산 포트폴리오를 어떻게 구성하는 것이 좋은가?

주식 수익이 실현된다면 어떻게 하는 것이 좋은가? 주식은 변동성이 매우 크다. 이러한 변동성으로 인해 수익과 손실이 늘 상존한다. 수익은 좋지만 손실은 무척 뼈아프다. 평상시에는 계좌가 거의 파란색이고 손실 구간이 대부분이다. 시간이 흐르면서 손실이 메꾸어지고 계좌가 빨간색을 보이다가, 갑자기 수익이 발생하고는 한다. 이때가 수확의 시기이다. 결국에는 이익으로 빠져나오기는 하지만 그동안의 손실, 인내와 기회비용을 생각하면 아쉽게도 느껴진다. 이때 수익을 보고 판 대금을 어떻게 관리하느냐 하는 문제가 생긴다.

욕심대로는 계속 투입 규모를 키워서 부를 늘리고자 하는데, 이는 생각처럼 호락호락하지 않다. 한 달 사이에도 주식 계좌가 반 토막 나는 것을 경험하기도 했고, 이렇게 되면 멘탈이 붕괴될 뿐 아니라 수년 동안의 노력이 물거품이 되기도 한다. 따라서 욕심을 절제해야만 생존할 수가 있다. 생존은 결국 계좌를 풍성하게 키우는 핵심 요인이다. 감당 가능한 규모만큼만 주식을 운영하고, 나머지는 부동산을 구입하거나 예금으로 운영하는 것이 필요하다.

그동안은 푼돈도 탈탈 털어서 주식 모으기에 열중했다. 첨병을 보내지도 않고 큰돈으로 매수한 후에 -30% 이상 손실을 경험하기도 했다. 이를 만회하는 데 많은 시간이 소요되었고 또 자괴감과 후회의 사이클을 반복하였다. 의도하지 않게 장기 투자자가 되기도 했고, 수익률이 줄어드는 경험도 있었다.

20여 년의 경험치가 쌓였고 시장과 내 투자 성향에 대한 이해도가 올라갔으니, 이기는 데이터를 모으고 쌓아서 효율적으로 관리할 필요성을 느낀다. 현금 확보로 예비 전투병을 육성할 필요를 절감하기도 한다. 이는 위기 시에 큰 도움이 될 뿐만 아니라 손실을 회피할 방패이고 수익을 늘려줄 지원군이다. 그리고 투자 시에는 꼭 첨병을 보내서 피해를 최소화해야 한다.

금융 자산과 부동산 비율은 5 대 5가 적절해 보이고 점차 금융 자산을 확대해서 50 대 5로 부를 키운 후에는 다시 5 대 5가 좋아 보인다.

예금을 확보하자.
첨병 투입 후에 기다리고 인내하자. -30% 기다리자.

주식, 예금, 부동산, 빚(대출) 무엇을 선택할까?

현재 경제 환경에서 무엇을 선택할지 생각해 본다. 먼저 2021년을 떠올리면 많은 투자자들이 자산 시장에 진입하고자 대출까지 받으며 주식과 부동산을 구입했다. 상대적으로 금리는 낮았고, 자산 가격이 오르면서 투자자들의 마음을 조급하게 만들었다. 주식도 부동산도 신고가를 형성했다. 지금은 어떤가? 금리가 상당히 올라서 대출 이자가 부담스럽다. 또한

 주식 투자에 대한 생각

주식과 부동산 가격은 30% 이상 하락하면서 예상치 못한 위험에 노출되어 있다.

투자는 평생에 걸쳐서 이루어진다. 다만 위험 관리는 꼭 필요하다. 먼저 대출 관리가 최우선이라고 말하고 싶다. 투자에서 대출은 양날의 검이다. 자산이 상승으로 가면 큰 폭의 이익을 얻을 수가 있지만 그와 반대로 흐르면 투자자를 위험에 빠뜨릴 수 있는 존재이다. 따라서 가능하면 대출을 멀리하는 것이 좋다고 생각한다. 대출은 관리가 가능할 정도로 상환하는 것이 필요하다.

대출이 없다면 행복한 투자자이다. 대출 관리가 가능하다면 주식과 예금 그리고 부동산 중 무엇을 선택할 것인가? 필자가 생각하는 우선순위는 주식이다. 그리고 보조적으로 예금도 일부 갖는 것은 나쁘지 않다고 생각한다. 그리고 마지막 순위가 부동산이다. 주식은 거품이 제거되어 있는 상태이고 현재 마른 걸레를 짜고 있는 격이다. 물론 하락 가능성이 전혀 없는 것은 아니나 조정이 상대적으로 크게 와 있기에 앞으로는 그동안의 낙폭이 줄어들 것이라 예상된다. 따라서 현재 주식에 진입하는 사람은 할인된 가격으로 사는 것과 같아서, 안전 마진이 어느 정도 확보된 것으로 보인다. 물론 더 어려운 시기가 닥칠 가능성도 전혀 없진 않다. 그 가능성이 있기에 예금이 그다음으로 선호되는 것이다. 그렇다면 부동산은 어떠한가? 앞으로 금리가 2% 이하로 떨어져야만 부동산 회복이 가능하다. 그렇다고 보면 3년은 기다려야 하는데 기회비용이 너무 크다고 생각한다. 3년이면 주식 상승을 2번 이상 경험할 수 있다. 지금은 주식 투자를 하기에 아주 좋은 시기임을 밝힌다.

처분하고 싶은 부동산이나 주식이 있는가?

구매할 때는 매력적이라고 판단해서 매수했지만 시간이 한참 흐르고 나서 보면 결과가 좋지 않은 자산이 있다. 애물단지로 변해 있고 처음 투자할 때의 생각과는 많이 다른 현실에 곤혹스러울 때가 있다. 그만큼 자산이 증식 수단으로 작용하지 못하고 비효율적으로 묶여 있다는 방증이다. 특히 부동산인 경우에는 현금화가 용이하지 못하고 또 원거리에 있는 경우 관리도 되지 않아 현실적으로 내팽개쳐 있다. 기회가 되면 처분하고 근거리 부동산이나 뭉쳐서 관리를 쉽게 하고 싶다. 현재보다 자산의 효율을 올리는 것이 좋겠다.

또 이러한 대상이 주식이라면 어떠할까? 한참 손실에 허우적거리고 있는 주식을 보면 마음이 짠하다. 현금화를 할 수는 있지만 큰 손실이 확정된다. 그동안의 기회비용까지 고려하면 참혹한 결과이다. 자산을 효율적으로 운용하기 위해서 이런 손실을 확정하는 것이 옳은가? 아니면 때를 기다리는 것이 옳은가? 쉽지 않은 판단이다. 어쩔 때는 손실 난 주식을 팔아 그 자금을 잘나가는 주식에 몰아서 수익을 확대하는 것이 현명해 보이기도 하다. 몇 년간의 기회비용을 날리는 셈이다.

필자의 경우 이런 형편없는 주식이 포트폴리오에 편입되어 있음에도 불구하고 지속적인 계좌 증식이 이루어졌다. 다른 주식이 이런 처참한 주식의 손실을 모두 복구하고도 넘치는 수익을 안겨 준 것이다. 네 종목 중에서 한 종목이 수익에 크게 기여했다.

학교 성적표로 적중률로 보자면 25점으로 낙제점이지만 투자의 세계에서는 이런 사람도 성공적이다. 전체 자산 계좌가 우상향으로 자신의 길을 바른 방향으로 가고 있기에 서두를 필요가 없다. 내가 잘못 판단해서 손실 계좌에서 허우적거린다면 당연히 대가를 치르는 것이고 이것 또한 배

　　　　　　　　　　　　　주식 투자에 대한 생각

움의 과정이라고 생각한다. 내가 아직 실력이 부족하다면 그에 맞는 계좌를 갖는 것이 당연한 것이 아니겠는가? 그리고 현재의 계좌도 그런 손실의 기간을 견디어 낸 결과임을, 경험을 통해 습득했다. 따라서 전체적으로 방향이 맞는다면 빨리 가려는 마음보다는 길게 가려는 마음이 훨씬 중요하다고 본다. 어차피 부자의 길로 들어섰는데 급할 것이 무엇인가?

포트폴리오(부동산+주식+예금)를 구성하자

2023년 새해가 밝았다. 코스피는 +1%에서 결국 -1%로 하락 마감했다. 개인 투자자들은 희망차게 시작했다가 실망으로 끝났다. 피로도와 좌절감이 상당한 하루였다. 이런 하락장에서 부동산이 좋은지 주식이 좋은지, 혹은 예금이 좋은지 생각해 본다. 부동산과 주식은 열심히 모았는데 예금이 없다. 투자의 피로도는 증가하고, 투자와 거리를 두고 싶지만 주식은 잔뜩 물려 있다. 부동산은 가격 변동에 무감하지만 주식은 매우 민감하다.

나중에는 금융 자산이 자산의 상당 부분을 차지할 텐데 과연 변동성에 얼마나 잘 적응할 수 있을지 걱정도 된다. 부동산은 구입할 때 90% 노력이 투입된다. 이후에는 가끔씩만 신경을 쓰면 그럭저럭 잘 굴러간다.

주식은 살 때 40%, 기다릴 때 50%, 팔 때 10% 노력이 들어가고 손실 구간을 얼마나 잘 이겨내는가에 따라 수익률이 결정된다. 따라서 구입 후에 근심과 걱정은 필수적인 고역이다.

예금은 여유 체력이다. 예비군의 성격으로 위기시 강력한 힘을 발휘하며 심리적인 안정감을 주는 역할을 하는데, 나는 이러한 장점을 살리지 못하고 있다. 현재 예금이 포트폴리오에 빠져 있다 보니, 없는 것에 더욱 마음이 간다. 늘 투자에 목말라 약간의 여유도 없이 주식에 밀어 넣고 있었던 것이다. 긴 투자 기간을 예상하고 보면 나쁘지 않지만 이렇게 하락장을 겪을 때는 아쉬운 것도 사실이다. 올해(2023년)는 예금을 모아 가는 전략이 괜찮아 보인다. 예금을 모으고 모아, 투자는 기다리고 기다려서 실행하려 한다. 힘이 드는 순간도 지나가기 마련이다. 시간이 한참 지나고 보면 이 시간이 투자하기에 적기였다는 것을 깨닫게 되겠지만 막상 어려움이 닥치면 주저하는 것이 사실이다.

계좌가 잘 나갈 때는 한번 잘라 줘라

올해 전체적으로 힘든 시장을 예측했지만 전반기까지는 시장이 나쁘지 않았다. 포트폴리오에서 한 종목이 스멀스멀 올라가면서 갑자기 계좌가 풍성해졌다. 그러나 8월까지 거침없이 질주하던 계좌가 9월부터 고꾸라지더니 10월에는 회복을 기대했다가 더 큰 하락을 맞아서 다시 제자리로 돌아오고 말았다. 기대가 너무 컸던 탓에, 크게 상승했지만 이제 시작이라 생각했다. 한여름 밤의 꿈처럼 하나의 산을 만들어 버렸다. 그리고 지금 11월을 맞이하고 있다. 이 상실감은 무엇인가?

끝없이 상승할 것을 기대했지만 기대가 무참히 무너졌다. 상상하기 어려운 가격으로 하락하고 말았다. 불과 한두 달 전에는 현재의 가격은 미친 가격이라고 생각했겠지만 지금 내 눈앞에 엄연한 현실이 되었다.

미리 계획하에 절반을 매도했고 예비 자금도 확보했으나, 생각과 달리 계속 상승세를 타서 너무 빨리 다시 진입한 것이 문제가 되었다. 예비 자금을 높은 금액에 모두 투입한 것이 치명적인 결과를 가져오고 말았다. 빨리 계좌를 불리고자 하는 욕심 때문에 오히려 계좌가 빠르게 녹아내린 것이다. '높은 가격에 매수하지 않고 현재의 가격에 매수했다면 얼마나 좋았을까' 생각하면 안타깝기 그지없다. 이처럼 투자에는 늘 후회가 남는다.

앞으로 계좌가 잘나갈 때는 한 번씩 잘라 내어서 예비군으로 육성할 필요를 느낀다. 그 예비군들은 현재처럼 어려운 구간에서 강력한 힘이 될 것이 분명하다. 한 해가 마무리되어 가는 이 계절에, 한여름 밤의 꿈이 너무나 아쉽기만 할 뿐이다. 이처럼 투자자는 늘 시장으로부터 배운다.

수입의 일부만 쓰고 투자하는 이유

20여 년간 소득이 들어오면 최소한의 비용만 지출하고 상당 부분 주식에 투자했다. 우리 부부는 맞벌이를 하기에 생활비로부터 자유로운 편이었고, 그래서 투자에 전념할 수 있는 환경이었다. 또한 생활이 대단히 절제되어 있고, 투자를 하다 보니 절약을 기본 요건으로 갖추게 됐다. 절약한 돈은 투자로 이어지고, 이 돈은 계속 복리로 불어날 것이다. 돈을 쓸 일이 별로 없다. 계속 투자를 위해 돈을 쓸 것이다. 저축은 수익률이 떨어지기에, 결혼 전 10개월 동안 월 2백만 원씩 적금을 든 것이 전부다. 그러고는 주식을 한 주라도 더 사기 위해서 몸부림쳤다. 그렇게 20여 년이 흘렀고 이제서야 본격적으로 그 효과를 보고 있는 듯하다.

한 10년은 다람쥐 쳇바퀴를 돌리듯 살았고 그후 10년은 조금씩 축적이 이루어져 어느 순간 조그만 성취를 느낄 수 있게 되었다. 그렇기에 앞으로 10년이 더욱 기대된다. 스노우볼 효과는 더욱 커질 것이다. 그 이후에도 계속 투자를 진행할 것이다. 워렌 버핏도 60세 이후에 98% 자산을 축적했다고 한다.

이렇게 투자를 진행하고 자산을 키우는 것이 나의 사명이란 생각이 든다. 그 과실을 어떻게 쓸 것인가는 미래 세대의 과제라고 생각한다. 나는 내가 할 수 있는 것에 전념하며 잘하고 싶고, 미래 세대를 위해서 부를 키우는 것이 나에게 가장 적합한 일이라고 믿는다. 그 길이 나의 길이다. 가난을 대물림하기 싫고, 돈 버는 즐거움을 만끽하는 자이다. 그런 행운이 주어졌음을 감사하게 생각한다.

이런 생활이 불편하다면 지속하기 쉽지 않았을 것이다. 간소한 생활은 시간과 돈을 절약해 준다. 절약한 돈은 투자로 이어지고 그 과실은 결코 작지가 않다. 과정도 즐겁지만 결과는 더 즐겁다. 평생 그 돈이 불어나는 과정을 생각하면 이것을 안 하는 것은 이젠 불가능하다. 이 모든 과정이 나에게 기쁨과 행복이고 이제는 이러한 사실을 국민에게 알리는 것이 내 사명처럼 여겨진다.

대출은
절대 자제하자

**부동산 취득 시 대출(레버리지)은 어느 정도 타당하고,
주식 취득 시 대출은 절대 자제해야 생존할 수가 있다**

보통 제일 먼저 시작하는 부동산 취득은 아파트가 일반적이다. 돈을 충분히 모은 후 집을 사려고 하면 집값이 저만치 올라 있기에, 집값의 30%~50%만 준비되면 대출을 끼고 집을 구매한다. 이 경우 이자와 원금을 상환해 가면서 살아가므로 월세를 내는 것과 크게 다르지 않지만, 집값이 상승하더라도 부담이 없고 이사를 다니면서 소요되는 비용도 절감할 수 있다. 주거 안정성을 확보할 수가 있는 것이다.

나의 경우에는 대출이 있으면 이자가 아까워서 대출을 적극 상환하려고 하기에 돈이 밖으로 새지 않았다. 대출을 부지런히 갚으며 삶을 검소하게 유지할 수가 있었다. 주택은 1세대 1주택 비과세 규정이 있어 재테크 수단으로 대단히 유용하다. 그 다음에 하는 부동산이 상가나 토지 또는 꼬마빌딩이다.

잉여 자금이 어느 정도 축적되면, 상가나 토지 또는 꼬마빌딩을 대출 끼고 구입한다. 대출을 상환해 나가면 그 부동산은 결국 자신의 순자산으로 바뀌게 된다. 또한 절제하며 검소하게 사는 법을 덤으로 배울 수가 있고, 그에 따른 포상으로 부동산이 하나씩 늘게 된다. 순자산도 시간이 지남에 따라 점차 증가하게 될 것이다.

부동산을 자금을 전부 모아서 사려고 하면 값이 저만치 뛰어서 낭패보는 일이 생길 수 있다. 그런 불상사를 막기에 대출은 유용한 도구다. 부동산은 경제가 발전하고 시간이 지나면서 더욱 희소성을 띠게 되며, 가격 역시 오르기 마련이다. 이러한 흐름을 타면 시간이 지남에 따라 결국 순자산은 증가하게 된다.

나는 사회 초년생 때부터 부동산보다는 주식에 관심이 많았다. 부동산은 목돈이 있어야 된다는 고정관념에 갇혀서 손쉬운 주식 투자에 몰두했지만 결과는 엉망진창이었다. 시세에 중독되어서 수익과는 거리가 멀었고, 시세의 변동성에 멀미를 일으킬 정도로 혼란스럽기도 했다. 주식으로 돈을 벌어 부동산에 진입해야 하는데, 주식이 성공적이지 못하다 보니 '이러다가 아예 부동산에 진입도 못하면 어쩌지' 하는 불안감이 몰려왔다.

10년 이상 주식에 몰두했는데 성과가 없자 방법을 바꾸었다. 일단 부동산을 시작했다. 약간의 수익을 본 주식을 처분해서 부동산을 샀다. 이자가 제일 저렴한 주택 담보 대출을 끼고 구입했다. 주식을 처분하자 마음은 홀가분했지만 팔아버린 주식이 뛰는 모습에 또다시 주식 시장을 기웃거렸다. 그러다 보니 주식도 점차 모아 가는 극도의 절제된 생활을 계속하게 됐다.

주식에서는 아무리 욕심이 나더라도 신용이나 미수는 절대 자제해야 한다. 특히 주식 경험 10년 이하라면 이런 행위 때문에 깡통을 찰 확률이 매우 높다. 필자는 주식을 감정으로, 마구잡이로 해서 욕심의 포로가 되어 왔던 일이 가장 후회된다. 소중한 종잣돈을 잃은 것은, 적당한 수익률로 평생 굴리면 얻을 수 있는 어마어마한 돈을 버리는 행위와 같다. 이런 어리석고 엉터리 같은 투기꾼이 현재까지 살아남아서 투자를 생각하고 있으니, 기적에 가까운 행운이다.

주식만 했을 때보다 부동산이 있으니 심리적인 안정감이 생겼다. 그 덕에 주식에서도 급한 마음이 사라져서 심한 손실이 나더라도 약간의 여유(?)를 갖고 성급한 결정을 내리지 않게 되었다. 부동산과 주식으로 포트폴리오가 이루어져 있으면 시너지 효과를 낸다는 것을 깨달았다. 주식은 재산 증식에 매우 효과적인 수단이고 부동산은 그 증식된 재산을 보존하는 수단이다. 이 둘이 상호 보완해 나가며 순자산을 증가시킨다.

대출에 대한 생각

어떠한 경우에 대출을 받을까? 생계를 위해서 어쩔 수 없이 받는 대출이 있다. 이 대출의 질이 제일 낮다. 그러나 다른 대안이 없기에 어쩔 수가 없다. 그러나 대부분의 경우 좋은 투자처가 있는데 가지고 있는 자금이 부족해서 은행 대출을 끼고 구입하는 경우가 많다. 또는 주가가 많이 떨어져서 마이너스 대출을 이용하는 경우도 있다. 이렇듯 투자와 관련되어 있는 대출이 매우 많다.

투자에 희망을 가지고 대출을 실행하지만, 결과가 꼭 좋을 것이라 확실할 수 없기에 대출 실행에 신중하고 조심해야 한다. 가슴 뛰는 열정만 갖고 무리한 투자를 하다가 어려운 상황에 놓이는 경우가 많다. 투자한 원금 손실과 이자 손실까지 더해져 투자자를 이중으로 어렵게 할 수도 있다는 사실을 대부분 간과한다. 희망적인 예상으로 대출을 실행하기 때문이다. 그러나 시간이 흐르면서 예상과 반대 현상이 나타나는 경우가 심심치 않게 발생하고는 한다.

우리는 보통 경제적인 환경이 좋을 때 대출을 받는다. 그 정도 이자는 수익에서 커버할 수 있다는 가정하에 대출을 실행하는 것이다. 이자가 2~3배까지 치솟거나 투자 대상이 30~50% 하락할 수도 있다는 생각은 거의 하지 않는다. 이 정도까지 예상한다면 과연 과감하게 대출을 실행할 수 있을까? 대부분 지금이 최저점 근처라고 생각해서 대출을 실행하지만, 올랐던 투자 대상은 떨어지기 쉽고 내렸던 투자 대상은 더 떨어지는 경우가 허다하다. 따라서 대출은 웬만하면 사용하지 않고 자신의 자금 범위에서 투자해야 투자의 세계에서 장수할 수 있다는 생각이 든다. 갑작스러운 하락이 언제 어디서 나올지 알 수가 없기 때문이다.

가끔 우연치 않게 자금 사정이 좋아질 때가 있다. 투자를 해서 과실을 얻은 경우이다. 이럴 때 대부분 더 강력한 수익을 추구하게 되는데, 이를 경계해야 한다. 혹시 대출이 있다면 최우선으로 상환해서 미래의 위험을 감소시키는 대책을 강구해야 한다. 가능한 한 대출을 받지 않고 투자를 이어나가야 한다는 생각이 든다. 그리고 만일 대출이 있다면 상환에 중점을 두는 태도가 필요하다. 물론 투자 수익을 얻었을 때에 상환할 수 있다면 매우 좋다. 예금은 2~3% 이자 수익만 주는 반면 이자 비용은 이것의 2~3배이다. 그리고 경제 상황이 어려워지면 원금 상환 부담이 가중된다. 지렛대를 이용해서 빨리 부자가 되고자 하다가 부자에서 멀어질 수 있기에 매사에 조심하는 것이 투자를 길게 이어갈 수 있는 방법이다.

　　　　　　　　　　　　　　　　　　　　　주식 투자에 대한 생각

2

흔들리는 시장 속
기회를 잡는 기술

주식을 사고 싶은 때는 언제인가?

여러분은 언제 주식을 사고 싶은가? 필자는 돈이 있을 때 주식을 사고 싶어 한다. 주식 모으기를 좋아한다. 때때로 시장이 하방으로 꺾이는 경우에는 손실을 감수해야 하지만, 그 기간을 인내할 수 있다면 큰 수익으로 돌아오곤 했다. 예비군 성격의 현금은 시장이 하락으로 곤두박질칠 때 매우 든든한 방패이다. 그러나 아쉽게도 필자는 이런 하락기에도 돈을 벌 현금이 없어서 그냥 내버려 두었다. 큰 손실은 시간이 흐르면서 복구되고, 더불어 수익도 안겨주고는 했다. 만일 예비군 성격의 현금이 있었다면 더 많은 수익을 누렸겠지만 현재의 상태도 만족한다. 내가 부족해서 준비를 못한 것을 어찌한단 말인가? 이제는 이런 사실을 알지만 그것을 실천하는 것은 별개의 문제라고 생각한다.

보통 주식을 매수하고 싶은 마음은 그 주식이 거침없이 상승할 때 생긴다. 오늘이 가장 저렴한 듯 보이고 내일은 더 올라갈 것 같다. 그런 주식에 시선을 빼앗기고 때때로 매수를 실행하기도 한다. 그러면 며칠은 행복할 수 있어도 몇 달 후에는 마음을 졸여야 할 때가 있다. 우리의 시선을 빼앗고 매수 시점에 흥분을 일으키는 주식을 경계해야 하지만, 평정을 유지하

  주식 투자에 대한 생각

기는 쉽지 않다. 그렇다면 어떤 주식을 사야 하는가?

상승하는 주식을 매수하기는 쉽지만 공포로 떨어져 있는 주식이나 조정을 받고 있는 주식은 사기를 꺼려 한다. 이런 주식은 사자마자 바로 손실로 이어지는 일이 많다. 사람들이 팔고 싶어 하기에 더욱 떨어지기 때문이다. 그러나 며칠은 우울해도 몇 달 후에는 안정감이 드는 경우가 많다. 이런 주식은 대부분 거품이 없고 인기도 없어서 자신의 가치보다 낮게 거래되는 특징이 있다. 하락의 시기를 지나면 자신의 가치로 복원되는 것이 일반적이다. 그리고 시간이 한참 흐르면 프리미엄까지 붙여서 팔아 달라고 아우성일 때가 분명히 온다. 다만 이러한 결과를 온전히 누리기 위해서는 긴 시간 손실을 인내해야 한다. 대부분 당장 수익을 얻고 싶어 하다 보니 이런 전략을 구사하는 것은 어리석어 보이기도 한다. 그래서 언제 돈을 버느냐고 되물을 수도 있다.

복리의 마법을 온전하게 누리기 위해서는 평생 투자를 해야 한다. 평생을 투자하는 데 촌음을 다투면서 투자하기는 어렵다. 금융에서는 부지런하다고 꼭 이점이 되는 것은 아니다. 투자는 엄청나게 거대한 배를 조정하면서 바다를 항해하는 것이다. 작은 파도는 나의 항해에 별 영향을 미치지 못한다. 오히려 내 거대한 배를 바다에 뜨게 하는 파도가 된다. 이 거대한 배를 타고 항해하는데 무엇 때문에 조바심을 낸단 말인가? 서두를 필요를 전혀 느끼지 못한다.

투자한 주식이 상승한 경우에는
어떻게 해야 하나?

코스피와 코스닥 지수가 조정 국면으로 진입하면서 다시금 어려운 시장이 되어 가고 있다. 대부분은 손실 구간에 계좌가 놓여 있어 달리 어떤 행동을 취하기가 매우 어려운 상황이다. 그러나 운 좋게 수익 내는 구간에 있는 투자자도 있을 것이다. 달리고 있는 말에 올라탄 경우 내릴 것인가 혹은 계속 머무를 것인가가 핵심 문제로 다가온다.

필자도 1년 6개월 이상 -30%였던 계좌가 현재 운 좋게 복구되어 가는 중으로, 전체적으로 지수가 조정을 보이고 있다. 지수가 조정을 보이지만 않는다면 매우 좋은 현상인데 조심스러운 마음까지 든다. 보유 중인 한 종목이 갑자기 -30%에서 -5% 이내로 진입하면서 여러 생각이 든다. 과연 복구가 된다면 어떻게 해야 하나? 내 주식의 가치가 상대적으로 올라가고 있고 다른 주식들은 더욱 저렴해지고 있는 것이다.

사실 복구만 되어도 감지덕지한 일이지만 복구된 이후가 문제이다. 혹시나 다시 조정이 오면 어떻게 해야 하나? 과거의 손실 경험 때문에 필요 이상으로 소심해지기도 하고 신중해지기도 하지만 투자는 쉽지 않은 의사 결정을 요구한다.

　　　　　　　　　　　주식 투자에 대한 생각

달리는 말에서 성급하게 내려서는 곤란하지만 수익이 생기면 지키는 것도 필요하다. 어려운 때를 대비해 현금을 어느 정도 보유하는 것도 매우 중요하다. 결국에는 비중 조절에 들어가는 것이 효율적으로 보인다.

수익 기회가 왔을 때 충분히 버는 것은 매우 중요하다. 다만 긴 호흡으로 보았을 때 위기 관리 능력 또한 중요하다. 사실 투자하다 보면 손실은 일상이고 수익은 예외적인 경우가 매우 많다. 결국 이런 수익 기회를 얼마나 잘 활용하느냐가 지속 가능한 투자자가 될 기회를 만들어 준다.

난 과연 1년 6개월 만에 찾아온 이번 수익 기회를 얼마나 잘 살릴 수 있을지, 과연 지속 가능한 투자자가 될 수 있을 것인지 궁금해진다. 긴 호흡으로 버틸 수만 있다면 내년 그리고 내후년에는 더욱 좋을 것으로 예측되지만 작년 뜻하지 않은 손실의 고통이 컸기에 올해에는 수익의 맛도 볼 필요가 있어 보인다. 장기 투자도 중요하지만 이러한 신념을 계속 이어갈 수 있으려면 단기적인 유인도 필요하기 때문이다.

주식 투자 중 손실이 나면
어떻게 해야 할까?

주식 투자는 평생 하는 것이다. 돈이 생기면 계좌에 넣어서 투자 자금을 늘려 나가는 것이 중요하다. 그러나 목돈을 투입했는데 평가 손실이 나오는 경우에는 어떻게 해야 할까? 우선 객관적인 투자 실력에 대한 평가가 이루어져야 한다. 왜 최저점이라고 생각하고 진입했는데 사는 구간보다 많이 하락했는지 반성이 필요하다. 그리고 왜 한 번에 많은 자금을 투입했는지 또는 전략적으로 여러 번 나누어서 모아 갔음에도 평가 손실이 더욱 커지는 경우도 있다.

시장의 흐름과 나의 투자 시점 간의 인식 차이가 있어서 소외되는 경우이다. 나의 욕심이 앞서지 않았나 하는 반성은 필요하다. 그러나 자학할 필요는 없다. 단언컨대 모든 투자자도 이런 인내의 시간을 필요로 한다. 어쩌면 투자자에게는 필연적인, 통과 의례로 겪어야만 하는 과정이다. 이 기간은 대단히 중요하다. 많은 투자자들이 이 시기에 좌절하고 손절하고 시장을 떠난다. 그만큼 손실은 인내하기가 매우 어렵다.

그리고 그 손실 과정 중에 무엇인가를 자꾸 하려고 하다 보니 투자 의사 결정을 번복하는 실수를 저지르고 만다. 처음 투자 시점도 실수이고, 그

다음 인내하지 못하고 시장에 쉽게 굴복하는 것도 실수다. 이렇듯 실수를 거듭해 손실을 키우고 복리 효과를 지우는 최악의 결과를 맞이하는 투자자들이 대부분이다. 그리고 오랜 손실에서 버티다가 손실이 복구되기가 무섭게 팔아서, 오랜 기간 투자하고도 손실은 면했지만 수익도 없는 결과를 가져오기가 쉽다. 그러나 이러한 어려움을 극복한 투자자는 수익의 햇살을 만끽하게 되는 것이다. 또 시간이 흐르면 쏟아지는 소나기처럼 수익을 맞는 경험을 하게 된다.

평생 투자 개념으로 볼 때 일시적인 평가 손실은 너무나 자연스러운 현상이다. 따라서 손실이 나더라도 좋은 종목을 발굴해서 계속 투자를 이어나가면 된다. 시장이 수익을 주는 것이다. 내가 수익을 따라가면 주식을 고가에 진입할 확률이 높아져 손실이 커질 가능성도 높아진다. 따라서 지금 가격은 낮지만 미래 시점에서는 올라갈 가능성이 높은 주식을 평상시에 모아 가는 연습과 전략이 필요하다.

평상시의 시간은 지루하고 재미없고, 어쩌면 손실을 가져가는 것이기에 주식은 짜증 나는 대상이지만 미래에는 높은 가격으로 과거와 현재를 모두 보상해 주는 보석 같은 존재다. 그것을 안다면 지금의 힘듦도 견디기 어렵지만은 않을 것이다.

주식 보유 중 갑자기 발생하는 리스크에 어떻게 대처해야 할까?

주식을 보유하는 중 가슴 아픈 사건들이 발생해서 몹시 괴로운 상황에 처하기도 한다. 1998년 IMF, 2001년 9.11 테러, 2003년 이라크 전쟁, 2008년 금융위기, 2018년 유럽발 위기, 2020년 3월 코로나 위기 등 최근 20여 년 안에도 적지 않은 굵직한 사건들이 있었다. 이런 사건들은 투자자들에게 심각한 타격을 주고는 했다. 심지어 시장에서 살아남지 못하고 퇴출되는 투자자들도 발생한다. 필자도 2008년 금융위기와 2018년 유럽발 위기, 그리고 2020년 3월 코로나 위기 때는 심각한 수준의 계좌 손실을 경험하고는 했다. 기억조차 하기 싫은 고통이었다. 희망이라고는 찾아볼 수 없는 암담한 현실이 내게 찾아온 것이다. 극복이 불가능해 보이기도 했다. 위기는 예고 없이 갑자기 찾아와 투자자들을 괴롭힌다. 그러나 결국 시간이 약이다. 극복에 오랜 시간이 걸리는 위기도, 예상외로 빨리 극복되는 위기도 있었다. 어쨌든 공포가 극에 달할 때 시장은 상승을 만들어 내기 시작한다. 완전한 극복에 시간이 걸릴 뿐이다.

이런 경우 주식 보유자들은 어떻게 해야 할까? 많은 투자자들이 주식이 떨어지고 있을 때 공포 때문에 매도하고 손실을 확정해 버린다. 필자에

　　　　　　　　　　　　　　　　　　　　　주식 투자에 대한 생각

게도 그런 뼈아픈 경험이 있었고, 그런 실수를 반복하지 말아야겠다고 생각했다. 과거의 경험에서 배운 것이다. 그러나 공포가 밀려 오면 지식을 아는 것과 실천하는 것은 별개의 문제가 된다. 본능은 손실을 그만 확대하고 잘라 내라고 나에게 다그친다. 경험과 이성은 이를 버텨 내라고 알려 주지만 목소리가 작고 자신감도 없다. 시퍼렇게 멍든 계좌는 나를 공포로 몰아넣고 미래에 대한 믿음마저 흔들린다. 금융에서, 특히 손실 상태에서 부지런함은 치명적인 피해를 준다. 복리의 마법을 심각하게 훼손하기 때문이다. 앞으로 나아가야 하는데 뒤로 후퇴하는 결과를 만들기에, 위기 시에도 전략을 바꾸지 않는 것이 바람직하다.

위기 대부분은 주식 자체의 문제가 아니라 외부 환경 리스크로 인한 것으로, 대부분 시간이 지나면 회복된다. 위기가 갑자기 찾아온 것처럼 극복도 그냥 무덤덤하게 지나치는 것이 최상이다. 타격은 받을 수는 있지만 굴복하고 쓰러져서는 안 된다. 시간이란 약으로 담담하게 넘어가야만 한다. 어떤 위기도 시장을 완전히 굴복시킨 역사는 없다. 그런 험난한 사건들을 경험하면서도 주식 시장은 자신이 가야 할 길을 묵묵히 가면서 신고점을 갱신해 나아가고 있다.

왜 낮은 가격에서
주식 매수를 주저할까?

투자자들은 미래의 수익을 위해 주식 투자를 한다. 하지만 현재의 현상을 너무 강하게 인식해서 현재 상태가 미래에도 비슷하게 유지될 거라 생각하는 경향이 있다. 현재 주가가 높으면 대체로 미래에도 높은 가격을 형성하고 현재 주가가 낮으면 미래에도 낮을 거라 생각하는 것이다. 물론 주가가 추세를 따르기는 한다. 한 방향으로 움직이기 시작하면 상당한 시간 지속되는 특징도 있기는 하다.

그러나 긴 시간을 놓고 보면 결국 자신의 가치에 수렴하게 된다. 따라서 믿을 수 있는 것은 그 기업의 가치이다. 그런데 기업의 가치도 시간의 흐름에 따라서 변화하고 주가가 이를 따라다닌다. 기업을 분석할 때 시간의 흐름에 따른 가치 변화를 예상해 보고, 현재 가치보다 낮은 가격의 주식을 매수하는 것이 확률을 높이는 방법이다.

그렇다면 기업의 가치를 생각하고 낮은 가격일 때 주식 매수를 해야 하지만 그렇게 하기는 쉽지 않다. 주가가 일시적으로 낮게 형성되면 투자자들은 혼란스러워한다. 자신이 모르는 악재가 발생하지 않았는지 두려워하기도 한다. 그런데 주가는 여러 이유로 출렁이기 마련이다. 투자자가 모든

　　　　　　　　　주식 투자에 대한 생각

것을 알고 투자하는 것은 불가능하다. 큰 흐름을 놓고 보며 지엽적인 것들은 흘려보내야 하지만, 계좌가 수시로 변하기에 많은 투자자들이 작은 뉴스까지 챙겨 보며 손실을 최소화하려 한다. 작은 뉴스에도 휘둘린다면 투자가 꼬이게 된다. 커다란 항공모함으로 바다를 항해하는 것처럼 행동해야 한다. 투자를 진행하는 동안 항상 날씨가 좋을 수는 없다. 때로는 이슬비도 내리고 소나기도 내리고, 장마가 한참 동안 이어지기도 하며 태풍이 불기도 하고 서리가 내릴 때도 있고 눈보라가 칠 때도 있다. 어떻게 보면 투자는 고난의 연속처럼 보인다. 그러나 분명한 사실은 좋은 기업은 시간이 흐르면서 성장한다는 것이다.

굲은 날씨가 이어지듯 주가가 눌리는 때가 한참 이어지기도 한다. 이건 오히려 주식 수를 늘릴 수 있는 기회이며, 보유자들은 견디어야 하는 기간이다. 그러다 보면 예상치 못한 시간에 슈팅을 주기도 하면서 결국 자신의 위치를 찾아가는 것이 주식이다. 낮은 주가를 형성하게 되면 투자자들은 불안해하고 심리적으로 위축되는 것이 사실이다. 이럴 때 여유 자금이 있으면 기회가 되기도 하지만, 이미 주식을 모아서 보유 자금이 없을 경우에는 수비에 집중 해야 한다. 낮은 가격에서 주식을 털리는 경우를 경계하고 또 경계해야 한다. 단지 가격이 하락했다는 이유로 고가에 모은 주식을 헐값에 파는 어처구니없는 행동을 하기 쉬운데 조심하고 또 조심해야 한다. 이런 경우에는 주식을 지킬 수 있는 역량이 있어야 한다. 맷집이 있어야 버틸 수 있다. 멘탈을 강하게 잡고 이겨내야 한다. 그래야만 폭발적인 성장을 경험할 수가 있다. 그래서 금융에서는 경험이 대단히 중요하다. 작은 돈으로 다양한 경험을 축적하는 것은 매우 현명한 방법이다. 결국은 평생 투자를 하면서 경험도 축적하고 부도 축적하게 되는 것이다.

주식을 매도한 후에는 어떻게 해야 할까?

뜻하지 않은 수익을 갑자기 얻어서 주식을 매도한 후에는 어떻게 해야 할까? 보통 처분한 주식이 계속 상승하는 경우가 많다. 어쨌든 수익은 축하할 일이다. 수익이 크든 작든 성공한 경험들이 모여서 부를 늘리는 것이다. 특히 의미 있는 수익은 자산 형성에 큰 도움이 된다. 그동안의 마음고생을 충분히 보상하고도 남는다. 수익을 실현한 경우에는 우선 주식으로부터 벗어나 잠시나마 마음의 평안을 얻기를 바란다. 적당한 휴식은 일의 능률을 올려 준다. 이러한 휴식은 꼭 필요하다.

그러나 대부분의 투자자는 새로운 주식을 찾기 위해서 또 열심히 노력한다. 탄력받았을 때 수익을 늘리고 싶은 마음이 투자자의 마음을 바쁘게 한다. 주식을 양도하면 3일 후에 인출하거나 자유자재로 쓸 수가 있는데 이 3일 안에 새로운 주식을 매수하는 경우가 의외로 많다. 짧은 기간 동안 공부한 것을 토대로, 아니 거의 즉흥적으로 주식을 매수하는 경우가 생기게 된다.

주식 투자는 큰 배를 몰고 태평양을 항해하는 과정이다. 잠시 부두에서 정착하자마자 바로 출항한다면 문제가 생길 수밖에 없다. 충분한 정비

주식 투자에 대한 생각

한 다음 출항하는 것이 맞는데, 빨리 항해하려는 욕심에 배와 선원에 대한 충분한 준비 없이 떠나는 것이다. 주식 투자는 평생 투자이다. 빨리 간다고 더 멀리 가는 것이 아니다. 효율을 올린다고 시간을 재촉하는 투자는 후회를 낳기가 쉽다. 금융에서는 부지런함이 때때로 치명적인 약점이 되기도 한다. 충분한 검토 속에 이루어진 투자는 쉽게 바뀌지 않기 때문에 무척 중요하다. 중간중간 정보라는 이름으로 포장된 소음에 잘 견디려면 사전에 충분한 공부가 이루어져 있어야만 한다. 이 과정이 생략되면 방향을 계속 바꾸다가 시간만 허비하게 될 수 있기 때문이다.

수익을 실현한 자금 관리는 어떻게 해야 하는가? 우선 대출이 있다면 그 수익금으로 자금을 상환하는 것이 중요하다. 대출은 이자를 지불해야 하는데 자금을 갖고 있으면서 이자를 지불할 필요는 없다. 또한 대출은 위기 시에 문제를 더욱 크게 만드는 잠재적인 위험 요소다. 자금 상황이 좋아진 시기에 위험을 줄이는 과정이 꼭 필요하다. 또한 원금을 종잣돈이 아닌 수익 실현 금액으로 상환하는 것은 매우 효율적인 자금 관리 방법이다. 물론 투자 자금을 계속 키워서 수익을 확대시키는 것도 좋지만 주식 투자에서 계속 수익을 내는 것은 불가능하다.

결국 주식 투자는 평생 하는 것이고 중간중간 위험이 닥쳐올 때 어떻게 대응하느냐가 성패를 가른다. 평상시 어떠한 준비 태세가 되어 있느냐가 위험을 증대시키기도 감소시키기도 하는 것이다. 시장 상황이 좋을 때는 투자 자금이 넘치지만 시장이 패닉일 때는 좋은 주식이 넘치는데도 투자할 자금이 고갈되어 마냥 바라볼 뿐이다. 부자가 될 훌륭한 기회를 놓치게 되는 문제점이 있다.

따라서 평상시 위험 관리를 해 놓고 위기 시에는 활용할 자금을 준비하는 과정이 꼭 필요하다. 평생 투자를 생각하면 사실 위기라는 것도 잠시의 물결일 뿐이지만 그것을 겪는 투자자에게는 태풍이라고 느껴질 만큼 가혹하다. 주식 투자자에게 태풍은 예고 없이 갑작스럽게 닥쳐 오는 것이지만, 1년, 5년, 10년 동안 하다 보면 그 경험이 계속 쌓여 간다. 태풍이 무서워서 배를 출항하지 못하고 태풍이 무서워서 농사짓는 것을 포기한다면 이것은 굉장히 안타까운 일이다. 평상시에 얼마나 준비를 하는가에 따라 결과는 변한다. 평상시에 수익을 축적하는 과정이 이러한 위험에 대비하는 것이기도 하다.

주식 평가에 대한 기준은
내가 산 가격인가?

주식 가격은 가치에 수렴하는 것이 일반적이지만, 꼭 일치하는 것도 아니고 시차가 존재하기 마련이다. 보통 투자자들은 각자가 생각하는 기준에 따라서 가장 낮은 가격에 진입하지만 주식 매수 가격은 투자자마다 천차만별로 차이가 난다. 따라서 '주식 가치에 대한 평가 기준은 내가 매수한 가격이 아니다'라는 것이 객관적 사실로 다가온다. 그렇다면 무엇을 기준으로 삼을까? 주가가 과거부터 현재까지 진행되어 온 내용, 그리고 앞으로 나아갈 방향까지 고려해서 종합적으로 판단해야 한다. 대부분 현재의 가격에 가중치를 높게 두지만 가치와 가격 사이에는 불일치하는 시차가 존재하기에 미래 가치도 중요한 판단 기준이다.

전체적으로 판단된 가치에 비교해 현재 가격이 저평가되었는지 고평가되었는지가 핵심이다. 그러나 기업의 가치를 객관화하는 것은 쉬운 일이 아니다. 그래서 현재의 주가를 기준으로 판단하는 경향이 있다. 그런데 대부분의 투자자가 간과하는 것이 있다. 자신이 매수한 가격을 기준으로 판단하는 오류를 범하는 것이다. 현재의 평가 손실도 사실은 엄밀하게 말하면 오류인데, 그 오류를 기준으로 또다시 오류를 범하기 쉬운 것이 주식 투자이다.

일반적인 소비재는 가격이 싸면 더 많이 구입하고, 가격이 오르면 소비를 줄이는 것이 일반적이다. 반면 주식은 주가가 오르면 더 매수하려 하고 주가가 떨어지면 매도하기가 쉽다. 사고 싶었던 주식이 주가가 떨어지면 공포를 느끼고 매수를 주저하다가 조금 오르면 긴가민가 망설이게 되고, 한참 오르고 나면 그제야 사고 싶어서 안달난다. 따라서 주식 투자를 성공하기 위해서는 낮은 가격에 공포를 무릅쓰고 매수를 할 수 있는 용감함과, 고점을 형성해도 매수를 자제할 수 있는 절제력이 있어야겠다. 사실 주식의 가치를 대략은 알고 기준을 잡은 후 매수를 진행하지만 수익을 내는 건 별개의 일이다. 주가의 변화에 현혹되다 보면 당장의 손익이 너무나 크게 느껴지기 때문이다.

현재 주가는 과거 3년과 비교했을 때 낮은 위치가 분명하다. 앞으로의 3년을 예상하며 현재의 위치는 어디쯤인지 생각해 보는 것도 좋다. 주식 성과에서의 3년은 중간 이정표로 설정하기 좋은 기간이다. 10년 이상 장기 플랜도 좋지만 너무 길다고 생각되면 5년 또는 3년으로 기간을 줄이면서 성과를 측정해 보는 것을 추천한다. 성과가 좋다면 그 기간을 더 줄이는 것도 의미가 있지만 너무 줄이다 보면 조급증이 생길 수도 있다. 3년이면 충분히 성과를 낼 수 있는 기간이라는 판단이다.

     주식 투자에 대한 생각

제3장

시장과 투자자의 심리

1

소음과 정보 사이,
현명한 투자자의 길

불확실성을
대하는 자세

변동성 장세에 어떻게 할까?

뉴욕 증시가 큰 폭으로 하락과 상승을 반복하면서 코스피 역시 저점을 갱신하며 하방 추세이다. 이럴 때는 어떻게 하는 것이 좋은가? 어려운 시장으로 진입하고 있다. 많은 투자자들이 울렁증에 나가떨어지기 시작했다. 필자는 지금 장세는 '봄비'이며 앞으로 여름 장마와 태풍이 투자자를 기다리고 있다고 조심스럽게 예측해 본다. 인고의 시간들이 우리를 기다리고 있는 것이다. 이런 기간들이 투자자를 힘들게 하지만 그 상황을 역이용하는 투자자도 있다. 변동의 사이클을 이해해야 하는데 경험이 많지 않으면 변동성에 매몰되기 쉽다. 고점에 매수하고 저점에 매도하는 실수를 반복하는 것이 문제이다. 이러한 실수를 끊어내려면 공부와 경험이 필요하다. 그리고 인내도.

지금은 투자를 위해서 공부를 해야 할 때이다. 하락 추세라고 해서 시장을 떠나 있으면 상승의 좋은 기회도 날리기 쉽다. 하락 시에도 투자할 여력을 확보하고 기다리는 인내가 필요하다. 자산 가격 하락 시기가 다가오면서 많은 재테크 투자자가 서서히 나가떨어지기 시작하고 있다. 상승 시

    주식 투자에 대한 생각

기에 환호성을 치면서 매수해 놓고 하락 시기에는 먼저 탈출하기 위해 급매로 내놓는 시기가 다가오고 있다. 몰려들면서 하는 투자는 쉽기는 하지만 반드시 대가가 따른다. 무리 지어 다니는 것은, 원시인일 때는 맹수로부터 보호받는 일이지만 현재 시대에는 맞지 않다. 물론 오랜 습성 때문에 변화하는 것이 어렵다. 그러나 투자는 본능으로부터 멀어져야 한다. 이것을 깨우치지 않으면 반복되는 실수에서 벗어나기가 어렵다.

필자는 현재의 어려운 시점이 투자를 시작하는 사람에게 좋은 경험이 될 수 있다고 본다. 어려운 상황에서 작은 돈으로 공부해서 투자해 보며, 투자가 어렵다는 사실을 알아야 한다. 특히 하락장에서 경험은 큰돈을 날릴 실수를 안 하게 되는 모의고사며 보약이다. 하락장에서는 작은 돈으로 시장을 배우고 상승장에서는 큰돈으로 본격적인 수익을 내는 방법을 배우는 것이다.

변동성 장세에 매몰되지 않고 살아남는 방법은 공부하고 인내하는 것이다. 그리고 급한 돈이 필요하지 않은 행운도 따른다면 이미 당신은 부자가 되는 길을 걷기 시작한 것이다.

불확실성을 대하는 자세

현대 사회의 특징 중 하나는 바로 불확실성이다. 특히 주식 투자자에게 이러한 불확실성은 큰 수익을 주기도 하고 커다란 손실을 가져오기도 한다. 전문가라는 사람들이 매스컴에서 미래는 어떻게 변할 것인지 예측하며, 그에 따라 지금 어떤 주식을 사고팔아야 하는지 주장한다. 많은 투자자들이 그런 견해를 듣고 매수와 매도를 반복하지만 계좌 수익은 별로 없다. 오히려 손실을 하소연하는 경우가 많다.

필자는 20여 년 이상 투자를 하고 있는데 전문가의 말을 듣고 그대로 따라 해서 부자가 되었다는 소리를 듣지 못했다. 그런데도 많은 투자자들이 전문가라는 사람들의 의견 또는 정보에 매달린다. 왜 이런 현상이 발생하는가? 쉽게 투자하고 싶어서이다. 그리고 많은 사람들이 그렇게 하니 따라 하는 것이다. 내가 공부하고 판단해야 하는데 그런 것이 귀찮다. 판단하는 것을 어려워한다. 신경을 많이 안 쓰고 싶고 효율적인 삶을 살고 싶은 것이다. 그러나 이러한 정보 매매는 매우 위험하다. 위험은 크고 실익은 작은 것이 문제이다. 또한 낚시하는 법을 배우지 않고 남에게 고기를 구걸하는 것과 별반 다르지 않다. 인생이라는 슈퍼카를 손수 운전하는 재미를 즐겨야 하는데 내 인생의 슈퍼카를 타인이 운전하게 하는 것과 다르지 않다.

내일 무슨 일이 일어날지 모르고 한 달, 1년 후에도 마찬가지이다. 그리고 그 기간 동안 주가가 상승할지 또는 하락할지 모르는 일이다. 그럼에도 불구하고 우리는 주식 투자를 이어 나가고 있다. 세상은 악재투성이이고, 전문가들이은 앞으로 경제가 더 어려워질 거라고 각종 데이터를 보여주면서 예측한다. 이런 상황에서 주식 투자는 정신 나간 일처럼 비치기도 한다. 심지어는 전쟁의 위험까지 들먹이기도 한다.

그러나 역사적으로 자본주의 경제는 꾸준하게 성장해 왔고 앞으로도 시련은 있겠지만 그렇게 될 것이라 추론하는 것이 합리적이다. 기업은 더 많은 이익을 내기 위해 몸부림치고 있고 그 이익이 누적된다면 회사 가치는 커지리라고 생각할 수 있다. 바로 이것이 우리 투자자가 미래의 불확실성에 대처하는 자세라고 생각된다. 다만 그 과정에서 때때로 닥쳐오는 악재와 뉴스를 견디어 내는 수밖에 없다는 생각이다. 그런 것들을 모두 피하며 할 수 있는 투자는 없기 때문이다.

주가가 오르고 내리는 변동 속에서 투자자의 심리 이해하기

주식 투자를 하는 사람은 대부분 자신의 계좌가 어떠한지 궁금해한다. 그리고 오늘은 올랐는지 내렸는지도 알고 싶어한다. 끊임없이 시세는 변동하는데 오르면 좋아하지만 내리면 기분이 별로이다. 그런데 오르내림이 반복하는 것에 매우 불편해하는 투자자도 있다. 대부분의 투자자는 이러한 변동성을 지켜만 보지만 소수의 투자자는 이를 활용하기도 한다.

주식 투자에서 시세의 변동은 너무나 자연스러운 현상이다. 바다에서 파도가 치는 것과 유사하다. 파도가 잔잔할 때도 있지만 바람이 불면 더 높게 치고, 태풍이 오면 파고가 더 높게 나타나기도 하듯이 말이다. 주가는 경제 현상이나 재료의 크기에 따라서 오르내림을 반복하다 보니 투자자는 늘 아쉬움이 남기 마련이다. 고점에서 팔고 저점에서 다시 잡았으면 하는 후회를 계속 느끼게 된다. 결과를 알고 보면 매우 단순하고 쉽지만 결과를 모르는 상태에서 투자한다는 것은 결코 쉬운 일이 아니다. 대부분의 투자자가 자신은 할 수 있다고 자신하면서 단기 투자에 뛰어들지만 결과는 좋지 못하다. 단기 투자자보다는 장기 투자자가 수익률이 높은 것도 사실이다. 투자를 하면 그 투자가 잘 되었는지 궁금해하는 것은 당연하다. 그래서 수익률을 확인하는 것도 정상이다. 그리고 주가가 오르내리는 것도 일상이다.

그런데 투자자는 빨리 돈을 벌고 싶어한다. 이것도 자연스러운 현상이지만 주식 투자에서 이 마음 때문에 낭패를 보는 경우가 많다. 시세의 변동 속에서 투자자의 심리는 갈팡질팡 흔들린다. 주가가 오르면 주식을 사고 싶고 주가가 내리면 주식을 팔고 싶은 심리가 생긴다. 앞으로 상승 가능성이 높은 종목이 아니라, 현재 가격이 좋은 주식을 가지고 싶은 마음이 투자자를 혼란스럽게 하는 것이다. 따라서 주식 투자자에게 요구되는 하나의 자질은 현재 시점을 과거로 볼 수 있는 능력이다. 지나고 보면 매우 간단하다. 그런데 현재의 시점에서 판단하는 것은 쉽지 않다. 현재를 과거처럼 볼 수 있는 능력이 있다면 주식 투자는 한결 편해진다. 그것은 결국 자신의 목적을 미래 시점에서 확인할 수 있게 현재를 과거로 만드는 보유 능력이라고 말하고 싶다. 현재의 오르내림을 얼마나 견디고 인내할 수 있느냐에 따라 장기 투자를 하며 수익 볼 확률이 높아진다.

주가 변화에 대한 투자자의 심리는 어떻게 움직이는가?

지금 주식 시장은 썰렁함 그 자체이다. 2021년에는 증권사에서 일을 보려면 오래 기다려야 했다. 그만큼 투자자들이 많았다. 증권사마다 많은 사람들이 북적대고 활기가 넘쳤지만 지금은 한산하기 그지없다. 2년 사이에 많은 변화가 생긴 것이다. 2021년에는 거의 대부분의 전문가들이 강세장을 외쳤지만 2022년에는 뜻밖의 깊은 하락에 투자자들이 공포를 경험했고 많은 손실을 입었다. 그리고 2023년에는 시장이 어려울 것을 모두가 예상했다.

시장이 어려운 것은 사실이지만 2022년과 같은 공포는 벌어지지 않고 있다. 급등과 급락을 반복하거나 지루한 장세로 투자자를 혼란스럽게 만들고 있다. 그리고 많은 투자자들이 잔뜩 움츠러들어서 쉽게 투자를 하지도 못하는 상황이다. 혹시 모를 조정에 대비하는 투자자도 생기고 있다. 연초에는 개별 종목 장세였지만, 연말에 가까운 지금은 뚜렷한 주도주를 형성하지도 않으면서 순환매 시장의 특성을 보여주고 있다. 전체적으로 하락에서 벗어나 약간의 상승을 보여주고 있지만 그 폭은 대단히 작아서 어느 방향으로 흐를지 판단하려면 시간이 더 필요해 보인다. 현재는 대다수

　　　　　주식 투자에 대한 생각

투자자가 별로 좋아하지 않는 시장이다. 변동 폭이 작고 수익 내기 쉽지 않기 때문이다.

주식은 주가가 쌀 때 사서 비싸게 팔아야 한다고 알고 있다. 그러나 대다수의 투자자가 어떻게 하는지 살펴볼 필요가 있다. 주가가 싸면 공포를 느끼게 되고 매수를 주저한다. 시간이 흐르면서 더 떨어질 것으로 예상되어 매수를 주저하는 것이다. 그리고 관망하게 된다. 그러다가 어느 날 갑자기 주가가 크게 상승하면 사고 싶어지지만 과거의 저렴한 주가를 생각하면 쉽게 매수하기 어렵다. 그래서 또 관망한다. 주가가 꺾이면 그때 다시 매수를 하겠다는 생각인 것이다. 그러나 예상과 달리 주가가 계속 고공해진을 하면서 고점을 형성해 버리고 만다. 이제 투자자는 지금이 제일 저렴한 가격이라고 생각하게 된다. 주가는 쉽게 떨어지지 않고 계속 상승하면서 투자자를 유혹한다. 각종 호재 뉴스가 터지고 거래량이 폭발한다.

결국 욕심에 투자자는 고점의 주가를 겁 없이 매수하고 앞으로의 수익에 설레기까지 한다. 그리고 얼마 동안 실제로 수익까지 생기기도 하면서 꿈에 부푼다. 주식 투자가 참 쉽다고 생각한다. 자신의 과감한 결단력에 감탄하며, 주식 투자에 재능이 있다고 느낀다. 그러나 이러한 시간은 오래가지 못한다. 뜨거웠던 투자 열기는 식는다. 주가는 고점을 형성한 후에 큰 폭으로 하락하고, 수익은 고사하고 원금까지 까먹게 된다. 초기의 손실 폭은 작지만 시간이 흐르면서 손실은 더욱 커지게 되고 원금 회복은 멀게만 느껴진다. 이성적으로 알고 있는 객관적 사실이 있어도, 본능과 욕심이 커지면 전혀 다른 반대의 행동을 하게 된다는 것을 살펴보았다.

투자자들의 관심에서 멀어졌을 때가 투자하기 좋은 시점이라는 것을 알아야 한다. 주가가 많이 빠져서 거품이 사라졌을 때 주식을 매수해야 한다는 것을 이성적으로는 알고 있다. 그러나 손실을 회피하고 싶어 해서 매수를 허락하지 않는 시기이다. 시간이 흘러야 이때가 좋은 시기였다는 것을 늦게 알게 된다. 일부 통찰력 있는 투자자만 많은 수익을 거두게 된다.

투자자는 흔들리는 갈대인가?

우리는 투자가 대단히 중요하다는 사실을 알고 있다. 그리고 장기적으로는 투자가 우상향할 것으로 예상하고 역사적으로 그래 왔다. 성공한 증인들이 이를 강조하고 책으로도 역설하고 있다. 그러나 이 사실을 알고 있다 해도 따르는 데 주저하곤 한다. 왜 그러한가? 주가의 변동이 극심하고, 손실을 인내하기가 생각보다 쉽지 않기 때문이다. 단기적으로 손실은 고통스럽고, 벌어 본 경험 자체가 많지 않기 때문이다. 많은 사람들이 주식 투자를 하지만 의미 있게 큰돈을 벌어본 사람은 많지가 않다. 적은 돈을 벌었거나, 큰돈을 잃어 본 사람들이 훨씬 많다. 금융에서 의미 있는 경험은 매우 중요하다. 이론은 알고 있다 해도 실천이 생각만큼 쉽지 않기에 손실 구간에서 대다수가 탈출하기 때문이다.

부동산으로 돈을 벌어본 사람은 꽤나 많다. 부동산은 쌓아가는 개념이 강하다. 상장폐지도 없고, 실체가 있으며, 취득 부대비용으로 인해 거래가 쉽지 않기에 경솔히 매각 의사 결정을 내리지 않다 보니 시간이 흐르면서 가격도 자연히 올라간다. 이러한 선순환 구조가 인간 본성에 거슬리지 않기에 성공 확률이 주식보다는 높은 편이다.

반면 주식 투자는 인간 본성에 역행한다. 모두가 환호성을 지를 때는 나도 사고 싶어 미치고, 이는 거품 가능성을 더욱 높인다. 저가에서는 모두가 공포에 떨어 매도를 외치기에 나도 덩달아 파는 데 전념하고, 이는 더욱 가격을 떨어뜨리는 요인이 된다. 그래서 주식은 생각보다 높게 올라가고

　　　　　　　　　　　　　　주식 투자에 대한 생각

생각보다 더 깊이 떨어지는 속성이 있다. 이런 현상은 투자자의 예상치를 벗어나면서 극심한 스트레스를 주며, 인간의 본성에 역행하는 구조이기에 적응에 몹시 애를 먹게 된다. 높은 가격에 환호성을 지르며 매수한 투자자는 가격이 떨어지는 것을 일시적인 조정으로 알고 견디다가 큰 폭으로 떨어지게 되면 공포에 사로잡혀 헐값에 주식을 매도하는 특징을 보인다. 이는 악순환 구조이다. 이와 반대로 해야 하지만 쉽지가 않다. 그래서 장기적으로 우상향 하는 주식도 단기 매매를 하는 투자자에게는 손실이 나는 경우가 생기는 것이다.

이론은 장기 투자가 맞지만 시장은 끊임없이 단기 투자를 유혹한다. 단기적으로는 단기투자자가 옳아 보인다. 그리고 현명해 보인다. 그러나 멀리 보면 결과는 판이하게 다르게 나타난다. 투자 시점을 지속적으로 맞힐 수 있다고 생각하지만 현실은 전혀 그러지 않기 때문이다. 그렇다면 투자자는 어떤 자세로 투자하는 것이 맞는가? 단기적으로는 주가의 변동을 예상할 수 없다는 것이다. 그러나 대부분 장기적으로 성장하는 기업의 주가는 우상향 확률이 매우 높기에 투자를 이어가는 것이 바른 투자자의 자세라고 생각된다.

그러나 아는 것과 실천하는 일은 안타깝게도 별개의 문제라는 것을 고백하지 않을 수 없다. 필자도 주가의 변동에 마음이 흔들리는 것을 늘 경험하기 때문이다. 마음이 흔들릴 때마다 거래를 이어간다면 계좌는 쪼그라들 수밖에 없다. 계좌를 살찌우고 싶으면 이런 유혹에 인내하는 것이 기본이다. 욕심을 얼마나 통제하고 절제할 수 있는지에 따라 내 계좌가 풍성해지기도 하고 그 반대가 되기도 한다.

소음과 정보를
구분할 수 있는가?

자신의 내면의 소리에 집중할까,
다른 사람의 반대의 소리에 휩쓸릴까?

사람은 보통 다른 사람이 평범한 생활을 하면 관심이 전혀 없다. 그러나 평상시와 다른 행동을 하거나 그전과 다른 결심을 하면 관심을 집중하며 그러지 말라고 말린다. 필자가 대학생 때, 놀 때는 전혀 관심을 갖지 않다가 세무사 자격증을 따기 위해서 공부하겠다고 하자 주변에서 관심을 보이며 "네가 그것을 해낼 수가 있겠느냐?" "고시 폐인이 되면 어떡할래?"라며 정말 심각하게 걱정하며 말렸다. 시험에 떨어질 때마다 그들이 맞았다고 생각했다.

내가 세무사 자격증을 취득하고 개업한다고 했을 때, 주변 지인들은 경험 없이 개업해서 망하면 어떻게 하려고 하냐며 걱정해 주면서 말렸다. 지인들의 말을 멀리하고 개업해서 무척 힘든 시절을 보내기도 했다. 그렇다. 주변인들의 말이 맞는 부분도 있다. 처음에는 그들이 맞았다. 그러나 점차 어려움을 극복해 나갔고, 사업은 시간이 지나면서 안정화되었다. 역시 그들은 틀리고 내가 바른 결정을 내린 것이다. 직장에 다니는 친구들을 보면,

        주식 투자에 대한 생각

그 당시 내가 어렵더라도 개업해서 극복해 나간 것이 옳은 선택이 되었다.

내가 주변에 주식이나 부동산에 대한 투자 이야기를 꺼내면, 지인들은 그렇게 위험한 주식을 하면 안 된다고 걱정 어린 조언을 해 준다. 초장기엔 주식 투자에 실패하면서 '지인들이 걱정할 때 그만두었더라면'이라는 생각도 한 적 있다. 그러나 다시 돌아간다고 해도 나는 주식 투자를 할 것이다. 다만 좀 더 책도 읽고 공부도 해서 효율적으로 운영했으면 하는 바람은 있다.

우리 인생은 배움의 연속이다. 실패가 두려운 것은 당연하다. 실패에는 굉장한 고통이 따르기에. 그러나 실패에 대한 두려움 때문에 시도조차 하지 않으면 발전과 성장이 없다. 고전하고 넘어지고 깨져도 다시 일어나서 가고자 하는 길을 계속 걸으면 닿고자 하는 곳에 이를 수가 있다. 시도조차 하지 않으면 어찌 그곳에 닿을 수가 있는가? 다른 사람들이 반대하더라도 내 길을 가야 한다. 왜냐면 다른 사람의 인생이 아니라 나의 인생이니까.

대부분의 사람들은 생각조차 하지 않는다.
소수의 사람들은 생각하고 시도한다.
극소수는 생각한 것을 해내고 만다.

시장의 소음에서 벗어나 거리를 둘 수 있는가?

주가 변동이 심할 때가 있다. 이것은 투자자에게는 사실 견디기가 힘들다. 그러나 결론적으로는 좋은 일이다. 시세를 분출할 기회가 생겼다는 의미이기 때문이다. 그러나 쉽게 가는 주식은 없다. 흔들고 비틀고 난리를 치고 투자자를 괴롭히며 시세를 만들어 낸다.

좋은 주식을 매수했더라도 이 시기에 작은 수익이나 약 손실에 만족하는 경우가 매우 많다. 이것에서 벗어날 수 있는 방법은 있는가? 사실 새로운 방법은 없다. 견디어 내는 수밖에. 그렇다면 무엇을 믿고 견딘단 말인가? 바로 시가 총액이다. 현재의 시가 총액이 합당한 것인지를 생각해 보면 견뎌야 하는 구간인지 수익을 실현해야 하는 시기인지를 판단할 수가 있다. 그러나 대부분의 투자자들은 가격이 오르기 때문에 주식을 매수하고, 또 가격이 떨어졌다는 이유로 주식을 매도한다. 그리고 그 변동성에 떨어져 나가는 경우가 많아서 그 수익을 온전히 누리는 투자자는 소수에 불과하다.

투자자는 효율을 대단히 중요시 여긴다. 변동성이 있는 종목에 우르르 몰려다니며 투자하기를 좋아하지만 사실 실속은 별로 없는 경우가 다반사이다. 몰려다니는 투자는 고가에 진입할 수밖에 없다. 매력적인 주식은 떨어지지 않는 주식이다. 그러나 어떤 이유로 떨어지기 시작하면 많은 투자자들이 앞다투어 팔기에 가격은 더욱 가파르게 하락한다. 수익은 작고 손실은 큰 구조이다. 시장의 혼란 속에서 평정을 찾기는 투자자에게 쉬운 일은 아니지만 관망하고 조금 떨어져서 기다리는 자세가 꼭 필요하다는 생각이 든다.

소음과 정보를 구분할 수가 있는가?

밤새 중국 부동산 문제가 불거지면서 미국이 조정을 보였다. 이에 따라 한국 증시를 포함한 아시아 증시가 조정을 보이고 있다. 언제 어디서 어떤 사건들이 불쑥 튀어나오면서 사건을 일으키고 증시 조정의 빌미를 제

　주식 투자에 대한 생각

공한다. 세상은 온통 악재투성이다. 경제학자들의 미래 예측을 보자면 주식 투자자는 암담할 수밖에 없다. 온통 부정적인 수치들이 제시된다. 이런 저런 이야기를 듣고 있자면 주식 투자는 미친 행동으로 결론 날 수밖에 없다. 유튜브 주식 전문가들도 온통 불확실한 이야기로 투자자를 위협한다. 그리고 현실적으로도 투자자의 계좌는 손실이 나 있다. 이런 상황에서 계속적으로 투자를 이어나가는 것은 한심해 보일 수도 있다. 똑똑한 사람이라면 위기가 닥친다는 상황에서 빨리 벗어나고 싶어 할 것이다. 그래서 손실을 최대한 줄이고 싶을 것이다.

많은 사람들이 마켓 타이밍을 잡으려고 한다. 쌀 때 사서 비쌀 때 팔고 싶어 한다. 그러나 현실에서는 반대로 하는 경우가 매우 많다. 공포와 탐욕 때문이다. 그리고 본능에 따른 투자를 하기에 그런 현상이 나타난다. 비쌀 때 사게 되고 떨어지고 헐값에 팔게 된다. 투자를 하다 보면 정보보다는 소음에 더욱 노출되기 마련이다. 소음은 듣고 싶지 않아도 매스컴을 통해서 퍼져 나가고 정보는 내가 노력을 해서 공부해야만 보이고 들리기 때문이다.

팔랑귀가 되면 우왕좌왕하다가 자신의 목표를 잃고 헤매게 되어 있다. 따라서 소음으로부터 떨어지고 초연해져야 하는데 쉽지가 않은 것이 현실이다. 투자라는 긴 항해를 이어나가는 데 방해물인 소음. 이것들에서 멀어지고 또 적절하게 다루는 방법에 대해서 터득해야만 자신의 목표를 달성할 수가 있다.

어떤 선택을
할까?

삶을 되돌아 보며 선택의 중요성을 실감한다. 필자는 자본주의 시스템 내에서 그 혜택을 온전히 누리고 있다. 세상에는 우리의 관심을 끄는 것이 무척 많다. 그러나 모든 것을 할 수는 없다. 능력과 시간과 에너지의 한계가 있기에 극소수의 일만 할 수가 있다.

선택에는 3단계 과정이 있다. 먼저 관심이 1단계라고 할 수가 있다. 흥미를 끌고 호기심이 생기는 단계이다. 2단계는 방향성이다. 흥미가 있어도 방향성이 맞지 않으면 선택되지 않는다. 3단계는 선택 이후에도 꾸준히 행동하고 관심을 가지는 끈기이다. 일회성 선택으로 성공을 기대하기는 어렵다. 그것을 지속할 수 있는 끈기가 성공을 만드는 것이라고 생각한다.

물론 시작은 그 일회성 선택으로부터 출발한다. 일단 관심을 끌었기에 다른 많은 대안들을 멀리하고 그것을 선택한 것이다. 또 계속해서 행동하고 관심을 유지했다면 그 선택은 그 사람에게 강력한 영향을 미친 것이며 특별한 가치를 제공하게 된다.

삶에서 여러 대안들 중 하나를 선택하는 것과, 투자에서 여러 대상 중에 선택하는 것을 비교해 본다. 크게 다르지 않다고 생각한다. 우리는 끊임없이 선택하면서 살아간다. 그런데 깊게 생각하지 않고 선택하고 행동할 때가 매우 많다. 선택한다는 것은 그 외의 것을 선택하지 않는다는 의미이다. 동시에 처리할 수 있는 것은 거의 없다. 물론 밥을 먹으면서 유튜브를 볼 수 있긴 하지만 사실 어떤 것도 집중하지 못하는 결과가 나오기가 쉽다. 밥맛을 제대로 느끼지 못하고 화면에 시선을 빼앗겨 배만 채우게 된다. 이처럼 완벽하게 동시에 할 수 있는 것은 없다.

투자에도 역시 동일하게 적용된다. 가용 투자 자금의 한계가 있기에 관심 있는 모든 종목에 투자할 수는 없다. 그래서 몇 개의 포트폴리오를 구성하게 된다. 많은 투자 대상 중에서 나의 관심과 선택을 받는 종목은 매우 소수일 수밖에 없다. 그것을 선택한다는 것은 그 외의 모든 투자 자산을 선택하지 않은 것이다. 따라서 그 선택된 종목은 중요한 의미를 갖는다.

우리의 삶은 선택을 훈련하는 것이다. 바른 선택도 하지만 그렇지 않은 선택도 종종 하면서 배워 간다. 똑같은 실수를 반복하지 않는 것이 중요하다. 그리고 그 실수에서 배움이 있다면 다음 선택에 도움을 받을 수 있다. 인생이라는 시간을 들여서 터득한 것이다. 그렇다면 투자에서 선택은 어떠한가? 투자에서도 많은 선택을 하며, 잘못된 선택으로 계좌 손실이 발생하기도 한다. 그러나 실수로부터 배움을 터득하면 다음에 더 나은 선택을 하는 데 도움을 받을 수 있다. 올바른 선택이 늘어날수록 계좌는 풍성해진다. 계좌를 갉아 먹는 실수를 반복하지 않는 것이 매우 중요하다.

사람에게는 선택의 자유가 있는가?

'인생은 문틈 사이로 흰말이 달리는 모습을 보는 것처럼 순식간이다.' 장자에 나오는 말이다. 정신이 바짝 드는 표현이다. 여러 번 인생을 살 수는 없다. 단 한 번이다. 지나고 나면 돌이킬 수 없다. 그 소중한 시간을 어떻게 보내고 싶은가? '사람은 각자 보내고 싶은 시간을 선택할 자유가 있는지' 스스로 물어본다. 나는 많은 시간을 내가 보내고 싶은 대로 사용하는 편이다. 다른 사람에게 구속받는 것을 싫어하는 기질이 강하다. 그러나 현실적으로 많은 사람들에게 선택의 자유가 많지 않다고 한다.

예술가, 과학자, 저자, 스포츠인은 자신의 모든 것을 일에 쏟아붓는다. 에너지와 열정이 가득차 있기에, 다른 사람이 방해를 해도 몰입하며 자신의 일을 계속한다. 거기에서 희열을 느끼기도 한다. 이런 사람들은 자신의 선택을 온전히 누리고 있다고 생각된다. 그러나 보통의 평범한 사람들은 사정이 많이 다르다.

사람들은 왜 돈을 벌려고 하는가? 하고 싶은 일을 할 수 있는 선택의 자유를 갖기 위해서, 경제적 자유를 획득하려 몸부림친다. 그 과정을 견디기 힘들어하는 사람도 있고, 힘들지라도 그 과정을 즐기는 사람도 있다. 성장통이라고 생각하며 성장 과정 자체를 경험의 계기로 삼으면 어떨까 하는 생각이 든다.

인생의 시작과 끝은 내가 선택할 수 없지만 그 사이의 일들은 선택할 수 있다. 두 점이 있다면, 우리의 선택으로 그 안의 선을 만든다. 매일 혹은 매 순간 우리는 어떤 선택을 해야 할까? 선택을 한다는 것에는 중요한 의미가 있다. 다른 대안들을 포기하고 오로지 그 길을 가겠다는 것이다. 그러니 그 가치가 얼마나 대단한가? 인생도 투자도 선택의 영역이다. 다른 많은 대안들을 제쳐놓고 선택에 따라 서로 다른 길을 가게 된다. 그렇기에 많은 사람들이 선택을 어려워한다. 선택의 기준이 필요하다. 미래의 내가 가장 좋아할 것을 선택하는 것이다. 이 판단 기준은 하루아침에 완성되지 않는다. 많은 시행착오와 훈련이 필요하다. 그동안의 판단이 과거의 나와 현재의 나를 얼마나 만족시켰는지 검토하는 과정이 도움이 된다.

현실적인 방법을 알려 주고자 한다. 일기, 즉 글쓰기에 답이 있다. 주식 투자자라면 매매 일지에 답이 있다. 자신에 대한 과거 데이터는 진정한 자신을 알아가는 데 큰 도움을 준다. 대부분의 사람들이 자신에 대해서 잘 모른다. 자신에 대해서 알고자 깊게 생각하지 않는다. 다른 사람을 알기 위해, 그리고 시장을 알기 위해서만 노력한다. 정작 중요한 것은 기준점인 자신인데 주변에만 시선과 마음이 간다. 시시각각 변하는 주변 사람들과 시장에 휩쓸려 변하는 선택을 할 것인지, 아니면 내 기준에 맞는 사람들과 시장을 선택할지는 각자에게 달려 있다고 생각한다.

투자를 하고 싶은가?
소비를 하고 싶은가?

　사회 초년생 때 소비 습관을 잘 통제하면 평생을 행복하게 살 기회가 주어진다. 돈이 생기면 무엇을 가장 하고 싶은가? 많은 사람들이 돈 쓸 생각을 하면서 얼굴에 미소를 띄운다. 사고 싶은 것, 하고 싶은 일들이 매우 많다. 현재 부족한 것이 많고도 많다. 돈을 벌기 쉽지 않기에, 소비를 위한 돈을 얻기 위해 적지 않은 시간을 사용한다. 텅 빈 통장 잔고를 보고 또 열심히 근로하는 생활을 반복하며 평생을 보내는 경우가 많다. 이렇게 쳇바퀴 돌듯 만족스럽지 못한 생활 패턴을 반복한다. 굉장히 아쉽고 안타까운 생활이다. 그리고 희망찬 미래를 꿈꿀 수 있는 상황도 아니다. 즉 현재도 불만족스럽고 미래도 암울하다. 답답한 마음을 조금이라도 풀어 보기 위해 오늘도 '욜로'를 외치며 작은 소비를 또 하지만 공허함이 없어지지도 않고 행복하지도 않다.

　이러한 생활 패턴에서 벗어나는 방법은 없을까? 소비하고 남은 돈을 저축 및 투자하려고 하면 계속 미루게 된다. 계좌에 돈이 없어 실행할 수 없기 때문이다. 수입의 절반 이상을 먼저 저축하고 투자하자. 그리고 나머지 돈으로 어떻게든 살아 보자. 부족하면 추가 노동을 하든지 아니면 어떻

　　　　　　　　　　　　　주식 투자에 대한 생각

게든 안 쓰고 사는 것이다. 대단히 어렵기는 하지만 일단 실행하면 충분한 보상을 주기에 꼭 실천해 볼 것을 당부한다. 없으면 대체로 안 쓰게 된다. 사실 있으니까 쓰는 것이다. 이가 없으면 잇몸으로 살아가게 된다. 처음에는 궁핍하고 불편하기 이를 데 없지만 습관이 된다면 부자가 되기는 너무나 쉽다. 돈을 아끼기 위해 소비를 줄이다 보면 돈만큼 귀한 시간도 함께 절약된다. 만족이란 것도 함께 경험하게 된다. 그리고 이러한 생활을 할 수 있음에 감사한 마음도 갖게 된다. 그리고 저축된 자금으로 투자하다 보면 시간이 지나면서 눈덩이처럼 커지는 것을 경험하게 된다. 그 수익이 원금보다 커지게 되고 결국 저축과 투자의 맛을 보게 된다. 소비는 계속해서 절제되고 투자 수익은 나이를 먹어 감에 따라 확대되다 보니, 현재는 만족스럽고 미래는 기대되는 삶으로 바뀐다.

생활비와 아이들 교육비 중에 무엇을 줄일까? 어느 것 하나도 쉽지 않은 의사 결정이다. 그러나 현재의 생활을 바꾸지 못하면 미래도 바꿀 수가 없다. 현재 생활을 과감히 바꿀 수 있다면 멋진 미래로 가는 길을 밟게 된다.

필자는 소득이 생기면 설렌다. 소비할 생각 때문이 아니라, 투자를 할 수 있음이 기쁘다. 그리고 이 투자가 나에게 베풀어 줄 혜택을 생각하면 흐뭇한 마음이 가득하다. 이 투자가 가져다 줄 수익이 원금의 몇 배일지, 또 이것을 계속 운용하면 그 과실이 얼마나 달콤할지는 상상하기 어려운 가치이다. 생각만 해도 설레고 만족스럽다. 이 모든 과정이 축복으로 다가온다.

장기 투자를
방해하는 요인은 무엇인가?

주식 투자에 있어 큰 자금을 운용하는 큰손 개인 투자자들이 있다. 이들은 주식 투자 고수들이고 주식 투자의 맛을 아는 투자자이다. 그들은 좋은 주식을 대량으로 보유하고 있다. 그런데 이들은 연말이 다가오면 매도를 해서 보유 금액을 줄여야 하는 부담에 직면한다.

한 종목에 10억 이상 투자를 하면 대주주에 해당되어 주식 양도 소득에 대한 소득세를 20~30%를 부담해야 한다. 이는 복리 효과를 크게 떨어뜨리기에, 과세를 피하기 위해 연말 즈음 불필요하게 주식을 팔아야 하는 문제가 생긴다. 세금 문제가 투자자를 단기 투자자로 만들어 시장을 왜곡하는 것이다. 투자자는 불필요한 매도 부담을 갖게 되고 양도 비용과 매수 비용만 추가로 부담하게 된다. 실제 과세 당국의 세수 효과도 크지 않고, 투자자에게 불필요한 부담만 가중시키며 시장을 왜곡하는 문제가 발생한다.

따라서 대주주 요건을 보다 엄격하게, 창업주와 회사 경영자 그리고 상장회사 지분 3% 이상 소유자 등으로 좁힐 필요가 있다. 일반 개인 투자자를 대주주로 분류하는 것은 득보다 실이 많다고 본다.

국민들에게 부동산 투자를 권할 것인지 아니면 주식 투자를 장려할 것

     주식 투자에 대한 생각

인지를 보면 답이 나오지 않는가? 건강한 주식 투자를 하면, 노후를 국가에 의존하지 않고 살 수 있다. 축적한 주식을 통한 배당 소득과 시세 차익으로 생활할 수 있는 것이다. 저축만으로 노후를 담보할 수 없는 현실이라면 자금을 좀 더 효율적으로 흐르도록 하는 것이 바람직해 보인다.

일부 소액 주주들은 세금을 내도 좋으니 대주주 한번 해봤으면 좋겠다고 말하기도 한다. 그러나 그 대주주도 시작은 소액 주주로 출발한 투자자이다. 그리고 소액 주주의 꿈은 결국 대주주이다. 소액 주주의 미래가 대주주인 것이다. 그리고 대주주가 연말이 다가오면서 대량으로 주식을 내놓게 되면 결국은 주가 하락으로 이어져, 피해는 소액 주주가 입게 된다. 대주주의 불행이 결국 소액 주주의 불행으로 이어지는데 이 구조적인 문제를 보지 못하는 것이 안타깝다.

2

투자의 가장 큰 적,
내 안의 욕심과 공포

일관성을 유지하는 것이
왜 어려운가?

투자에서 초심을 유지하는 것은 얼마나 어려운가?

우리는 어떤 일을 시작할 때 먼저 목표를 생각하고 뜻을 세우고 마음가짐을 정한다. 이를 초심이라고 한다. 시작할 때의 굳은 마음가짐은 그전과는 다른 행동을 유발하며, 그 사람을 발전시키는 중요한 동력이 된다. 그러나 일을 진행하다 보면 장애물을 마주하고, 더 좋아 보이는 다른 목표도 생기면서 목표도 방향도 흔들린다.

처음 시작할 때 좋아 보이는 투자 종목이 하락하고 상승하는 다른 종목이 자꾸 눈에 들어오면서 마음이 흔들린다. 그리고 때때로 흔들리는 마음에 따라 잘못된 행동을 하기도 한다. 주식 투자나 부동산 투자에서 이러한 일은 매우 흔하다. 이런 현상에 매몰되면 투자가 어려워진다. 수익과 멀어지고 오히려 손실을 초래한다.

이런 행동을 완전히 배제하는 것은 불가능하다. 따라서 투자 전에 미리 최악의 시나리오를 가정하고, 그런 상황에서도 어느 정도 안전 마진을 확보할 수 있는지 가능성을 검토해야 한다. 보수적인 투자를 해야 이런 어려움이 닥쳤을 때 헤쳐나갈 수 있다. 예상한 어려움과 예상하지 못한 어려

　　　　　　　　　　　　　　　주식 투자에 대한 생각

움은 극복 과정에 차이가 있다. 투자에서는 대부분 예상치 못한 어려움에 굴복하는 것이 대부분이다. 이렇게 어려울 줄 알았다면 투자하지 않았을 거라 말하는 사람이 많다. 그러나 시간이 한참 지나고 보면, 어려울 때는 팔지 말고 샀어야 한다며 후회하곤 한다. 결과를 알고 보면 매우 쉬운 답처럼 느껴지지만, 그 과정을 묵묵히 견디는 사람은 소수 중에 소수이다.

그들을 우리는 부자라고 부른다. 위기 시에는 부자들도 자산이 줄어든다. 그러나 위기가 극복되면 자산이 이전보다 훨씬 크게 증가한다. 장기적으로 보면 기울기가 점차 급해지는 순자산 증가 곡선이 만들어지는 것이다. 이를 우리는 복리의 마법, 폭발적인 자산 증가 현상이라고 칭한다. 다만 이는 초심을 잘 세우고 어려움에서도 유지한, 어려움을 견디고 극복한 소수의 사람들만 누리는 자산 증가 곡선이다.

결국 초심을 세우고 유지하는 실천력이 개인의 삶에서도 투자의 세계에서도 성공을 결정하는 핵심 요인인 것이다.

주식 투자에 있어서 마음이 동요될 때는 어떻게 해야 할까?

주식 투자자는 마음이 차분해야 한다. 그런데 주식 시세가 올라가면 누구나 쉽게 흥분한다. 이때 투자자들은 경계하고 또 경계해야 하지만 대부분의 투자자들은 높은 주가를 형성하는 주식을 사고 싶어 안달이다. 오늘이 가장 저렴해 보이기 때문이다. 그리고 쉽게 떨어지지 않을 것으로 보인다. 또한 주가가 낮게 형성되어 있을 때는 관심이 없다가 비로소 높게 한참 올라간 후에 시선이 간다. 그리고 주가 차트를 보자면 환상적인 모습을 그리고 있다. 쉽게 떨어지지도 않고 설사 빠지더라도 곧장 올라타서 투자자를 유혹한다. 시장은 환호하고 매수세가 더욱 늘어난다. 투자자들은 장밋빛 환상에 젖어 있다.

그런데 이런 주식을 한 달 혹은 세 달 후에 다시 보면 상황이 바뀌어 있는 경우가 많다. 세상의 관심을 받던 주식이 시간이 흐르면서 잊히는 것이다. 도대체 그 많던 거래자들은 다 어디에 가고 한산하기 그지없다. 당연히 주가는 하락하고 싸 보이지만 투자자들은 관심 없다. 필자도 이런 주식에 매우 관심이 많았지만 결과는 좋지 못했다. 따라서 주식을 사고 싶은 마음이 들 때는 대부분 주가가 높게 형성되어 있다는 것을 알아야 한다. 그런 주식이 더 올라가는 경우도 간혹 있지만 먹을 것은 별로 없고 손실은 가혹하게 따라붙을 가능성이 높으니 경계해야 한다. 몰려다니는 투자는 마음만 편하지 실제는 상당히 위험한 거래이다. 그리고 실속이 없는 경우가 많다. 즉 수익을 낼 확률이 그리 높지 않다.

시장에는 끼도 있고 가능성도 높지만 어떤 사정으로 주가는 낮게 형성되어 있고 투자자들의 관심에서 소외된 주식이 있다. 주가는 바닥이고 한참을 헤맨 주식을 눈여겨볼 필요가 있다. 이런 주식이 바닥에서 기지개를 켜면 상당한 수익을 주기도 한다. 작은 수익에 만족하지 말고 시장이 환호성 칠 때를 기다리는 전략이 좋다. 회사가 저평가 구간일 때는 매수해서 보유하고, 시간을 들여 적정 평가를 받을 때까지 기다리는 것이다. 이런 경우 투자자의 마음이 동요되거나 장밋빛 환상을 그리지도 않는다. 차분하다. 그리고 기다린다. 주식을 사고 싶어 마음이 동요될 때는 최소한 3일을 기다린 후에 종가로 살 것을 권한다. 이것이 시장의 동요에서 떨어져서 매수하는 방법이다. 느리고 답답한 매매로 보이지만 수익을 늘리고 자산을 지키는 방법이다. 그리고 잦은 매매를 절대 하지 말아야 한다. 매매를 줄일수록 계좌가 풍성해짐을 잊지 말자.

 주식 투자에 대한 생각

왜 비싼 주식에
열광할까?

급등을 하고 나서야 관심을 갖는다

한기가 느껴질 정도로 날씨가 쌀쌀하다. 여름에는 잊혔던 가을이 성큼 다가왔다. 이런 날이 며칠 지속되면 무더웠던 여름은 잊히기 쉽다. 현재의 사실이 그만큼 강하게 우리에게 다가온다. 또한 여름은 우리에게 이제는 가장 먼 시간이 되어버렸다. 이제 한동안 점점 추워질 것이며 가을이 지나면 추운 겨울이 우리에게 다가온다. 이처럼 계절도 추세를 따른다. 한번 바뀐 계절은 그 추세를 유지하면서 강화된다.

주식 시장도 크게 다르지 않다. 다만 계절은 평생 경험해 왔기에 예상 가능한 확실성이 있고 주식 시장은 딱딱 정해진 시간이나 틀은 없다. 계절은 정해진 방식을 계속 따르지만 주식은 너무나 자의적이고 추상적이다. 그러나 전체적인 형태는 얼추 비슷하다. 주식 시장도 주식 종목도 오름이 있고 내림이 있고 그 와중에서도 추세를 형성하면 일정하게 유지하는 모습도 보인다. 지나간 흔적인 그래프를 보면 충분히 예상 가능하다고 생각하지만 앞으로는 어떻게 움직일지 솔직히 맞출 자신이 없다.

시장에는 좋은 종목이 많이 있다. 급등해서 한참 오른 종목에 보통 관심을 갖게 된다. 시장에서 헐값으로 비틀거릴 때는 관심 밖이지만 고개를 뻣뻣하게 들고 하늘을 향해 고공행진하면 투자자 모두의 관심이 집중된다. 그리고 왜 그런 종목이 내 포트폴리오에 없는 것인지 한탄한다. 낮은 가격에 허우적거리는 종목이 내 포트폴리오에서 사라지고 높은 가격을 형성하고 있는 종목이 들어오기를 바라지만 현실은 이와 반대다. 그리고 대부분의 투자자가 이러한 현실에 좌절하고 심지어 분노해서 매도를 하기도 한다.

이럴 때는 어떻게 해야 하는가? 이것이 자연스러운 투자 과정임을 받아들여야 한다. 계절이 순환하듯 주식 시장과 주식 종목도 순환한다. 투자의 겨울을 맞이할 때도 있고 여름을 맞이할 때도 있다. 사실 주식 투자는 정확히 맞출 수 없는 영역이기에 좋은 시기가 오기 전 미리 들어가서 보유하는 전략을 택할 뿐이다. 그 보유 전략에는 상당한 비용과 인내가 요구된다. 그러나 미래의 수익을 위해서는 기꺼이 감수해야만 하는 것이다.

바로 이점이 투자의 어려움이면서 투자를 매력적으로 만드는 핵심 요인이다. 모두가 알고 있다고 생각하지만 이를 지키고 실행하는 것은 별도의 영역임을 밝혀 왔다. 아는 사실을 얼마나 믿고 실행하는지에 따라 성과가 달라지게 되는 것이다. 미리 시장에 자본을 투입해 견디다 보면 시장은 성숙해서 우리에게 아낌없는 보상을 준다. 이 믿음이 우리 투자자에게 필요한 핵심 투자 지침이다.

왜 비싼 주식에 열광할까?

주식은 오르고 내림의 변동성이 크기는 하지만 일정한 패턴을 보이기도 한다. 오르는 주식은 소리 소문 없이 한참 오른 후에 좋은 뉴스들이 터

 주식 투자에 대한 생각

져 나온다. 그리고 많은 사람들이 그때가 되어야 비로소 관심을 갖기 시작한다. 상승한 주식은 그야말로 스타가 된다. 낮은 가격에서는 관심이 없다가 하늘로 높게 솟구치면 서로 다투면서 사려고 안달이다. 왜 이런 현상이 발생할까?

보통 소비재는 가격이 저렴할 때 많이 구입한다. 자연스럽다. 그런데 주식은 소비재가 아니다. 교환 가치로 측정되는 저장 재화이다. 따라서 현재의 가치가 무척 강하게 느껴진다. 주식은 미래 가치를 보고 투자해야 하지만 현재의 가치가 너무나 강하게 다가오기에 투자자는 이로부터 자유롭지 못하다. 또한 오르는 주식은 추세가 있기에, 과거의 그래프를 보고 이러한 상승 추세가 강하게 이어지리라는 확신을 갖게 된다. 과거에 이러한 주식을 발견하지 못했음을 아쉬워하고 지금이라도 빨리 매수해서 상승 추세에 탑승하고자 하는 것이다. 그러면서 힘없는 내 보유 주식은 염가에 처분하고자 하는 욕구가 강해진다. 그러나 대부분의 투자자는 자신의 보유 주식 역시 핫했던 시절에 매수한 종목이라는 사실을 망각한다. 계속해서 '핫한 주식' 주변만 맴도는 투자자가 많지만 한참 시간이 흐른 후에 투자 수익을 살펴보면 처참하다. 아이러니하지 아니한가? 빨리 돈을 벌고자 하는 적극적으로 투자했는데 오히려 손실이라니! 투자자는 운이 없음을 한탄한다.

주식은 일반적으로 상승과 하락을 반복하면서 자신의 가치에 수렴하게 되어 있다. 자신의 가치보다 높게 가격이 형성되기도 하고 낮게 형성되기도 하는데, 여기에서 괴리가 발생하는 것이다. 현명한 투자자는 주식의 가격보다는 기업의 가치에 기준을 잡는다. 주식의 가격은 얼마든지 널뛰기가 가능하다. 그러나 기업의 가치는 꾸준하기에 변동성이 훨씬 적다. 투자에서 변동성을 확대할 것인지 변동성을 축소할 것인지는 자신의 투자 기준이 결정하는 것이다.

오를 땐 사고 싶고 내릴 땐 팔고 싶은 마음을
전략적으로 바꿀 수가 있는가?

주식 투자를 하다 보면 내 마음을 다스리기가 참으로 어렵다. 인간의 본성대로 하면 잃기 쉬운 것이 주식 투자이다. 주식의 생리와 인간의 속성에 대한 이해가 필요하다. 이해에 그치지 않고 실제로 실천할 수 있어야 하는데, 대다수가 이해도 되지 않고 실천은 더욱이 어렵다. 주식이 오르기 시작하면 나도 사고 싶다. 마음이 급해지는 것이다. 저가에서는 처다도 보지 않던 종목인데 고가권에 진입하면 지금이 최저가이고 지금이 아니면 멀리 위로 떠나버릴 것 같다는 생각에 불안해진다. 그런 열망으로 차서 매수한 종목이 수익을 준 경험이 거의 없다. 서둘러서 진입하고는 시간이 지남에 따라 후회하는 것이 대부분이다. 주식 투자에서 희망찬가를 부르는 사람은 결국은 큰 후회와 낙담을 겪게 된다.

그러면 어떻게 해야 하는가? 저가권의 종목을 충분히 공부해야 한다. 고가권의, 꽃놀이패를 하고 있는 주식을 사서는 수익을 보기가 어렵다. 오르는 종목에 무모하게 들어가면 크게 물릴 수가 있다는 사실을 상기하고 좋은 종목을 발굴해 보자. 전략적으로 '오를 때는 팔고 싶고 내릴 때는 사고 싶은 마음' 다스리기를 실천해 보자. 깊은 이해와 투철한 실천력으로 주식의 세계에서 생존하면 그 결과는 놀라울 것이다.

주식 투자에서 경계해야 하는 것이 있다. 바로 본능이다. 그런데 배움 없이 주식 투자를 시작하는 경우가 대부분이다. 기분과 본능에 따라서 주식을 사고 판다. 결과는 어떨까? 주식을 해서 돈을 벌었다는 사람은 주변에 없고 오로지 TV와 유튜브에만 존재한다. 주식 투자를 한다고 하면 우선 부모님이 반대하신다. 가족들도 반대한다. 주변 지인들도 반대한다. 이것이 현실이다.

 주식 투자에 대한 생각

많은 사람들이 반대하는 주식 투자를, 필자는 사랑하는 가족들에게 권하고 있다. 주식 투자는 배운 다음 해야 하는데 돈만 들고서 거침없이 매수 버튼을 누른다. 다른 물건을 살 때는 고민도 하고 더 싸게 사기 위해서 궁리하는데 주식을 살 때는 거침이 없다. 마음 내키는 대로 해서는 결코 투자에 성공할 수가 없다. 또한 매매에 있어서 감정이 들어가면 손실이 커지기 쉽다. 냉철함이 필요하다. 단기적인 접근은 주식 시장에서 이기기가 어렵다. 기업은 단기에 성장할 수가 있는가? 기업 가치가 단기에 크게 변화하는 것도 아닌데 주가는 요동을 친다. 그 속에서 투자자가 이익을 챙긴다는 것은 어려운 일에 도전하는 것이다. 대신에 장기적으로 성장할 기업을 찾아서 긴 이익을 가져가겠다고 하면 그렇게 어려운 일이 아니다. 본능을 버리고 이성을 갖고 주식 시장에 임해야 하는 것이 핵심이다.

주식 투자에서
기다림이란

주식 투자에서 기다리는 것이 왜 어려운가?

바닥에서 한참 상승한 종목을 보유하고 있다고 가정해 보자. 상상만 해도 즐겁지만 현실에서는 좀처럼 쉽지 않고 즐겁지도 않다. 왜 이런 현상이 발생할까? 한참 상승할 때는 기다리기만 하면 수익인데 이것이 어렵다니 이상하다고 생각할 것이다. 전에도 언급한 적이 있는데 개인 투자자는 손실 계좌보다 수익 계좌에서 인내력이 더 부족하다. 깊은 손실은 인내하는데 높은 수익은 인내하지 못하며 10~20% 수익 이상을 가져가지 못하는 경우가 많다. 주식이 변동성이 크다 보니 작은 수익이라도 지키고 싶은 욕심 때문이다. 수익이 다시 손실로 변하기 전에 확보하고 싶은 마음이 기다리려는 다짐을 압도해 버리고 만다. 특히 깊은 조정 후 오랜 기간을 참아온 경우라면 더욱 그런 경향이 크다. 과거의 아픔이 또다시 찾아올지 모른다는 두려움 때문이다.

장기적으로 우상향이 일반적인데 단기적으로는 얼마든지 위아래를 넘나들 수 있기에 그런 상황을 견디는 것에는 생각보다 많은 인내가 필요하다. 현재의 흔들림에 쉽게 나가떨어지기 때문에 주식 투자로 큰돈을 벌었

　　　　　주식 투자에 대한 생각

다는 사람이 소수인 것이다. 그러한 극소수 투자자는 장기 추세를 믿고 현재의 흔들림을 극복한 사람들이다.

결국 최고의 고수는 매수한 주식을 잊어 버리는 방법을 쓰는 사람인데 이것은 인간의 본성을 거스르는 일이다. 작은 돈이든 큰돈이든 일단 투자하면 올랐는지 떨어졌는지 확인하고 싶다. 이 본능이 투자를 힘들게 하는 요인이다. 그래서 좋은 주식과 수면제를 함께 사라는 말까지 있는 것이다. 주식을 샀으면 동요하지 말고 깊은 잠을 자는 것이 최선이다. 이보다 더 좋은 방법은 없다고 생각한다.

주식 투자에서 기다림이란?

낮은 가격에 진입했다고 생각했는데 깊은 조정을 추가로 받는 경우가 종종 있다. 더 이상 빠지기 어려울 것으로 예상하고 최대한 낮은 가격에 깔아 두었는데 너무 쉽게 매수 체결되면서 손실이 확대되는 경우가 심심치 않게 있다. 이런 경우 복구에 꽤나 시간이 걸린다. 계속되는 손실에 인내해는 시간이 길어지며, 시간이란 비용이 함께 들어간다. 투자자의 고통도 적지 않다.

이런 인내의 시간을 최소로 가져가는 것이 베스트 시나리오이지만 현실은 그렇지 않은 경우가 대부분이다. 여기에서 복구되고 수익이 나는 기간은 투자자에게 인내의 시간이다. 필자의 경험상 손실은 잘 참는 경향이 있다. 손실을 확정시키고 싶지 않은 마음 때문이다. 그러나 수익은 참기 쉽지 않다. 다시 손실 구간으로 진입할까 봐 그렇다. 그 고통을 알기에 작은 수익에도 흔들리는 것이다. 최소한 손실 구간 이상은 견디어 내야 하는데 그것조차 쉽지 않다. 과거의 고통이 그만큼 컸다는 방증이다.

주식 투자에서 손실은 길고 수익은 짧은 경향이 있다. 즉 꾸준하게 하락하다가 어느 날 갑자기 상승하면서 그동안의 하락폭을 모두 극복하는 경우가 의외로 많다. 문제는 이런 급격한 상승이 언제 나올지를 모른다는 것이다. 그래서 그 많은 위험 부담을 안고 주식을 들고 가는 것이다.

결국 사는 사람은 하락을 기다리고 수익을 내는 사람은 상승을 기다린다. 이렇듯 주식 투자에서 기다림이 주는 의미는 상당하다. 수익을 보는 투자자의 입장에서 기다림은 투자 수익의 크기를 확정하기 위해서 꼭 필요하다. 또한 수익을 확정한 투자자 역시 자신이 원하는 가격대로 다시 하락하기를 기다리는 시간이 필요하다. 주식 투자에서 자본도 중요하고 역시 시간도 중요하다.

    주식 투자에 대한 생각

투자자에게는 늘
시련의 기간이 있다

주식 하락의 고통은 크고 길다

코스피 지수가 3,300에서 현재는 2,400 아래까지 내려왔다. 대부분의 투자자는 손실에 신음하고 있다. 왜 그럴까? 역사적인 고점을 형성할 때 매우 많은 거래가 따라온다. 대주주를 제외하고는 거의 매매를 하게 된다. 그렇다면 대다수의 주식 보유자들은 높은 가격에서 매수한 사람들일 것이다. 그런데 주가 지수가 많이 밀렸다면 대부분 손실 계좌를 보유하게 된다. 높은 가격에서는 하루라도 빨리 투자에 편승하고 싶어한다. 그래서 참다 참다 매수를 결정했는데 주식 가격이 하락하면 쓰디쓴 고통을 감수해야 한다. 다시 역사적 고점이 나와야 하는데 그 기간이 의외로 긴 것이 문제이다. 2년에서 3년을 예상하지만 5년에서 10년까지 길어지는 경우도 많기에, 그 기다림에 지쳐서 대부분 매수 가격보다 한참 낮은 가격에 매도한다. 손실을 확정해 버리고 마는 것이다.

그런데 평생 투자 개념에서 보면 이런 실수를 몇 번씩이나 반복하는 것에 문제의 심각성이 있다. 실수의 반복에서 얼마나 빨리 벗어날 수 있는지가 핵심이다. 어려울 때는 매수를, 환호성일 때는 매도를 해야 하지만 이와 반대로 하는 경우가 많다. 우리가 '현재'에 많은 비중을 두기 때문에 발생하는 자연스러운 현상이다. 현재 가치는 확정적이지만 미래 가치는 불확실하기에 더욱더 현재 가치에 집착하게 되는 것이다. 그러나 주식은 현재 가치보다 미래 가치가 더욱 중요하다는 것을 잊지 말아야 한다.

주식의 역사를 볼 때 장기적으로 시장은 커지고 발전해 왔다. 그러나 그 과정에서 흔들림은 상당했고 피해도 적지 않았다. 그럼에도 불구하고 경제적인 자유를 꿈꾸는 사람들에게 주식 투자는 매력적인 투자 수단이다. 세계 경제가 발전하면 주식 투자는 그 수혜를 입게 된다. 그리고 세상에는 인플레이션이란 복병이 있는데 이것을 헷지할 수 있는 것이 주식 투자이기 때문이다. 10년 전, 20년 전 물가와 현재의 물가를 비교해 보면 너무나 확실한 답이 나온다. 이러한 경제적인 이론과 사실을 알고 있는데도 주식 투자는 쉽지 않게만 느껴진다. 주식 투자는 인내의 과정이 지루하게 이어지기에 그 과실을 맛보기 전에는 더욱더 견디기가 쉽지 않다. 사실 과실을 맛본 사람에게도 인내가 쉽지만은 않다. 다만 경험을 통해서 인내해야 함을 알 뿐이다.

갑작스러운 하락(조정)을 받고 드는 생각

보유 중인 종목 하나가 잘 상승하다가 갑작스럽게 큰 조정을 겪었다. 어느 정도 조정될 수 있다고 생각했지만 지난 금요일 강하게 지켜내기에 내심 월요일을 기대했다. 그러나 조금 오르는 척하다가 곤두박질치며 급하게 조정을 하고 말았다. 거래량은 많지 않았지만 의도적인 짓누르기로 보였다. 그러면서 약간의 수익도 모두 시장에 반납하고 말았다. 허망하긴 하다. -30%에서 복구되다가 5% 수익으로 돌아서더니 다시 원점으로 돌

　　　　　　　　주식 투자에 대한 생각

아왔다.

시장은 늘 이런 식이다. 손실도 갑작스럽게 발생하고 복구도 예상외로 진행된다. 손실과 수익 모두 어느 방향으로 갈지 모른다. 숱하게 경험하지만 그래도 마음 한쪽이 왠지 허전하다. 약간 먹었던 것을 시장에 다시 뱉어 내는 것은 유쾌한 경험은 아니다. 그러나 더 먹기 위한 과정이기에 견뎌야 하는 것이 숙명이다. 아직은 유의미한 변화는 아니어서 별도의 행동을 취하지 않고 기다리는 중이다.

이번 주와 다음 주, 그리고 다음 달에는 어떻게 갈지 기대되기는 한다. 내년과 내 후년에는 더 좋을 거라 예상은 되지만 단기적인 변동 폭이 워낙 크기에 잘 버틸 수 있을지 장담할 수도 없다. 1년 7개월째 수익에 목말라 있어서 어느 정도는 비중 조절이 필요하기도 하고 위기 관리 능력도 요구되는 시기이기도 하다.

투자자에게는 늘 시련의 기간이 있다

날씨가 싸늘해졌다. 무더위에 땀을 쏟아내던 것이 엊그제 같은데 서늘함이 온몸을 감싼다. 변화는 갑작스럽게 찾아온다. 날씨만큼이나 주식 시장도 싸늘하다. 코스피는 2,500선을 맴돌고 코스닥은 850선을 턱걸이하고 있다. 주식 시장에 온기가 사라지고 투심은 싸늘하기만 하다. 힘은 없고 비실대기만 해서 작은 악재에도 쉽게 내려간다. 투자자들에게는 시련의 계절이 계속 이어지고 있는 셈이다.

지금 시장은 전체적으로 체력이 매우 떨어져 있다. 주도주가 나오면서 시장이 앞으로 전진해야 하지만 그런 모습이 없다. 일부 개별 종목 덕에 간헐적인 상승이 나오기는 하지만 지속성 없이 올랐다가 내려가기를 반복하고 있다. 약세장의 전형적인 특징이다. 시장을 전체적으로 들어 올릴 자금이 부족하다 보니 투기성 자금만 활개를 치는 형국이다. 이 시기에 투자자들은 자칫 더 힘들 수 있는 매매를 하기가 쉽다. 시장이 투기를 유혹하기에 잘못 걸려들 수도 있기 때문이다. 고가에 진입해서 저가에 빠져나오기 쉬운 시장이다.

간혹 우연히 이슈에 드는 종목으로 수익을 볼 수 있는데 이때에도 수익을 지키기가 쉽지 않다. 왜냐하면 계속 그런 수익을 쫓아다니게 되기 때문이다. 이 우연한 수익을 지키려면 욕심을 절제할 수 있는 내공이 필요하다. 그러나 필자를 포함해서 많은 투자자들이 이 욕심을 다루는데 능숙하지가 않다. 이 우연이 나에게 다가 온 필연이라고 생각하게 된다. 그래서 결국 고가에 또 주식을 매수하는 행동을 한다.

이 행동을 자제하고, 이 올라가던 종목 혹은 다른 종목이 시련에 빠지기를 기다린다면 그 사람의 부는 어마어마하게 커질 것이다. 잠시 쉴 수 있는 여유와 수익을 챙긴 후, 투자하기 좋은 때를 기다릴 수 있다면 주식 시장은 굉장한 매력덩어리가 아닐 수가 없다. 계속해서 기회를 주기 때문이다. 왜 이런 기회가 계속해서 생겨날까? 그것은 탐욕과 욕심 때문이고 인내력이 부족한 사람들이 계속해서 투자에 뛰어들기 때문이다.

사람들은 왜 투자를 하며, 또 나는 무엇 때문에 이렇게 투자에 열성인가? 나를 포함한 대부분의 투자자들은 노후 때문에 투자를 한다. 노후에 국가와 자녀에게 손을 벌리지 않고도 스스로를 책임지려는 마음이다. 나는 솔직히 이런 단계를 넘어섰다. 씀씀이가 크지도 않고 소비를 통해서 행복을 추구하는 사람도 아니어서 노후에 크게 돈을 쓸 일이 별로 없다. 최소한의 소비로도 만족스러운 삶을 살아갈 자신이 있다.

그렇다면 무엇을 위해서 투자에 진심인가? 그것은 바로 효율 때문이다. 사람은 누구나 자기에게 좋은 방식을 선택하게 된다. 연구원은 연구하면서 행복을 추구하고 사업가는 사업을 통해서 행복을 추구하고 예술가는 예술 활동에 혼신의 역량을 쏟아붓는다. 필자에게는 투자가 그런 행복을 가져다 준다. 물론 시련을 겪을 때도 있다. 그러나 그런 시련은 내가 견디고 극복할 대상이지 피할 대상은 아니다. 어쩔 수 없는 과정이라고 생각한다. 특히 평생을 투자해야 하는데 어찌 그 과정에서 시련이 없을 수 있겠는가?

그러나 복리의 마법이 존재하기에 필자는 그 기간의 중요성을 깨닫고 시장에 머무르는 것이다. 비도 오고 바람도 불고, 눈이 내리고 태풍이 오기도 한다. 늘 어려운 때를 대비해야 하는 것이 투자자의 운명이라고 생각한다. 그러나 투자자에게 무엇보다 중요한 것은 꿈을 꾸고 시련을 견디고, 특히 어려울 때 씨앗을 뿌릴 준비를 하는 것이다. 이것이 갑작스럽게 찾아온 행운을 온전히 자신의 것으로 만드는 핵심이라고 생각한다.

주식 시장에 대한 나의 심리는 어떠한가?

많은 투자자들이 주식 투자에 어려움을 호소한다. 어떤 종목이 오를지 모르고 기업 내용에 대해서 알기가 쉽지 않다. 잘나가는 회사의 주가가 하염없이 내리는 것을 보고는 우량주도 믿을 수가 없고 바이오 투자는 더욱더 신뢰할 수 없다고 말한다. 계좌를 보노라면 한숨이 나온다. 주식 투자를 안 하는 것이 돈을 버는 방법이라고까지 한다. 지금은 손실이 깊어 팔고 싶어도 팔 수가 없지만, 원금만 회복된다면 미련 없이 버리겠다고 한다.

주식 투자자들이 느끼는 솔직한 감정들이다. 맞다. 정점에서 하락 사이클을 타는 경우에 대부분의 투자자들이 이렇게 생각한다. 고통스럽고 짜증 나고 자괴감까지 드는 시기다. 그러나 모든 투자자가 이런 시기를 겪는다. 주식 투자자가 이 어려운 시기를 피할 수가 있다고 생각하는가? 그러한 투자자는 단언컨대 없다. 그런데 '이런 하락장에서도 내가 소유하지 않은 다른 주식은 상승하는데요?', '나만 손실이고 다른 사람은 벌었다고 하는데요?'라고 말하기도 한다. 그런 사람은 극소수이다. 손실을 경험하는 투자자가 대부분이다. 이런 시기를 거칠 수밖에 없다.

주식 시장에 대한 심리를 알아볼 필요가 있다. 주식 시장이 호황이고 절정인 때에는 대부분의 투자자들이 자신의 계좌를 자랑하고 싶어할 정도로 풍성하다. 수익이 최대이고 감정이 흥분되고 새로운 꿈에 젖어 있다면 고점이라는 징조이다. 사실 팔아야 하는 시점이지만 욕심을 절제하기가 어렵다. 주식을 파는 사람이 어리석고 한심해 보이기까지 한다. 온갖 돈을 끌어모아 조금이라도 더 주식을 모으고 싶은 때이다. 주식 투자자로서 성공하기 위해 경계심을 가져야 하는 국면이지만, 대부분의 투자자들이 완전한 무장 해제를 하기 쉬운 장세이다. 거래량이 최대이고 가격도 최고점일 때이다. 여기에서는 약간 조정을 주면 그동안 참았던 투자자들까지 달려들기도 한다. 아주 소수의 투자자는 이익 실현 후에 상당 기간 참지만 고수들도 가격이 하락하면 또 들어가서 어려운 시기를 겪기도 한다. 어쨌든 고수들은 시련을 겪으면서 자신의 계좌를 불리는 재주가 있다. 대부분의 하수는 큰 손실에서 벗어나기가 어렵고 버티는 맷집도 없다.

또 다른 국면은 깊은 하락에서 원금으로 회복되는 때이다. 깊은 하락으로 계좌는 최악의 상태이다. 지금까지 버틴 투자자는 지옥을 경험했다고 표현하는 것이 맞다. 따라서 주식에 대한 의욕이 없다. 대부분 자포자기 상태이다. 포기하고 있었는데 조금씩 조금씩 계좌가 복구되기도 했다가 다시 도루묵이 되는 상황이 반복된다. 주가는 낮게 형성되어 있고 게시판은 경영자에 대한 비판과 욕설로 난장판이 되었다. 올랐다가 내리기를 반복하는 구간에서 극소수 투자자들만 생존하는 시기이다. 인내심 많은 투자자들도 이 구간에서 희생되기 쉽다. 계좌의 변동성이 크게 나타나서 단기 투자자로 변하기 쉬운 때이기도 하다. 그동안 살아남은 투자자의 70%가 이 국면에서 사라지기 쉽다. 인내심과 기업에 대한 믿음을 테스트하는 구간이다.

다음 국면은 그동안 생존한 투자자에게 축복이 되는 때이다. 손실을 모두 회복하고 수익이 나는 구간이다. 주식 시장이 거친 하락과 상승을 하면서 기존 투자자들의 손실을 회복시켜 주고 본격적인 상승으로 돌입한다. 이 시기에 투자한 자는 대단히 스마트한 투자자이며, 그동안 힘겹게 살아남은 투자자는 드디어 자신의 시간을 누릴 수 있다. 그러나 모두에게 축복이 되는 시기임에도 지루하기는 마찬가지이다. 매일매일은 별로 변동이 없어 보이지만 월 단위가 지나고 분기 단위가 되면서 그 누적 수익이 점차로 커지는 때이다. 초창기 국면에서는 욕심을 부리는 것이 좋지만 많은 투자자들이 과거 경험에 쉽게 투자하지는 못하는 때이기도 하다.

다음 국면은 신고점을 갱신했다며 떠들썩한 뉴스가 나오고 많은 투자자들이 주식에 몰려 있으며 주식 이야기가 화제의 중심이 되는 상황이다. 이러한 기간이 상당히 진행되면 많은 투자자들이 환상에 빠지게 된다. 모두가 한시라도 빨리 투자하고 싶어 한다. 화려한 불빛에 불나방처럼 달려들기도 한다. 이러한 상황을 떨치기에는 유혹이 너무나 강렬하고 벗어나기도 쉽지 않다.

이제는 고점에서 자신이 버틸 수 있는 상태보다 더 떨어지는 상황이다. 자신이 상상한 최악의 상황보다 주가가 더 떨어지는 공포의 구간이다. 많은 투자자들이 이 구간에서 사라지게 된다. 하루하루 손실 폭이 깊어지게 되고 주식 투자는 미친 짓처럼 보인다. 고점에서 작은 조정에 환호성을 치며 주식을 모아왔는데, 손실이 더욱 커지고 주가 하락 공포가 엄습한다. 떨어지지만 않아도 고맙게 생각할 시점이다. 주식 투자에서 가장 어려운 구간이고 공포를 경험하게 된다.

지금 시점에서 여러분의 심리 상태는 어떠한가? 갈망하는가? 공포인가? 지루한가? 짜증인가? 여러분이 느끼는 심리 상태가 현재의 장세를 말해 주고 있다. 2021년은 환희였고 2022년은 공포였고 2023년은 짜증 나는 해였다고 조심스럽게 평가해 본다. 이러한 심리는 전체 시장을 살펴볼 때도 맞지만 개별 종목에서도 크게 다르지 않다. 개인이 느끼는 심리가 주식 시장에 대한 평가 지표로도 상당히 설득력이 있다고 생각한다.

보유 주식이 상승하는 과정 중에 갑자기 큰 폭으로 하락하는 경우 투자자가 느끼는 감정

보유 중인 종목이 상승 추세를 잘 타고 가다가 갑자기 이유 없이 큰 폭의 조정을 하는 경우에는 어떻게 해야 할까? 우선 시세를 다 했는지를 살펴보아야 하는데 쉽지 않다. 원인 파악을 할 필요가 있기는 하다. 재료 노출이나 어떤 악재가 있는지 살펴보아야 한다. 대부분 단기 고점으로 인한 조정일 가능성이 높다.

저점에서 많이 상승한 경우에는 수익 실현 욕구가 커질 것이고, 단기 고점에서 물린 사람들은 손실을 키우지 않기 위해서 매도하면서 큰 폭의 조정이 나오게 된다. 왜 이런 과정을 거치는가? 주식이 상승하기 시작하면 많은 투자자들이 장밋빛 상황을 그리면서 욕심을 키운다. 낮은 가격에서는 이리 재고 저리 재며 투자를 신중하게 결정하며 그러고도 투자를 관망하며 다음을 기약한다. 주가가 서서히 움직일 때는 별 관심을 받지 못한

    주식 투자에 대한 생각

다. 그러다가 높이 상승하면 그때부터는 투자자의 눈에 들어오게 된다. 신중하던 투자자들이 주식 가격이 고점을 형성하면 그때부터는 용감해진다. 적극적인 주식 투자자로 변신해서 매수하면서 가격은 한 층 높게 올라간다. 그러나 이때부터는 단기 고점인 경우가 꽤 많다. 여기에서 갑자기 큰 폭의 조정이 발생하면 장기 투자를 생각하는 사람들마저 흔들리기가 쉽다. 수익이 대부분 달아나기 시작한 것이다. 그래서 결국은 대부분 작은 수익으로 마감된다. 추세를 믿고 길게 투자를 하지 못하기에 단기 투자자가 된다. 장기 상승 추세인 주식도 대부분 이런 과정을 반복하기에 진득하게 큰 수익을 확보하는 투자자는 매우 소수에 불과하다. 계속되는 중간 조정에 많은 투자자들이 희생당하게 된다.

갑작스러운 큰 폭의 조정은 투자자들을 힘들게 만들기도 한다. 그러나 의미 있는 수익을 만들어 내기 위해서는 이러한 고비를 이겨내야만 한다..

과정과 결과

우리는 어떤 일이든 과정과 결과를 경험한다. 많은 시도를 하면서 때때로 실패도 경험하고 성공도 경험한다. 시험이나 스포츠에서와 마찬가지로 주식 투자에서도 길고 긴 과정이 있다. 어떤 일을 성취하기 위해서는 많은 준비가 필요하다. 그런 어려움을 극복해 나갈 역량이 만들어지면 비로소 성취를 이루면서 결과를 내게 된다. 준비하는 과정에서 노력과 열정이 요구되고 인내도 필수이다.

그런데 과정은 대단히 길고 많은 부분을 차지하지만 결과는 상대적으로 짧다. 사람들은 과정을 오래 지켜보는 데에는 큰 관심이 없고, 결과에만 집중하고 환호한다. 과정이 있었기에 결과도 있는 것인데 원인보다는 결과에만 초점을 맞춘다. 지금 당장의 현상에 매몰되기 쉽다. 투자는 평생에 걸쳐서 이루어질 때 그 효과가 배가 된다. 왜 그런가? 바로 복리의 마법 때문이다. 원금이 작아도 기간이 길어질 수 있다면 수익금은 시간을 먹고 자라 놀랄 만큼 커지기 때문이다. 그런데 그 투자 과정이 그리 순탄하기만 한 것은 아니다. 폭락장도 존재하고 지루한 횡보장도 존재하고 폭발적인 슈팅이 나오는 상승장도 있는데 이러한 사이클이 순환하면서 시장을 만들어 낸다. 이러한 순환 사이클에서 결과까지 만들어 내는 투자자도 존재하고 그렇지 못한 투자자도 있다.

현재의 장세는 어떠한가? 지루한 횡보장이라는 생각이 든다. 투자가 열정을 일으키지도 않고 공포를 주는 것도 아니면서 지수는 오르락내리락 잔잔한 파도를 탄다. 어느 한 방향으로 갈피를 못 잡고 있다. 주식 시장에서 공포를 느끼지만 않아도 만족하는 투자자가 있다. 손실만 입지 않아도 만족하는 투자자가 있다. 이런 부류의 투자자만 현재를 즐길 수 있는 투자자이다. 반면 대부분의 투자자는 지루해하며 이런 장을 견디기 어려워한다. 결과를 만들어 내기 위해서는 이러한 횡보장을 견뎌 내야만 한다고 생각한다. 시장이 좋아지면 높은 가격에서 진입해야 하는데 이것은 수익률을 떨어뜨리는 요인이기 때문이다. 많은 사람들이 힘들어하는 때가 사실은 투자하기 좋은 시기라는 것은 알고 있지만 이것을 실천하기는 만만치 않다.

어제의 절망을 뒤로하고

어제의 급락을 멈추고 샛별처럼 희미한 상승의 빛이 반짝인다. 어제는 온종일 깊게 하락하더니 오늘은 미국 증시의 상승 덕분인지, 많은 종목들

     주식 투자에 대한 생각

이 상승과 하락을 오가며 불안 속에서도 희망을 찾으려는 노력을 하고 있다. 더욱이 두산 로보틱스의 상장일이기도 하다. 요즘 상장 종목의 특징은 상장일에 시초가가 높게 형성되고 하루 종일 조금씩 내리는 모습을 보인다는 것이다.

이렇게 단기 투자자를 양성하는 주식 시장을 보면서 왠지 모르게 아쉬움이 든다. 환호성을 치는 주식에 달려드는 투자자는 손실을 보게 된다. 주식의 시세에 취해서 달려드는 투자자는 늘 생겨난다. 그 화려한 유혹의 결과는 가혹하다. 빨리 돈을 벌고자 노력한 것인데, 결과는 반대로 나타나는 경우가 매우 많다. 그럼에도 불구하고 주식 시장은 이것의 반복이다. 환상적인 기대는 늘 투자자의 뒤통수를 친다. 그러나 이를 아는 사람도 드물고, 또 안다고 해도 그 유혹에 빠지기가 쉽다.

투자자는 본업을 통해 돈을 벌고, 그 돈을 지속적으로 투자한 후 기다린다. 인내하다가 성과가 나오면 실현한다. 또 저평가되고 성장성이 높은 종목을 발굴해서 투자한다. 이러한 일의 반복이다. 따라서 투자가 이루어지고 나면 사실 기다리고 인내하는 것 외에는 별로 할 일이 없는 것이 특징이다. 그래서 효율이 좋다고 하는 것이다. 투자 후에는 전적으로 매달릴 필요가 없기 때문이다. 자신의 생활을 무난하게 할 수 있는 것이다.

굉장한 장점이지만 그것에 몰두하고 싶은 사람에게는 때때로 무료하게 느껴진다. 기다리고 인내하는 것이 지겹다는 것이다. 시장은 계속해서 수익을 줄 수는 없다. 일시적인 손실이 대부분이고, 특별한 때에 시장이 수익을 몰아 주지만 그 시기는 아무도 예측할 수 없다. 평상시 계좌는 늘 손실투성이고, 그 숫자를 보면 지루하고 짜증난다. 그러나 이 시기를 견디다 보면 언제 그런 시절이 있었냐는 듯이 화려한 시세를 보이고는 한다.

평생 투자에서 조바심은 최대의 적이다. 결코 서두를 필요가 없지만 내가 보유하지 않은 종목이 화려한 시세를 보이면 자꾸만 시선이 가는 것은 어쩔 수 없다. 다만 얼마나 절제할 수 있느냐가 지속 가능한 투자를 결정하는 것이다.

평균으로의 회귀

주식 투자를 하다 보면 거의 대부분 손실을 경험하게 된다. 가장 저렴하다고 생각하고 매수를 진행하지만 많은 경우 매수 가격보다 적지 않게 하락을 경험하게 된다. 필자의 경우에도 보통 30%에서 40% 정도의 하락이 일상적이다. 이러한 하락만 경험하지 않고 수익을 챙겼다면 수익은 상당했으리라.

따라서 투자 후에 평상시에는 별로 기분이 좋을 리가 없다. 오랜 시간 그래 왔기에 그러려니 하지만, 마음 한구석에서는 '조금 더 인내했다가 매수할걸' 하는 후회도 있다. 평상시에는 늘 손실을 달고 산다고 고백한다. 그러다가 갑자기 어느 한 종목이 상승하면 본전에서 떨구고 싶은 마음이 생긴다. 그동안의 고생이 쉽지 않았기 때문이다. 그러다가 주춤하는 사이에 급등을 하게 된다. 시장은 온통 환호성이고 이제 상승의 출발이라고 한다. 아직 목표가는 멀다며 현재 가격이 너무나 싸다고 주장한다. 이때는 사실 떨어졌을 때보다도 판단이 쉽지 않다. 과거를 생각하면 매도가 분명하지만, 현재 상승 탄력을 보면 욕심이 커지고 현재 수익이 작아 보인다. 그리고 상승 시그널이 사방에서 들려온다. 경험상 이때 수익을 실현해야 좋다. 필자는 여기서 욕심을 내서 다시 내려온 경험이 적지 않다. 기존 투자자들이 수익 실현 욕구가 대단히 높기에, 작은 출렁거림에도 매도가 잇따르는 것이 보통이다. 그러면 주가는 급격하게 원위치한다. 꿈에 젖어서 망

　　　　　　　　　　　　　　　　　　　주식 투자에 대한 생각

상에 빠져 있는 동안에 이익을 놓치는 경우를 의외로 많이 경험했다. 지금 이 글을 쓰면서도 그 아픔을 절절히 느끼면서 후회와 반성 중이다.

주식 상승을 경험하면 머지않아 하락 경험도 하게 된다. 그 상승을 지켜본 성공 경험이 오히려 하락을 지켜볼 때는 악수가 되고는 한다. 수익을 주었던 종목을 볼 때는, 기준 금액 아래로 떨어질 때 익절해야 한다. 상승 중이던 주가가 어떤 사유로 상승을 이어가지 못하고 하락하면 지지해 줘야 하는 금액 하한선이 있다. 이 금액을 하회하면 반드시 익절을 해야 하는 것이다. 그러나 과거의 상승이 머리에 남아서 행동하기가 어렵다. 주가는 이상하게 평균으로의 회귀하는 경향을 자주 보인다. 특히 박스권 시장에서는 더욱 그러하다. 우리는 늘 대세 상승장을 기대하지만 기대의 10% 확률도 충족시키지 못하는 것이 현실이다. 이 때문에 투자가 쉽지 않음을 고백한다. 우연치 않게 자신의 주식 평가액이 증가했을 때는, 미래에 닥칠 어려움에 대처하기 위해 어느 정도 수익을 실현하는 것이 좋다. 대출을 상환하거나 예비 자금으로 비축하는 현명한 자세가 필요하다.

수익이라는 유혹, 손실이라는 함정

기대와 불안을 먹고 사는
주식에 대하여

『100년 투자 가문의 비밀』이란 책은 나에게 깊은 인상을 주었다. 1년도 아니고 10년도 아니고 평생도 아니고, 무려 3대를 이어온 주식 투자가 어떻게 가능하며 또 결과는 어떠한가? 나는 경험도 지식도 없이 투자를 해오고 있으니, 어떤 결과를 낼지 희망과 불안이 동시에 드는 것이 사실이다. 이 책으로 인해 역사를 배웠으니 한결 마음이 가볍다. 확신으로 밀고 갈 동력을 얻었다. 그동안 막연히 머릿속에 희미한 개념만 있었는데, 책을 통해 지식 습득하니 신념을 갖고 살아갈 수 있다.

그런데 우리가 지식을 갖는 것과 그것을 지키고 일관성 있게 실행하는 건 다른 차원의 문제다. 매일 공부하면 좋고 운동하면 좋고 소식하면 좋다는 것은 모두가 알고 있는 사실이지만, 이를 지키고 실행하는 사람은 소수다. 그만큼 그런 일을 지속하는 데는 남다른 노력과 열정이 필요하다. 실행 과정이 그리 쉽거나 호락호락하지 않기 때문이다. 특히 주식 투자에서 크나큰 손실을 경험하면 그동안의 신념들이 무참히 무너지고 마는 것을 몸으로 배웠다. 그런 시련들을 이겨 내고 평생 투자를 하고, 그것도 부족해서 다음 세대 그리고 또 다음 세대까지 이어가는 투자가 가능하다는 것은 온몸에 전기를 통과시키는 듯한 자극을 주었다.

주식 투자는 나에게 기대와 불안을 동시에 안긴다. 두 개의 감정은 끊임없이 서로를 이기기 위해서 충돌한다. 그 사이에서 나는 평온해지기 위해 노력하지만 주가의 시세 변동은 내 마음을 이리저리 휘젓는다. 마음대로 돌아다니되 결국엔 우상향을 기대한다. 강아지가 마당을 이리저리 뛰어다녀도 밤에는 결국 자기 집으로 들어가서 자듯이 말이다.

평가 손실은 견디기 어려운가?

주식 투자에 있어 손실이 견디기 쉬울까, 수익이 견디기 쉬울까?

과연 개인 투자자들은 매수한 주식에서 손실이 날 때와 수익이 날 때 중, 어느 경우에 더 인내심을 가지고 보유를 이어 나갈지가 궁금해진다.

당연히 수익권의 주식을 더 오래 보유할 거라고 생각하기 쉽다. 그러나 필자가 경험한 바로는 그 반대의 경우가 훨씬 많았다. 필자가 매수한 주식 대부분은 매수 후 깊은 조정에 들어갔다. 손절을 싫어하는 성향도 있지만 이미 손절을 하기에는 늦은 경우가 대부분이었다. 그때가 되면 '아 내가 실수했구나' 하고 인정하지만 그래도 손절하지는 않는다. 복구될 때까지 더 많이 기다리는 것 말고는 방법이 없다. 이렇게 하면 손실이 바로 결정되는 건 아니지만, 시간을 필요 이상으로 많이 든다. 그리고 그에 대한 대가로 손실 계좌를 계속 인내하는 고통을 받아들여야 한다. 팔지도 않고 더 투자도 하지 않은 채로 보유만 하며 세월을 보내는 것이다. 가끔 계좌를 보면서 한숨 쉬는 것 외에는 뾰족한 수가 없다. 그 기다림이 7년 이상인 종목도 있다. 장기 투자를 의도한 것은 절대 아니다. 수익을 보지 못해서 가지고 가는 것이다. 그렇다고 헐값에 버리는 것은 용납되지 않는다. 주식 자체에

　　　　　　　　　　　　　　　　　　　주식 투자에 대한 생각

는 문제가 없기 때문이다. 다만 조바심 때문에 성급하게 매수 했을 뿐이다. 즉 나의 판단이 실수였던 것이다. 따라서 손실이 발생하는 종목을 계속 보유하는 게 유일한 방법이다.

그래서 내 계좌를 보면, 표면상으로는 시퍼렇게 멍이 든 종목이 다수를 차지하고 손실률도 적지 않아서 하수 중에 하수로 판단하기 쉽다. 그러나 계좌 누적 평가 금액을 조회해 보면 입이 쩍 벌어진다. 계좌는 멍들어 있는데 수익은 많다. 어찌 된 일일까? 손실 종목은 계속 보유하고 수익은 실현시켜서 평가 금액이 올라간 것이다. 즉 현재의 손실 종목도 때가 되면 상승해서 내 계좌에서 사라지게 되는 것이다.

그런데 이런 경우 깊은 조정에서 본전으로 복귀할 때 많은 생각이 든다. 사실 너무 깊은 조정을 받고 나면 수익은커녕 본전 회복 욕심이 더욱 간절해지기 때문이다. 이런 경우 본전이 오면 '잘라 낼까? 아니면 더 기다려서 처음 투자할 때의 수익을 기다릴까?' 판단이 쉽지 않다. 과거의 고통이 재현될까 봐 이런저런 고민이 커진다. 손실인 경우보다 수익의 경우에 인내심이 훨씬 많이 부족하다고 느낀다. 작은 변화에도 기다리지 못하는 경우가 발생하는 것이다. 그리고 수익권의 주식은 단지 내가 얼마를 먹을 것인지만 확정하면 하면 되기에 쉽게 잘라내는 것이다.

큰 폭의 하락과 큰 폭의 상승

보유 중인 한 종목이 어제 큰 폭으로 하락하면서 그동안 쌓은 수익 대부분이 허공으로 사라졌다. 기분은 우울했지만 도리가 없다. 책을 읽으면서 또는 글을 쓰면서 위로를 받는 길 외에는 해법이 없다. 늘 경험하지만 힘들기는 마찬가지다. 때로는 욕심을 부린 것에 대한 후회와 번뇌 그리고 하차에 대한 생각도 교차된다. 그러나 의미 있는 수익을 위해서는 이 모든 것을 견디어 내야 한다는 것을 이제는 알고 있다. 알고는 있지만 실천은 별 개이고 쉽지도 않음을 고백한다.

그리고 하룻밤이 흘렀다. 어제 종가보다 낮은 가격에서 시작하면서 조금씩 상승하더니 어제 하락분을 거의 만회하는 상승을 보여주고 있다. 이 것이 주식이다. 도대체 알 수가 없다. 하룻밤 사이에 기업 가치가 이렇게 널뛰기로 변할 수가 있는가? 어제는 하락이 심해지면서 투자자들을 공포 의 도가니로 몰아 넣었는데, 오늘은 회의감 속에 스멀스멀 올라오더니 어 제의 하락을 모두 되돌려 놓았다. 모두가 사려는 분위기이다. 투자자들은 평온한 상승을 기대하지만 현실은 오르락내리락 갈팡질팡 혼돈의 세계이 니 그 속에서 평온함을 찾기란 거의 불가능하다.

그래도 어쩌겠는가? 그렇다고 투자를 외면할 수도 없다. 주식이란 원 래 그렇다고 생각하는 수밖에 없다. 주식의 특성이고 투자의 세계이니 이 또한 견디어 내야만 하는 것이다

예상외의 상승과 갑작스러운 급락

올해에는 고난을 예상했다. 그리고 실제로도 계좌가 줄어 답답하기도 했다. 그러다 한 종목이 서서히 상승하다가 갑작스러운 슈팅이 나왔다. 예 상치 못한 상승이었다. 의외의 뉴스와 홍보물이 쏟아지면서 본격적인 상 승을 알리는 듯했다. 꿈이 부풀었고 계속 상승할 줄로 알았다. 그러나 4월 부터 8월까지 무럭무럭 자라다가 9월을 맞으면서 큰 조정의 한방을 맞고 말았다. 큰 상승을 반납해 버린 것이다.

시장은 늘 이런 식이다. 그리고 이것이 주식의 생리이다. 높은 가격에

서는 이것이 본격적인 상승을 알리는 신호탄이라고 생각하며 과감하게 매수를 한다. 거래량도 평소보다 무척 많다. 상승이 한참 이루어지고 나면 늘 오늘이 가장 저렴한 가격대라고 생각하게 된다. 그리고 조금 밀려도 조정이라고 생각하며 과감히 추가 매수를 한다. 그러나 그렇게 모아 온 주식이 큰 폭으로 급락을 하게 된다. 그리고 이때는 큰 급락으로 인해 모두 겁을 먹고 관망한다. 공포의 시기다. 거래량도 줄어들어 하락 폭이 상당히 크고 깊은 것이 특징이다. 호기롭게 매수하던 투자자들은 겁을 먹게 되고, 실망 매물이 매도로 출현하면서 좀처럼 상승을 기대하기가 힘들어진다.

상승을 이어가는 것을 보면 끝없이 상승할 것 같다. 설사 조정을 보여도 곧 반등할 것처럼 느껴진다. 그러다 깊은 조정을 연속해서 경험하면 공포가 다가온다. 그것이 주식 시장이다. 그 많던 매수세는 다 어디로 가고, 간헐적인 매도로도 가격이 뚝뚝 떨어지게 되는 것이다. 떠들썩한 시장이 갑자기 한산해진다. 투자자는 이럴 때 더 깊은 상실감을 느끼게 된다. 이때 잘못된 의사 결정을 내리는 경우가 많다. 하락을 버티지 못하고 신경질적인 매도를 하는 것을 경계해야 한다. 대부분 의도적인 짓누르기가 많다. 그리고 다시 고점을 가면 많은 투자자들이 과거의 경험으로 쉽게 매도하게 된다. 이것이 단계적인 상승을 형성하는 과정이다. 어찌 되었든 가격이 하락하면 투자자는 많은 생각을 한다. 이것을 잘 이겨 내기를 바랄 뿐이다. 시장은 늘 투자자의 뒤통수를 친다. 그들의 주특기임을 명심하자.

왜 단기 수익에
집착하는가?

왜 개인 투자자들은 단기 수익에 집착하는가?

개인 투자자들은 주식 투자에서 참으로 부지런하다. 그러나 금융 부문에서 부지런함은 아쉬운 결과를 불러올 뿐이다. 지수가 오르면 주식을 팔고 지수가 내리면 주식을 매수한다. 굉장히 스마트한 행동이지만 수익률 측면에서 보면 외국인과 기관 투자자에 비해 항상 열등하다. 왜 이런 현상이 발생할까? 개인 투자자들은 주식 거래를 매우 열심히, 부지런하게 하지만 단기 매매를 하기에 수익을 많이 먹지 못하고 조금씩 잘라 먹는다. 즉 상승하는 주식에서도 수익을 많이 챙기지 못하고 거래 비용만 많이 지불하게 된다. 그와 반대로 하락하는 주식은 참으면서 손실을 키우는 경향이 있고, 인내심이 떨어지면 큰 폭의 손실을 감수하면서 매도한다. 수익은 작게 먹고 손실은 키우는 성향 때문에 수익률은 더욱 떨어진다.

개인 투자자들은 상승하는 좋은 종목을 매수하더라도, 기다리면서 상승폭을 키우지 못한다. 10%에서 20% 정도의 수익에 만족하고 또 다른 종목을 기웃거리지만, 하락 종목에 빠져서 힘들게 얻은 수익도 다시 시장에 내놓고 만다. 즉, 잦은 단기 매매로 보석을 팔아서 철을 구입하는 잘못을

　　　　　　　　　　　　　　　주식 투자에 대한 생각

저지르기가 쉽다. 물론 단기 수익을 계속 확보한다면 좋겠지만 이는 거의 불가능한 영역에 도전하는 것이다. 현실은 냉혹한데 왠지 모르게 많은 투자자들은 '나만은 할 수 있을 것 같다'고 확신하며 단기 매매를 추구한다. 그러나 이런 단기 매매 성향을 버려야만 계좌를 풍성하게 불릴 수가 있다. 20여 년 투자 경험으로 배운 사실임을 밝힌다.

단기 매매에서 벗어나면 작은 수익이나 작은 손실에 무덤덤해지고, 의미 있는 수익 및 손실에서만 행동을 취하게 된다. 수익은 확보하고 손실은 인내하다 보면, 시간이 지나 결국은 수익권으로 변해가는 것을 경험하고는 했다. 그리고 잘못 매수하면 기다리는 시간이 길어진다는 것을 알기에 매수에 신중을 기하는 효과도 따라온다. 손실 계좌가 많을 때는 본능적으로 매수를 줄이며 계좌를 보수적으로 운용하게 된다. 손실이 많다는 것은 자신의 실력 부족을 확인하는 것이기에 적극 투자도 자제된다. 시장의 흐름이 바뀌면 어느새 손실이 복구되고 수익을 얻게 되어 계좌는 시간이 흐르면서 풍성해진다.

작은 변화도 모두 챙겨 수익으로 연결하려고 하면 오히려 인건비도 나오지 않는 중노동으로 바뀐다. 실속도 없고 거래 비용만 늘게 된다. 큰 변화만 챙기겠다고 생각하면 마음도 편하고 수익도 좋아서 꽤나 효율이 높게 나온다. 생각과 현실 사이에 큰 차이가 있음을 경험으로부터 깨닫게 된다.

많은 사람들이 현재 상태의 결과에만 집착한다

가을이 여물어 간다. 가을은 수확의 계절이기도 하다. 자연과 달리 주식 투자자에게는 수확 시기가 확정되어 있지 않다. 그래서 평상시에는 씨를 뿌리고 가꾸어 나가기만 한다. 쑥쑥 자라는 경우도 있고 원금을 까먹는 경우도 매우 많다. 계좌를 바라보고 있으면 한심할 때도 있다. 이때가 제일 투자에서 힘든 시기다. 이 시기를 버티고 견뎌야만 나중에 투자 수익을 얻을 수가 있는데, 대부분의 투자자들이 이 시기를 견디지 못하고 매도해 버리는 경우가 많다. 투자 시점의 호기로움은 다 사라지고, 더 떨어질지 모른다는 두려움과 짜증에 팔아 버린다. 매도해야 하는 이유를 어떻게든 찾아내고는 한다. 미래의 수익을 바라보고 투자를 했는데 현재 시점의 손실에 집착하는 경향을 보인다. 20여 년간 투자해 왔지만 사자마자 수익이 나는 경우는 거의 없었다. 사고 나서는 늘 20~30% 정도의 손실을 경험했지만, 시간이 흐르면서 회복하여 수익을 주는 경우가 대부분이었다.

손실을 견디는 구간은 지루하기 짝이 없다. 게다가 잘못 투자한 경우에는 이 기간이 무척 길어진다. 그 기다림 속에서 투자자는 자신의 실력을 기른다. 실력이 없는데 계속 투자해 보아야 비슷한 결과만 낼 확률이 높다. 거래를 자제하고 원금을 지키며 인내하는 과정 속에서 투자 실력도 조금씩 늘게 된다. 그러나 이런 과정을 못 견디고 다른 종목이 급등하면 또 꼭지에서 매수해 어려움을 가중시키는 경우가 많다. 주의하고 경계해야 한다. 주식 투자자는 시간을 먼저 투자하는 것이 현명하다. 나중에 투자하면 급등한 후에 진입하기가 쉽기 때문이다. 투자자의 관심을 끄는 종목은 대개 한참 오른 후에 피날레를 하는 주식이다. 그런 주식을 못 사서 안달 난다. 그런 종목이 무척 화려하게 시세를 내뿜기 때문이다. 그때는 많은 투자자들이 이미 그 종목에 관심을 가진 후다. 그리고 그때 투자자들은 겁 없이 큰돈을 투자하는 경우가 매우 많다. 주의하고 또 주의해야 한다.

　　　　　　　　　　　　　　　　　　주식 투자에 대한 생각

행운에
대하는 자세

주식 투자에 있어 행운은 누구한테 오는가?

좋은 주식을 매수했어도 오르고 내리는 변동성에 멀미를 느끼는 경우가 있다. 투자자의 애간장을 태우면서 변동성이 커진다. 수익과 손실 구간을 여러 번 반복하다 보면, 수익이 났을 때 바로 챙기고 싶고 떨어지면 매수하고 싶은 욕구가 생긴다. 또 그렇게 할 수 있을 것 같지만 결과를 보니 쉬워 보일 뿐 시장을 예측하는 단기 매매는 결코 간단하지 않다. 또한 수익이 작을 수밖에 없는 구조이다. 물론 작은 수익이라도 반복적으로 쌓이면 상당한 금액이 되겠지만 현실은 전혀 그렇지가 않다. 우선 최고점과 최저점을 정확히 예측하는 자체가 비현실적이다. 따라서 그 사이를 취하는 것인데 이 또한 쉽지가 않다. 여러 번 하다 보면 수익도 생길 수 있지만 반대로 예측해서 손실도 생긴다. 수익은 작게 잘라 먹는 반면 손실은 손해 보지 않으려는 욕구 때문에 크게 잘라 내는 경향이 있다. 수익과 손실을 통합해 보면 결과는 실망스럽다. 잦은 거래 비용도 합쳐보면 상당하며, 결국 이 비용은 수익을 줄이거나 손실을 확대시킨다.

이 사실을 알고 있더라도 주식의 변동 폭을 보면 단기 매매의 유혹에 넘어가기가 매우 쉽다. 주식 시장은 끊임없이 주식을 사고팔기를 유혹한다. 그러나 의미 있는 수익을 만들기 위해서는 단기 매매의 유혹에서 벗어나야 한다. 단타 매매는 계좌를 쪼그라들게 만들 뿐 결코 살 찌우는 방법이 아니다.

주식 투자 수익의 행운은 누구에게 오는가? 주식 매수와 매도를 자제할 수 있는 투자자라고 말하고 싶다. 주식을 매수했으면 회사가 성장할 시간을 줄 수 있는, 기다리는 투자자이다. 투자자는 대부분 기다릴 수 있다고 말하지만 현실에선 그렇지가 않다. 기다리는 동안에 손실과 수익이 여러 번 교차하면서 단타 매매로 넘어가기 쉽기 때문이다.

주식 투자자 대다수가 선호하는 주식은 지금 활발히 거래되고 있는 종목, 가격이 떨어지지 않는 종목, 지속적으로 상승하는 종목이다. 그러한 종목들의 특징은 신고가를 갱신하는 종목이라는 점이다. 즉, 투자자들은 상당한 고가권에서 머무르는 주식을 사고 싶어 한다. 이 매력적인 주식이 떨어질 때까지 기다리는 투자자에게 행운이 다가온다. 그러나 이것 또한 쉽지가 않다. 잘나가는 주식은 오늘이 가장 저렴해 보인다. 주식이 하락할 때까지 기다린다는 것은 정말 쉽지가 않다. 좋은 종목을 매수하고 기다릴 수 있는 사람은 최고의 실력을 갖춘 투자자다. 바로 이런 투자자에게 행운은 다가온다.

행운을 대하는 자세

20대 초반에 입신하는 경우, 젊어서 사업으로 큰 부를 얻은 경우, 젊어서 대단한 인기를 얻은 경우에는 매우 조심해야 한다고 말한다. 좋기만 할 것처럼 보이지만 긴 인생 전체를 놓고 보면 말년에 꼬이는 경우가 많다고 한다.

　투자자의 관점에서, 부동산이든 주식이든 특정 분야에서 성공하는 행운을 얻은 경우에 대해 말하고 싶다. 이 성공적인 거래가 행운이 되기 위해서는 두 가지 전제 요건을 충족해야 한다고 생각한다. 첫 번째는 그 거래를 통해서 배움을 얻어야 한다는 것, 그리고 두 번째는 그 수준 이상을 지속하고 지키는 역량이 있어야 한다는 것이다. 이 두 가지 요건이 결여되어 있다면 그것은 행운이 아니고 지나가는 구름 또는 일시적인 망상일 뿐이다.

　모든 거래에서 실패만 할 수도 없고 성공만 할 수도 없다. 성공의 경험은 기쁨이고 축복이다. 또한 행운이다. 그러나 이러한 성공의 경험이 의미 있는 운이 되기 위해서는, 배움과 그 수준 이상으로 유지할 역량이 있어야 한다고 다시 강조하고 싶다. 처음의 성공적인 경험을 '1차적 행운', 그 생활 수준 이상으로 지켜내는 것을 '2차적 행운'이라고 부르겠다. 개인 투자자에게 성공적인 경험은 무척 중요하다. 우연한 기회에 찾아온 1차적 행운을 자신의 것으로 만드는 2차적 행운도 갖는다면 축복받은 투자자임이 틀림없다.

　이 개념을 개인 투자자에서 국가 단위로 확대해 보자. 바로 대한민국에 적용해 보자. 일제 강점 이후 찾아온 해방, 그리고 한국전쟁 후 현재의 위치는 다른 나라 입장에서 보면 '1차적 행운'일 것이다. 놀라울 정도로 성장했다. 그리고 지금처럼 그 수준 이상으로 지켜내고 지속하는 것이 바로 2차적 행운이다. 제조업의 성공은 1차적 행운이다. 그것을 2차적 행운으로 만드는 것은 무엇일까? 제조업에서 번 돈을 키우는 '금융 산업'을 발전시키는 것이다. 제조업에서 번 돈을 종잣돈 삼아 미래 자산을 키워 국부를 성장시키는 일이 중요하다. 미국과 영국, 홍콩과 싱가포르, 독일과 일본은 금융 선진국이다. 아직은 이 나라들과 비교하기에 많이 부족하다. 역사와 규모에서 비교 열위이다. 규제를 철폐하여 한국 주식 시장을 키워서 K-문화에 버금가는 K-금융을 만드는 것이 우리 세대의 사명이다.

제4장

시장의 순환과 시대적 흐름

1

시장은 당신의 생각대로
움직이지 않는다

시장은 예측대로 움직이지 않는다

주식이 하락하고 은행 대출 금리가 오르는 환경에서

2020년과 2021년 주식 폭등 시기에 일부 종목을 매도하며 꽤 많은 수익을 얻었다. 이례적인 환경이었다. 너무 많은 금액을 계속 주식으로 굴리기에는 부담스러웠다. 그래서 일부 수익으로 조그마한 토지를 매입했다. 저렴한 가격에 구미가 당겼다. 또한 수익이 허공으로 날아가기 전에, 실체가 있는 부동산으로 묶어 두고 싶기도 했다. 그리고 꼬마빌딩을 소액으로 잡게 되었다. 지인과 함께한 투자였다. 필요한 금액의 대부분을 은행 대출로 충당할 수 있었고 금리도 낮아서 괜찮아 보였다. 건물 금액도 저렴한 편이었다. 건물주가 되는 것도 한번 해볼 만하다고 생각되었다.

주택 대출도 상환했다. 금리가 오르자 은행 이자가 부담이 되기 시작해 조기에 상환했다. 그리고 1년이 지나면서 많은 변화가 일어났다. 주식은 1년 사이에 30% 이상 폭락했고 대출금에 대한 이자는 거의 배로 올라버렸다. 주식 평가액은 상당히 고꾸라지고, 대출금에 대한 이자와 대출원금이 꽤나 부담스러워진 것이다.

나는 늘 주식 및 부동산 투자에 관심과 열정을 쏟아내고는 했는데, 이

   주식 투자에 대한 생각

렇게 하락장으로 돌변한 상황에서 '어떻게 대처하는 것이 좋은지' 생각해 본다. 사람에게는 심리적인 안정감이 매우 중요하다. 투자는 풍요로운 내일을 위해서 하는 것인데 현재 심적 부담이 지나치게 많이 느껴진다면 득보다는 실이 크다고 생각된다. 따라서 하락장에서도 견딜 수 있는 실력과 지혜를 갖추는 것이 중요하다. 현재도 부자지만 내일은 더욱 부자일 것이고, 10년 후 20년 후에는 놀라울 정도의 부자가 될 것이 명확하다. 이후에도 시간이 흐를수록 더 큰 부자가 될 것이며, 시간은 내 편이 된다. 그러나 그 사이에 투자해 놓은 자산은 급등과 급락을 반복할 것이며 이런 상황은 계속될 것이다.

천천히 가더라도 방향이 더욱 중요하다. 빨리 가려다가 방향이 잘못되면 엉뚱한 곳에 도달하고 만다. 다시 옳은 목적지로 방향을 돌리려면 꽤나 많은 시간과 노력이 든다. 잃지 않아야 한다. 주식이 예상외로 폭등할 때 수익 실현은 타당하고 적절한 행동으로 보인다. 또 그 수익을 부동산으로 일부 옮기고 대출을 상환한 것도 무리가 없는 행동이다. 다만 주식 평가액은 -30%로 손실 구간이라는 점이 안타깝다. 그러나 20여 년 주식 투자 경험을 돌아보면, 이것이 일반적이었다고 고백하지 않을 수 없다. 어쨌든 두 가지 질문이 있다.

부동산은 토지가 나은가? 건물이 나은가?

건물에서 발생한 부채를 상환하는 것이 나은가? 아니면 다른 투자를 하는 것이 나은가?

토지는 구매할 때만 신경 쓰면 그 후에는 거의 문제가 없다. 대신 팔 때까지는 얻을 수 있는 수익이 없다. 건물은 구매한 이후에도 소소하게 신경 써야 할 일들이 발생하지만, 매달 조금씩이라도 임대료를 챙길 수 있다. 임대료의 대부분이 대출 이자로 빠져나가므로 유의미한 정도의 소득은 아니지만, 은행 이자보다는 약간 나은 수준의 수익은 얻을 수 있다. 또한 주식과 달리 하락 폭이 크지 않기에 심리적인 안정감 측면에서는 상당히 우월하다.

오늘 꼬마빌딩 2층에 있는 사무실이 6개월 공실 상태였다가 처음으로 임대료가 들어왔는데, 은행 이자가 배로 올라서 이를 제외하면 남는 수익은 미미하다. 어쨌든 이자를 제외해도 약간 남긴 하니, 이제 크게 신경 쓰지 않아도 자생적으로 돌아가게 되었다. 다만 지금 대출을 상환해 버리면, 수익은 올라가는 반면 임대 소득에 대한 소득세 또한 최고세율이어서 수익률은 또 절반으로 뚝 떨어진다. 대신 이자와 배당 소득도 세금을 따지면 결국 절반 밖에 안된다.

다만 건물은 위치가 좋으면 시세차익이 발생한다는 장점이 있다. 건물도 입지 선정이 매우 중요하다. 주식도 장기적으로는 우상향이지만 대부분 일시적인 하락에 굴복하기에 수익 내기가 쉽지 않다. 그러나 부동산은 위치만 좋으면 상대적으로 견고하게 우상향이고, 일시적인 하락에도 쉽게 처분하지 않는 속성이 있다. 부동산은 자생적으로 굴러갈 정도만 되면 되기에, 모아 가는 것도 좋아 보인다. 수익 측면에서 예금보다는 우월하고, 금융 주식 즉 배당을 주는 주식보다는 안정성이 있다고 보면 되겠다. 그리고 부동산 관련 대출은 기회가 되면 적극적으로 상환해서 안정성을 키우는 것이 바람직하다. 구입 시에 모두 자기 자본으로 한다면 구매가 불가능했을 것이다. 대출로 인해 쉽게 구매 의사 결정이 이루어졌는데 결과가 나쁘지 않기에 이렇게 하락장에서 적극 투자와 대출 상환을 고민하게 된다.

평생 투자의 개념으로 보면 대출 상환도 보수적인 투자의 개념이다.

단, 대출 상환 역시 소득으로 상환하거나 투자 소득을 실현했을 경우에 하는 것이다. 잃지 않는 것이 중요하며, 이기는 습관을 쌓고 반복하는 것이 투자의 성패를 결정한다. 이것이 복리의 마법으로 이루어져 결국에는 큰 부를 만든다. 부채를 상환하는 것은 결국 강제 저축으로 이어지고 마침내는 이것이 부채는 없는 순자산을 만들어서 더욱 강력한 포트폴리오를 구성한다. 그후에는 이제 꿩 먹고 알까지 먹는 것처럼 자산을 증대시키는 시간이 더욱 빨라진다. 그리고 시간이 흐르면서 그만큼 강력한 자산으로 변환된다. 상승장에서는 이자 이상의 투자 소득을 기대할 수 있으나 하락장에서는 이자 이상의 투자 소득을 기대하기 어렵기에, 기회가 된다면 적극적으로 부채를 상환하는 것도 매우 적절한 대처다.

치열한 삶의 현장을 응축적으로 보여주는 시장

우리의 삶은 알고 보면 기적과 같다. 위로 올라갈수록 내 조상님들의 삶은 쉽지 않았을 테지만 용케 나까지 뿌리를 내렸고, 또 내 자녀의 삶도 현재 진행 중이다. 원시 시대에 맹수와 굶주림을 버티었고 그 이후 시대에서도 전쟁과 각종 사고로부터 종족을 이어온 것이다. 나 자신만 되돌아 보아도 사고를 아슬아슬하게 피하며 가슴을 쓸어내리던 때가 여러 번 있었다. 세상에는 늘 생명과 직결된 위험이 존재했다. 현재의 평화와 경제적 환경은 기적과 같다고 생각한다. 민첩하고 부지런한 국민성이 현재의 우리나라를 이어오고 있다. 과거 선조들의 희생을 기반으로 현재의 국민이 함께 이루어 놓은 것이다. 그 혜택을 내가 보고 있고 우리 국민 전체가 보고 있다.

우리 삶의 치열한 단면을 주식 시장이 보여 주고 있다고 생각한다. 각종 생활 현장에서의 치열한 열기가 주식 시장에서도 그대로 반영되며, 그 안에서 각자의 이익을 위해 투자자들이 몸부림치고 있다. 그러나 금융에서는 이런 열정이 오히려 해가 되는 경우가 있다. 생활 현장에서는 근면함이 미덕이다. 그러나 금융에서는 부지런함이 때론 독이 될 수도 있음을 필자는 오랜 시간 느끼고 있다.

우리는 많은 것을 알고 투자한다고 생각한다. 그러나 시간이 흐른 다음에 다시 검토해 보면 거의 모른 상태로 투자 의사 결정을 내린 경우가 많다. 투자 후에 나오는 공시 내용만 보더라도 전혀 예상하지 못한 내용들이 무수하다. 그럼에도 그전에 과감하게 투자를 한다. 운 좋게 수익도 거두고 있지만, 미래에는 또 어떻게 될지 그 누가 장담할 수가 있겠는가?

그러나 나는 낙관주의자이다. 그동안 주식 투자를 통해서 숱한 어려움을 겪었지만, 주식 시장은 항상 꺼지지 않는 불씨를 가지고 있었다. 세상이 곧 무너질 것 같고 불씨가 꺼질 것 같더라도 약간의 바람만 불면 훨훨 타면서 다시 살아나곤 했다. 내가 경험한 20여 년도 그랬고 한국 주식 시장과 미국 주식 시장 역사를 살펴보아도 마찬가지였다. 필자의 주식 평가액은 롤러코스터를 타고 여행 중이다. 상승과 하락을 거침없이 질주 중이고 필자로 하여금 단기 투자자가 되기를 끊임없이 유혹한다. 상승 시에 팔고 하락 시에 사라고 말이다.

그러나 나는 뛰어난 투자자라기보다는 평범한 투자자이다. 물론 뛰어난 투자자라고 믿고 싶지만 현실은 전혀 그렇지 않다. 늘 후회와 번민이 따르지만 그래도 투자의 세계에 몸담고 있음을 행운이라고 생각한다. 그리고 나뿐만 아니라 가족 그리고 국민 모두가 그런 행운을 함께 누렸으면 하는 마음으로 이렇게 글을 쓴다. 그러다가도 나를 포함해 모든 사람들이 투자 과정 중에 겪는 어려움을 생각하면 글을 지우고 싶다. 그럼에도 불구하

  주식 투자에 대한 생각

고 나는 타인과 세상을 믿고 진실을 알리고 싶다. 우리의 삶 자체가 이미 기적이다.

주가 상승을 기대하지만 현실은 냉혹하다

금요일 시간 외 거래에서 대량 거래와 급등이 있어 내심 월요일 주가 상승을 기대했다. 그러나 기대와 달리 종가는 하락 마감이었다. 이것이 주식이다. 늘 기대를 산산조각 내고는 한다. 이렇게 되면 투자자는 기분이 나빠져서 쉽게 매도하기도 한다. 투자자에게는 냉정함이 요구된다. 기분에 따른 매매는 반드시 손실을 확대시키는 결과를 가져온다. 주의하고 또 주의해야 한다. 감정 절제는 투자자에게 꼭 필요한 덕목이다. 쉽게 매수하고 매도하는 습관을 버려야만 계좌를 풍성하게 만들 수가 있다. 몇 백 미터의 크기의 배를 운전하듯이 매수와 매도를 신중해야 하며, 거래가 빈번해서도 곤란하다.

주식 시세는 이처럼 늘 허를 찌르곤 한다. 이것이 주식 시세의 주특기이다. 그런데 이런 특성을 가진 주식을, 시세를 예측해 매수 및 매도하려 하면 어떤 결과가 벌어질지는 뻔하다. 손실을 보는 것은 당연지사이다. 그럼에도 불구하고 많은 투자자들이 자신은 해 낼 수 있다고 생각하고 단기 매매를 지속하고 있다. 그리고 손실을 보면, 자신이 실력이 없는 것이 아니라 운이 없다고 말한다. 사실은 운이 없는 것이 아니라 주식의 특징조차 파악하지 못하는 투자자, 즉 실력 없는 투자자다. 실력이 없는데 어찌 수익을 볼 수 있단 말인가? 설사 운 좋게 수익을 보았더라도 이런 실력으로는 다시 도루묵을 만들게 되어있다. 초심자의 행운이 덫으로 변하는 것이다.

주식의 속성, 시장에 대한 이해, 그리고 거기에 내가 반응하는 태도에 대한 데이터가 쌓여야만 한다. 그리고 잃지 않기 위해서는 확률을 높여야 한다. 이것이 바로 단기 투자가 아니라 장기 투자로 가야 하는 이유이다.

시장은 무모한 투자자와 겁쟁이 투자자를 데리고 가지 않는다

시장은 무척이나 변동이 크다. 코스피 지수는 폭락과 폭등을 반복하며 3,300에서 2,300까지 내려왔다. 미국 시장도 변동폭이 매우 큰 날들이 이어지고 있다. 지수가 오르면 달려들고 싶고 지수가 떨어지면 떠나고 싶은 것은 본능에 가깝다. 필자도 20여 년간 투자하면서 미국 시장에 목을 매던 때가 있었다. 무모하게 투자하고서 불안했기에 일희일비했던 시절이 있었다. 지금은 상승에도 하락에도 감정 변화가 크지는 않다. 그저 지나가는 바람에 불과하다.

변동성이 큰 시장에서 나는 무모한 투자자였는지 겁쟁이 투자자였는지 생각해 본다. 나는 무모한 투자자의 전형이었다. 시장 퇴출 1순위이다. 실제로 시장에서 퇴출을 세 번 이상 경험하기도 했다. 필자가 생존한 건 기적이라고밖에 설명할 방법이 없다. 경험으로 수업료를 지불했다. 그때 투자 관련 책을 읽었더라면, 좀 더 현명했더라면 어땠을까 하는 아쉬움이 남는다.

시장은 결코 무모한 투자자와 겁쟁이를 데리고 가지 않는다. 둘 다 피해야 하지만 그중에서도 최악은 무모한 투자자이다. 무모한 투자자는 종잣돈마저 날리기가 쉽기 때문이다. 겁쟁이 투자자는 원금 손실에 대한 두려움이 커서 수익을 낼 가능성도 낮지만 잃을 가능성도 낮다. 수영하는 법을 모르면 평화로운 수영장도 위험한 곳으로 변한다. 수영장은 놀이터고 훈련장이지만 수영하는 법을 모르는 사람에게는 두려운 공간일 뿐이다.

농경사회에서는 근로 소득이 있으면 부족하지 않았다. 현재는 산업사

　　　　　　　　　　　　　　　　주식 투자에 대한 생각

회를 거쳐서 인공지능 시대를 살아가고 있다. 근로 시간은 필연적으로 줄어들게 된다. 수명은 의료 발전과 더불어서 늘어나게 되고 근로 시간은 줄어들어 비대칭이 커지는 시대에 살게 될 것이다. 그런 만큼 투자 수익을 얻는 것이 필수가 되리라고 생각한다.

이제 투자는 생존과 관련된 필수 과목임에도 불구하고 아직 많은 사람들이 두려움에 시작도 못하거나 무모한 투자로 시장에서 퇴출되는 상황이 반복되고 있다. 이것을 해결하려면 소액으로 투자를 경험하면서 배우는 과정이 필수적이다. 그리고 무엇보다 경험이 필요하다. 투자에서 등락은 필연적이다. 살면서 날씨가 좋은 날도 있지만 흐리고 비 오는 날도 있기 마련이다. 비 오는 날이라고 지구를 떠날 수 있는가? 다만 비가 오면 쉴 안식처를 마련하면 그만이다. 비가 오든 눈이 오든 태풍이 불든 살아가기 마련이다.

시장 등락에 따른 감정 변화는 어쩔 수 없다. 투자를 하며 치르는 비용이다. 다만 수익이 비용보다 훨씬 클 때 투자를 고려한다. 된장 담을 때 생길 수 있는 구더기라고 보면 된다. 필자가 생각하기에는 투자 소득이 노동 소득보다 효율적이고, 그 이유 때문에 투자를 진행하고 또 이 글을 쓰고 있다. 또한 농사가 매년 풍년일 수는 없다. 실패할 때도 있고 성공할 때도 있는 것이다. 한 해 농사를 그르쳤다고 평생 농사를 안 짓는다는 생각에는 동의할 수 없다.

시장은 예측대로 움직이지 않는다

날씨는 일기 예보대로 나타나는 경우가 대부분이다. 가끔 틀릴 때도 있긴 하지만 대체로 맞는다. 그러나 주식 시장은 전문가 또는 내 예측대로 되는 경우가 거의 없다. 갑자기 예상치 못한 급락과 급등이 반복되는 경우가 많다. 따라서 예측으로 투자를 한다는 것은 실패할 확률이 대단히 높은 일이다. 그렇다고 투자를 안 하는 것은 난센스다. 그러면 어떻게 해야 할까?

첫째, 작은 금액이라도 일단 시작해 보는 것이 좋다. 물론 실패할 확률이 높다. 그러면서 배우는 것이다. 큰돈을 날리는 것을 막는 예방 주사이고, 모의고사를 치르는 것과 같다. 너무 과한 욕심을 자제하고 훈련할 기회를 제공한다.

둘째, 꾸준히 투자하는 것이다. 보통은 시장이 좋을 때 높은 가격에 매수를 하게 된다. 그러나 열풍이 식고 모두가 시장을 외면하는 때에는 높은 가격에 지불한 주식을 헐값으로 내다 던진다. 반대로 해야 하지만 현실에서는 그러지 못하는 경우가 대부분이다. 그리고 시장이 어려울 때는 시장에서 벗어나 있는 경우가 많다. 시장이 훈풍이 돌 때 수익이 많이 늘어날 텐데, 이 시기를 놓치는 경우에는 수익률이 매우 낮을 수밖에 없다.

셋째, 자신의 감각을 믿지 말고 꾸준함으로 인내하자. 투자자는 수익 구간에서는 힘이 넘치지만 손실 구간에서는 좌절하기 마련이다. 손실은 어쩔 수 없는 인내의 구간이다. 이 기간이 길어지다 보니 예금보다 못하고 심지어 손실에 좌절하기도 하지만, 모두가 거쳐야 하는 통과 의례다. 결국 수익은 고통의 인내에서 나오는데 필자는 손실의 인내에서 나온다고 말하고 싶다.

예상치 못한 급등락에 마음까지 흔들려서는 곤란하다. 깊은 바다처럼 잔잔함을 유지하고, 등대를 보면서 투자자의 항해를 이어가자. 세상을 두루 살펴볼 필요가 있다.

 주식 투자에 대한 생각

주식 시장에서는 어떤 일도 일어날 수 있다

주식 투자를 하다 보니 주가에 대해서 이야기할 때가 있다. 사람들은 저마다 주식 가격에 대해서 예측하고 평가한다. 그러는 중 누가 예측 범위를 크게 벗어나면 설마 그 가격이 오겠냐고 당황하기도 한다. 사실 큰 범위에서 놓고 보면 대부분의 사람들이 말한 가격을 형성한다.

어떤 일도 발생할 수가 있다. 투자자들은 그 상황에 크게 당황하기도 하고 망연자실하기도 한다. 많은 투자자들이 그러한 상황에 대응하지 못해서 처참하게 망가지는 경우가 매우 많다. 주식 투자를 하다 보면 일반적으로는 자신의 예측 범위 안에서 움직이지만 때때로 예상을 크게 벗어나 손실이 확대되는 경우가 있다. 이런 일을 경계해야 하지만 너무 강하게 한쪽으로 치우친 예상은 치명상을 주기도 한다는 사실을 알아야 한다.

주식 시장에는 많은 사람들이 미래를 예측하며 투자에 뛰어든다. 미래를 긍정적으로 보기에 투자를 하는 것이지만 그 과정에서 손실을 입는 경우도 많다. 그렇기에 낮은 가격에서 매수해야 한다는 사실을 알면서도, 주가가 뛰기 시작하면 빨리 진입하고 싶은 욕심이 든다. 이 마음이 우리를 시험대에 오르게 한다. 주식이 한참 올라서 떨어지지 않고 버티면, 인내심에 한계를 느끼고 조바심마저 드는 것이 현실이다. 빨리 뛰는 말에 올라타고 싶은 욕구가 커지는데 과연 이 욕심을 얼마나 절제할 수 있는지가 주식 투자 성패의 갈림길이라고 생각한다.

내 것이 아닌 주식에 대한 미련과 욕심을 버리는 것이야말로 주식 투자가에게 요구되는 덕목이다. 그리고 좋은 주식이지만 저평가에 신음하고 있는 주식을 매수해서 손실을 인내하다가 수익을 얻는 형태가 바람직한 투자이지만 이것을 실천하기는 쉽지 않다. 빨리 돈을 벌고 싶은 욕구가 느린 투자 수익을 본능적으로 거부하기 때문이다. 그리고 지금 당장의 평가 금액이 투자자의 오감을 자극하기 때문이다. 결국 주식 투자는 인간의 본성에서 얼마나 떨어져서 합리적으로 절제하고 행동할 수 있는지가 핵심 과제인 것이다.

주식 투자에서는 어떠한 일도 일어날 수 있다는 생각으로 유비무환의 자세를 가져야 한다. 이 어려운 주식 시장 환경에 있다 보면, 수익을 지키고 미래 위험에도 대비할 수 있는 자금 관리 능력이 매우 중요하다는 것을 절감하게 된다. 늘 시장으로부터 배우게 된다.

시장은 변화무쌍하다

필자의 포트폴리오에는 8월만 해도 거침없이 상승하던 한 종목이 있었다. 일부 수익 실현한 후 계좌가 넉넉해졌는데, 급등을 연출할 것으로 기대되어 참지 못하고 다시 매수했다. 그런데 한 달 내내 주가가 급락하면서 계좌가 다시금 쪼그라들고 말았다. 주가가 높은 가격을 형성하면 더 올라갈 것 같아 다시 매수를 하는 성향을 보인다. 시장의 환호성 다음에는 늘 공포가 도사리는데 그것을 못 참고 과감한 매수를 하고 말았다. 늘 인내를 강조하면서도 '그동안 기다린 것이 이제 본격적으로 가는구나' 생각하며 다시 시장에 진입한 것이다.

상승 버스를 놓치기 싫어 서두르게 탑승하면 오히려 깊은 조정을 받으면서 좌절하게 된다. 상승시키고 누르고를 반복한다는 사실을 경험해 왔는데도 실수를 반복한다. 욕심 때문이다. 결국 적지 않은 수익을 다시 시장에 내어 주고 말았다. 오랜 투자해 온 필자도 이러한 마음으로부터 자유롭지 못함을 인정한다. 그렇다고 시장을 외면할 수는 없다. 누가 욕심을 절제하면서 수익은 지키고 손실은 최소화할 수 있는지 성적표가 나온다.

  주식 투자에 대한 생각

시장은 시간이 흐르면서 성장하고 커지는 것이 일반적이다. 그 사이에 오르내림이 있는데 이 구간에서 최대한 욕심을 자제하고 절제하여 매수 매도해야 한다. 그 과정을 통해 누적 개념의 성과를 만들어 간다. 고통의 시간이 오면 그 시장에서 벗어나고 싶어진다. 시장이 좋으면 큰돈을 갖고 겁 없이 달려드는 현상을 반복한다. 시간이 한참 흐른 몇 년 뒤에 살펴보면, 피하고 싶을 때가 매수할 기회였고 모두가 달려드는 시장이 매도의 기회였음을 알게 된다. 그러나 그 당시의 시장 참여자들은 이와 반대로 행동한다. 시장의 변화를 이용하지 못하고 고스란히 희생당하는 것이 안타깝다. 반면 그런 변화를 견디어 낸 인내의 소유자에게 시장은 아낌없는 수익을 가져다 준다. 기업이 성장하기 전 미리 시간을 투자해여 안정성이 높아지는데, 빠른 수익을 쫓다 보면 실족하게 됨을 명심하자.

끊임없이 순환하는 주식시장

우리나라는 사계절이 순환하면서 1년을 보낸다. 주식 시장도 계절처럼 순환하면서 성장하는 듯하다. 회의감 속에 싹이 트듯 자라고 무럭무럭 성장하는 시기가 있고, 열매를 맺으며 성숙하다가도 일정 시간이 지나면 지기 시작한다. 달력에 그 기간들이 정해져 있지는 않지만 대체로 이러한 흐름을 반복한다. 이러한 반복적인 흐름 중 언제 진입하고 언제 수확할지는 모두 투자자 개인의 결정이다. 작은 수익에 만족하는 사람도 있고 중간 정도 이상의 수익을 얻어야만 만족하는 사람도 있고 큰 수익이 아니면 거래하지 않는 사람도 있다. 각자의 투자 그릇 크기에 따라서 최선의 선택을 하는 것이다.

주식 투자가 농사짓는 것과 유사하다고 했는데, 투자를 하다 보면 내가 보유한 종목이 아니라 다른 종목이 날아가는 모습을 매일 보게 된다. 즉 내가 지은 농사가 아님에도 자꾸 시선이 가고 부러울 때가 있다. 내 보유 종목을 보면 깊은 한숨이 나올 때가 많다. 수익은 고사하고 시퍼렇게 멍들어서 아플 정도이다. 여기에서 많은 투자자들의 마음의 갈등이 생기고 일부는 자신의 신념을 버리고 다른 사람의 농사에 관심을 갖기도 한다. 관심까지는 좋은데 밭을 갈아엎는 행위도 서슴지 않고 한다. 파종을 했으면 성숙할 때까지 기다려줘야 하지만 그 기다림에 지쳐서 다른 의사 결정을 하고는 한다. 이런 식으로 수확을 하지 못하고 밭만 계속 갈아엎는 농사꾼이 되어 간다.

필자에게 많은 수익을 준 종목이 있는데 늘 계좌가 손실투성이인 기간이 많이 존재했다. 그러나 시간이 한참 흐른 후 언제 그런 시절이 있었냐는 듯 시장의 폭발적인 관심을 받는 시기가 오고는 했다. 모두가 그 주식을 사려고 혈안일 때 말이다. 필자는 스스로가 똑똑해서 수익을 낸다고 착각하고 있었다. 그러나 수익은 내가 만드는 것이 아니었다. 사서 기다리기만 했고 시장이 수익을 가져다주었다. 그 과정 속에 큰 손실도 입었지만 결국 시간이 해결해 주고는 했다. 다만 그 시간이 언제인지 모르기에 주식을 사서 보유하는 전략을 쓰는 것이다. 그리고 그 진입 시기가 좋지 못해서 힘든 시간이 길 때가 있기도 하고 짧을 때도 있었다. 주식이 순환하며 성장하기에 이것을 활용하는 것도 좋아 보인다.

시장은 순환한다

8월까지는 일부 종목에서 좋은 흐름이 나오기도 했다. 그런데 9월, 갑자기 한파가 몰아치더니 10월에는 그 손실의 깊이가 9월보다도 크게 나왔

　　　　　　　　주식 투자에 대한 생각

다. 한두 달 앞도 예상하지 못하는 것이 우리 투자자이다. 개별 종목에서 '설마 이렇게까지 빠진다고?' 하며 의아했지만 이것이 현실이다. 미래를 알수가 없다는 어려움에 직면해야 한다. 단기간에 큰 손실이 발생하기도 한다.

갑작스럽게 찾아오는 이런 위험과 위기를 어떻게 대처해야 하는가? 여름에는 날씨가 좋다가 갑작스럽게 소나기가 내리기도 하고, 장마가 이어지기도 하고 심지어 태풍이 갑자기 오기도 한다. 투자의 세계에서도 어려움이 언제 어디서 다가올지 알 수가 없다. 좋은 시기에 어느 정도 자금을 비축해서 어려울 때를 대비하는 것이 훌륭한 전략이 될 수 있겠다는 생각이다.

그러나 대부분 이렇게 어려운 상황이 닥치면 더 이상 투자할 자금이 없는 경우가 대부분이다. 어려운 상황을 예상했다면 투자를 했겠는가? 많은 투자자가 사고 기다리는 롱 포지션이 대부분이기에 이렇게 하락장에 진입하면 속수무책으로 당하기만 하는 것이 일반적이다. 여기에서 견디고 생존하는 투자자는 다시금 회복 가능성이 있지만, 많은 투자자가 이런 상황에 굴복하기 때문에 희생이 더욱 커진다. 결국 시장은 자신이 얼마나 견뎌낼 수 있는지가 핵심이다. 좋은 환경에서는 적극적인 투자자인데 어려운 환경에서는 소극적인 투자자로 변하고, 심지어 투자를 중단하기도 한다. 따라서 투자 수익의 과실을 맛보는 투자자는 의외로 적다. 머리로 투자 수익을 가져간다고 생각하지만 이러한 과정을 이겨내야만 하기에 현실에서는 엉덩이가 무거운 사람이 과실을 가져가게 된다.

사람은 현실에 매우 민감하다. 그리고 그것이 계속 유지될 것이라 생각한다. 그러나 주식 시세를 전체적으로 살펴보면 오르고 내림이 반복하면서 순환한다는 사실을 알게 된다. 물론 그 과정에서 성장하는 종목도 있고 소멸하는 종목도 있다. 따라서 인내하고 견뎠을 때 성장할 종목을 선정하는 것이 중요하지만 대부분 현재의 상태만 보고 의사 결정하는 경우가 많다. 현재는 적정한 평가를 못 받았지만 미래에는 성장할 종목을 고르는 능력이 필요한 이유이다. 즉 미래에 어떤 그림을 그릴지 상상해 보는 것에 주식 투자의 묘미가 있다.

주식 시장에는 늘 바람이 분다

주식 시장을 관찰해 보자. 주식 시장에는 끊임없이 바람이 분다. 투자자들은 갈대처럼 바람이 부는 방향으로 고개를 향한다. 잔잔할 때도 있고, 거센 바람에 힘겨울 때도 있다. 심지어는 비를 동반한 태풍이 올 때도 있다. 갈대는 태풍에 납작 엎드리고 허리가 휠 때도 있지만 어떤 강한 태풍도 갈대를 뿌리째 뽑는 경우는 없다.

봄과 여름 그리고 가을 동안 많은 비바람을 맞으면서도 갈대는 성숙한다. 겨울에는 눈과 찬바람에 좌절하는 모습을 보이지만 봄이 되면 또다시 싹을 피우면서 푸른 자태를 뽐낸다. 이런 변화를 반복하며 세월을 견디어 낸다. 투자자들도 주식 시장에 부는 바람에 흔들리면서도 이것을 견디어 내며 계좌를 살찌운다. 일시적인 어려움에 험난한 시간을 보내기도 하고 강한 태양에 쑥쑥 자라기도 한다.

투자자들은 바라게 된다. 태풍과 찬바람은 불지 말고 잔잔한 순풍만이 오기를 원할 것이다. 그러나 현실은 그렇지 못한 것을 어찌해야 할까? 태풍과 찬바람이 무서워서 세상에 나오기를 거부하는 것이 맞을까? 세월을 견디다 보면 어쩔 수 없는 시기도 있지만 세상은 놀라울 정도로 아름답다. 어찌 이것을 피한단 말인가? 오늘도 주식 시장에는 역시나 바람이 분다.

  주식 투자에 대한 생각

세상이 온통 혼란스럽더라도

금리가 치솟고 물가가 오르고 정치권은 하루도 조용한 날이 없다. 심지어 중동에서는 전쟁이 벌어지고 있다. 이런 환경에서 주식 투자라니, 미친 사람 취급받기 쉬운 환경이다. 불확실성이 커지는 상황에 코스피와 코스닥 지수도 많이 내려오고 말았다. 호재는 없고 악재투성이다. 전문가들은 어려운 경제 상황을 대비하라고 외치고 있다. 코스피가 이미 많이 내려온 후 뒷북을 열심히 두드리고 있다. 투자자들의 계좌가 쪼그라든 상태에서 공포를 조성한다.

그런 와중에 어젯밤 미국은 하락에서 상승 전환으로 시장을 마감했다. 상승할 이유는 별로 없었고 모두가 하락을 외쳤는데 결과적으로 상승했다. 한국 시장도 미국 시장을 반영해서인지 상승하고는 있지만 어떻게 마감될지는 모른다. 하락만 아니면 다행이라는 생각뿐이다. 정말 혼란스럽다. 그러나 중요한 것은 이러한 혼란 속에서도 주식 시장은 자신의 길을 묵묵히 간다는 점이다. 시간이 흐르고 난 다음에 보면 이런 시기에도 주식 시장은 성장해 있다. 현재는 매우 고통스럽고 견디기 쉽지 않지만 오랜 시간이 지난 후 되돌아보면 투자하기 적절했다는 이야기가 나오게 된다. 그리고 그런 고통은 성장통이라는 말로 바뀌게 된다. 우리는 과거의 지수 그래프를 보면서, 하락 시점이 투자하기 좋은 시기였다고 아쉬워한다. 그러나 그 당시 투자자들은 고통스러워하며 투자에서 벗어나고자 했을 것이다. 그런데 시간이 흐른 후에 살펴보니 이처럼 다른 견해가 나오는 것이다. 우리 주식 시장은 이런 현상의 반복이라고 생각한다.

투자는 평상시에는 지루하고 때때로 고통스럽기도 하다. 그리고 심할 때는 공포에 짓눌리기도 한다. 그러나 길게 보면 모두 한때 지나가는 바람이다. 이 공포의 바람에 날아가는 투자자가 될 것인지 아니면 미래를 꿈꾸면서 담담하게 자신의 길을 갈지 결정하면 되는 것이다. 가을에 과일을 따려면 찬 봄바람에 꽃을 피워야 하고, 무더운 여름 햇볕과 장마와 태풍을 견뎌야 한다. 투자에서도 이런 유사한 흐름이 있는 것이다.

어려운 시기를 맞이하며

6일간의 추석 연휴를 끝내고 시장은 개장했지만 코스피와 코스닥이 2~4%의 큰 조정을 맞고 말았다. 미국이 화요일 1~2%의 조정의 영향의 크다고 할 수가 있다. 매수세가 실종된 상태에서 적은 거래량으로도 큰 폭의 하락이 나오고 있는 상태다. 10월의 첫날 시장 분위기는 침울하다. 안 그래도 매력이 떨어진 시장을 더욱 떠나고 싶게끔 만들고 있다. 상승했던 일부 종목들조차 상승분을 상당 부분 반납하면서 투자자들은 힘든 구간을 보내고 있다.

투자자들은 이렇게 어려운 시기를 예측할 수가 있을까? 예측했다면 높은 구간에서 매수하지 않았을 것이고, 미리 손실도 경험하지 않고 지금부터 조금씩 매수했을 것이다. 현재 주식 보유자들은 대부분 상승할 것이라 생각하고 매수했다가 지금과 같은 손실을 경험하고 있다고 보아야 할 것이다. 수익자들보다는 손실 보유자들의 비중이 월등히 높다. 왜 이런 현상이 발생할까? 주식 대부분이 박스권에 갇혀 있는 상황에서, 박스 상단의 비교적 높은 가격대에서 대량 거래가 발생하고 주가가 회전된 후, 주가가 다시 하락하면서 나타나는 현상이다. 결국 주가가 내려오면서 보유자 대부분 손실이 보게 되는 것이다.

그렇다면 고점에서 처분한 사람은 상당한 이익을 얻었다고 생각할 수 있다. 그러나 필자가 생각하기에는 고점에서 처분한 사람은 주가가 조금

     주식 투자에 대한 생각

조정을 주면 다시 진입할 가능성이 높고, 그렇게 구매한 주식이 떨어지면서 손실을 보기 쉽다. 주식을 처분한 사람은 자신이 처분한 가격보다 조금만 떨어져도 주식이 싸 보이기 때문이다. 따라서 주식이 깊이 있게 조정을 보여 주면 투자자 대다수는 손실 구간에 놓이게 되는 것이다.

그렇다면 언제 진입해야 손실은 최소화하고 이익은 극대화를 할 수가 있는가? 좋은 주식임에도 불구하고 만인이 그 주식을 내다 버릴 때가 기회다. 대부분의 주식은 저평가 구간을 거치게 되어있다. 다만 인내가 부족해서 그때를 기다려 사지 못하고, 실제로 저평가 구간에 접어든 시기에는 심리 상태가 무너져서 헐값으로 시장에 내던지고 만다. 이때는 모두가 공포에 휩싸여 매수를 두려워한다. 이때 진입할 수 있는 용가 있다면, 그리고 투자 자금이 있다면 우월한 수익을 가져가게 된다. 그러나 이러한 시기는 자주 오지 않는다. 10년에 한번 꼴이다. 그렇기에 이런 시기를 기가 막히게 잡는 사람보다 평상시에 투자하며 얻은 수익이 더 많을 수 있는 것이다.

보통의 투자자들은 어떻게 하는 것이 좋은가? 대부분의 주식이 손실 구간에 놓인다면 투자를 어떻게 한단 말인가? 그것에 대한 해답은 무엇인가? 그것은 바로 일시적인 손실임을 기억하는 것이다. 떨어진 주식을 팔지 않고 보유하다 보면 큰 폭의 상승이 나오는 시기가 있다. 그러나 대부분의 투자자들은 이런 일시적인 손실을 견디지 못한다. 일시적인 손실이라고는 했지만, 필자 역시 7년 이상 손실이 지속되는 종목을 가지고 있다. 주식이 강제적으로 부동산처럼 된 것이다. 손실 난 주식을 팔 이유가 없다면 그것은 투자자에게 사실 행운이다. 피치 못할 이유로 돈이 필요한 일이 발생하지 않았다는 것이고 욕심을 절제했다는 의미이기도 하다. 사실 매도할 이유는 많다. 그러나 다가올 수익을 알기에, 그리고 절제할 능력이 있기에 그 보유 전략을 지키는 것이다.

주식 보유자들은 현재의 어려운 구간을 견뎌 내야 한다. 현금 보유자들은 조금씩 매수를 시작해도 좋은 구간이라고 생각된다. 물론 더 어려운 구간이 생길 가능성도 있지만 현재의 구간은 마른 걸레를 짠 것과 같다고 생각된다. 어쨌든 환호성 치는 구간에서만 주식을 매수하지 않는다면 절반은 성공한 것이다.

시장은 요란스럽지만 결국 자신의 길을 가게 된다

주식 투자자들은 늘 밤새 미국 시장이 어땠는지 체크한다. 미국은 큰 시장이기에 작은 한국 시장에 큰 영향으로 작용하기 때문이다. 미국 시장이 기침하면 한국 시장은 독감에 걸리는 식이다. 그런데 요즘은 중국 시장의 영향도 많이 받는다. 같은 아시아 시장으로 동조화 현상을 보인다. 국내 영향뿐 아니라 국제적인 영향 모두 주식 시장에 반영되어 시세를 움직인다. 주가는 기업 내부 문제부터 경제 전망까지 모두 영향받으며 변동한다. 그러니 언제 어디서 악재들이 불쑥 튀어나올지 예상조차 하기가 어렵다. 주가가 갑자기 하락하면 그를 설명하는 온갖 이유들이 쏟아진다. 그래서 투자자들은 불안해지고 그에 따른 매도가 나오고 시장은 한바탕 소용돌이에 휩싸인다. 시장이 하락하면 투자자들은 좌불안석이다. 계좌가 손실이 나고 투자한 것을 후회하는 사람들도 생겨난다. 당장의 눈에 보이는 손실이 뼈아픈 것이다.

그러나 생각해 보자. 주식 투자를 하는 것은 바로 지금 돈을 벌기 위함인가? 지금 수익을 내는 것이 중요한가? 노후 자금을 위한 것이라면 아직 투자해야 할 기간이 많이 남아 있다. 따라서 투자 재원의 성격이 중요하다. 곧 사용해야 하는 돈을 투자 재원으로 쓰는 것은 여러 문제를 야기한

          주식 투자에 대한 생각

다. 단기간에 수익을 얻기는 매우 어렵기 때문이다. 그러나 투자 기간을 늘리면 훨씬 안정적인 수익을 누릴 수가 있다. 5년 혹은 10년으로 기간을 늘리면 손실을 복구하고 수익을 볼 확률이 크게 상승한다.

혹자는 은행 예금이 편하다고 말하기도 한다. 그렇다. 그러나 편할지는 몰라도 돈을 꾸준하게 잃는 행위이다. 보기에는 금액이 증가하지만 인플레이션이라는 복병이 있기 때문이다. 기업이 꾸준하게 돈을 벌면서 순자산이 증가하고, 그에 따라 기업 가치가 주가에 반영된다. 시간이 흐르며 주가가 자연히 상승하는 것이다. 단기적인 변동은 있겠지만 장기적으로는 우상향하는 주가를 볼 수 있다. 결국 시장은 요란스럽더라도 주가는 자신의 길을 묵묵히 가는 것이다.

시장은 항상 옳은가?

시장은 항상 옳은가? 그렇다. 시장이 옳고 내가 틀렸다는 것을 받아들여야 시장에 순응하면서 수익을 낼 수 있다. 시장이 가격을 정하고 나는 따른다. 내가 가격을 정하고 시장이 따라 준다면 좋겠지만 현실은 그렇지 않다. 그런 의미에서 시장은 옳다고 할 수밖에 없다. 시장이 틀렸다고 떼를 써 봐야 소용없다.

정말 시장은 항상 옳은가? 기업 가치에 큰 변화가 없는데도 때때로 급락 후 급등하는 이유는 무엇인가? 물론 수요와 공급의 법칙으로 가격이 정해진다는 것은 학교에서 모두 배웠다. 어제까지 지지부진한 주가가 오늘 급등한 것은 하룻밤에 기업 가치가 급등한 결과인가? 오전 내내 횡보하던 주식이 오후에 급등하면 오후에 기업 가치가 크게 상승해서 주가가 변동한 것인가?

우리는 물건이 싸면 더 많이 사고 비싸면 덜 사는데, 주식은 가격이 오르면 더 사고 싶고 떨어지면 팔고 싶다. 주식이 추세로 움직이는 경향을 보이기 때문인데, 오르면 더욱 오를 것으로 기대하기에 비싼 가격임에도 불구하고 사고 싶어진다. 그러나 기대와 반대로 떨어지면 급락으로 큰 손실

　　　　　　　　주식 투자에 대한 생각

을 보기도 한다. 급등 추세로 오판하고 진입했는데 하향 추세로 변하는 경우에, 손실이 확대되는 것이 두려워 내리면 팔고 싶어지는 것이다.

따라서 선수가 아니면 급등에 따라잡는 것은 자제하고, 오랜 시간 횡보 후 상승 추세 초반에 진입하는 것이 안전하다. 결국에는 주가는 기업 가치에 수렴하기 때문이다. 환호성 치는 주식을 살 때 가장 손실이 컸다. 시장이 옳다고 환호성 치는 주식을 경계하고 아직은 시장에서 주목받지 못하지만 조만간 주목받을 주식을 매수하자. 그런 의미에서는 시장도 때때로 틀릴 때가 있다고 생각한다

시장은 단기적으로 틀릴 수 있지만 장기적으로는 옳게 간다. 사는 시점에서 안전 마진을 확보하고 매수한다면 이후에 손실이라는 고통을 훨씬 쉽게 지나갈 힘이 생긴다. 좋은 주식도 높은 가격에 매수하면 손실을 극복해야 하는 시간이 생각보다 훨씬 길어진다는 것을 명심해야 한다. 지금 매수하고 싶은 종목이 30% 이상 떨어져도 견딜 자신이 있는지 스스로에게 묻고 자금을 집행하는 습관을 갖자.

주가는
예측 가능한 것일까?

많은 투자자들이 쉽게 범하는 오류가 있다. 그것은 주가를 예측할 수 있다고 생각한다는 점이다. 그 결과 앞으로 오를 것으로 확신하며 매수하고 또 떨어질 것으로 확신해서 매도하고는 한다. 그 결과는 예상과 맞았을까? 예상대로 맞아 들어갔다면 모두가 주식 투자를 해서 돈을 억수로 벌었을 것이다. 주식 시장에서 손실 난 사람이 없어야 한다.

그런데 현실은 어떠한가? 확신에 가득 차서 매수와 매도를 했는데 그 결과는 예상과는 너무 다르다. 즉 주가 예측은 신뢰성이 전혀 없다고 해도 틀리지 않는다. 주가가 어디로 튈지는 아무도 모른다. 오늘, 내일, 일주일, 한 달, 1년은 알 수가 없다. 그 예측이 불가한 이유는 단기간이기 때문이다. 그러나 5년, 10년으로 기간을 늘린다면 어떻게 될까? 100%까지는 아니어도 올라갈 확률이 매우 높다고 말할 수가 있다. 5년이나 10년 후에는 현재보다는 확실히 높은 가격을 형성할 것으로는 예측 가능하다. 정상적인 기업이라면 말이다. 기업에게 충분히 성장할 시간을 주었기에 적어도 오늘보다는 많이 성장했을 것이고 주가는 이것을 반영할 기회를 갖게 된다.

기업은 매년 이익을 내고 그 이익이 회사에 쌓인다. 그만큼 기업 가치는 주가를 견인할 것으로 생각하는 게 합리적이다. 1년 안의 주가는 예측이 어렵더라도 5년 후나 10년 후를 생각하며 투자한다면 그렇게 어렵지 않다. 추격 매수도 할 필요가 없고 매수를 한 번에 하지도 않게 된다. 주가를 예측한다는 것이 난센스라는 것을 알기에 겸손하게 매수할 수밖에 없다. 자신의 행동이 늘 틀릴 수 있다는 것을 전제하면서 매수를 하는 것이다.

성급하고 확신에 가득 찬 매수는 필자에게 늘 고통을 가져다주었음을 고백한다. 그러나 하락을 두려워하며 진행한 매수는 적잖은 수익을 가져다 주었다. 왜 이러한 결과가 나오는가? 확신에 가득 찬 매수는 대부분 고가에 매수한 것이고 두려움에 떨며 한 매수는 상대적으로 낮은 가격에 매수한 것이다. 시간이 흐르면서 결과는 달라졌다. 주식 투자자에게 꼭 필요한 덕목은 바로 겸손함이다. 이것은 주식 계좌를 풍성하게 만들고 살찌우는 핵심 요인으로 투자자의 자세이기도 하다.

2

시대를 관통하는
투자의 지혜

역사를
돌아보며

할아버지는 일제강점기에 태어나셨다. 아버지는 한국 전쟁 직전에 태어나셨다. 나는 1970년대 오일 파동 때 태어났다. 아들은 2008년 금융위기 때 태어났다. 한 가족 4대가 대한민국이 위기 때 태어났다. 어쩌면 이렇게 한결같을까? 이 중에서 어느 하나도 극복하기 쉬운 때는 없었다. 이런 역사에도 불구하고 현재 2023년도 5월을 맞이하고 있다.

4대까지도 아니고 3대 만에 대한민국은 일본의 식민지를 벗어나 세계에서 따르고 싶은 나라로 변모하고 있는 중이다. K-뷰티, K-드라마, K-팝, K-영화, K-푸드, K-방산 등 온갖 종류에 'K'를 붙이면서 한류 열풍을 만들어내고 있다. 예전에는 영어를 쓰면 멋있어 보이고 배운 티가 났는데 요즘은 한글을 사용하면 있어 보이고 지적으로 보일 정도다.

대한민국은 세계 최빈국에서 세계를 이끄는 주류로 변화 중이다. 빠르게 성장을 만들어 내었다. 이렇게 빠르게 성장한 나라가 있는가? 부모 세대에는 일제 코끼리 밥솥이 최고였고 나 대학 때 소니 카세트가 없으면 폼이 나지 않았던 기억이 있는데 이제는 역사의 뒤 페이지가 되었다.

반도체, 2차 전지, 조선, 화학, 자동차, 휴대폰, 가전, 바이오, 방산 등 앞서가는 업종들이 하나씩 늘어가고 있다. 대한민국은 꾸준하게 위기를 돌파하며 발전해 왔다. 앞으로도 위기는 또 다른 기회를 만들면서 번영하는 밑거름 역할을 할 것으로 기대한다. 이러한 대한민국에 투자하는 것은 너무나 당연한 것이다.

시간이 필요하다(시간이 걸린다)

1950년 한국 전쟁 후 70여 년이 흘렀다. 전쟁으로 모든 것이 파괴되어 좌절스러운 환경이었지만 억척같은 생명력으로 다시 경제를 재건하면서 동시에 자녀들을 가르치기 위해 한국 사회는 몸부림을 쳤다. 부모들의 부지런함과 자녀들의 지식이 더해져서 한국 사회는 빠르게 발전을 거듭했다. 그 과정 속에서 많은 노하우가 축적되었고, 정상에 이른 사람들의 경험담과 지혜가 책을 통해 다음 세대에게 확장 및 전파되고 있다. 이런 발전 과정에는 시간이 걸린다는 사실이 새삼 새롭게 다가온다.

며칠 전 우연히 우리나라가 숲 강국이란 사실을 알게 되었다. 전쟁으로 황폐가 되어 벌거숭이산으로 가득했던 나라가, 식목일을 정해 나무를 심고 가꾼 덕분에 이제는 숲 강국이 되었다니 너무 기쁘다. 그리고 그 혜택은 우리가 보고 있다. 선대의 노력이 후세대에게 좋은 영향을 미치고 있는 것이다. 이 또한 노력이 결과물을 내놓는 데 시간이 걸린 것이다.

내가 사는 아파트도 오래되다 보니 나무가 상당히 커졌고 새들의 지저귐이 상당하다. 삭막함보다는 오래된 정원 느낌이 나는 공간으로 바뀌었다.

이제 산업 분야 곳곳에서 상당한 지식과 지혜가 축적되었기에 대한민국이 한층 더 발전될 것을 확신한다. 과거에는 지식 기술도, 자본도 부족했지만 이제는 이 두 가지를 모두 갖추었으니 그 발전 속도는 더욱 빨라질 것으로 예측되고 기대된다.

현대 사회에서 필요한 능력은 무엇인가?

원시 시대에는 인간에게 사냥 능력이 생존의 중요한 수난이었다. 농경 사회에는 성실 근면이 중요한 가치였다. 산업 시대에는 기술이 부각되었다. 그렇다면 현재는 무엇이 중요한가? 필자가 생각하기에 현대 사회에는 정보를 뽑아서 해석하고 판단하는 능력이 중요하다. 그런데 아직도 농경 사회에서 요구된 성실과 부지런함을 강요하는 교육이 이루어지고 있다. 땀 흘려서 일해서 번 돈이 진짜이고 나머지는 가짜라는 식의 오류를 주입하고 있다. 이는 돈을 버는 방법을 한 가지로 단순화한 것으로, 매우 편협한 시각이다. 다양한 방법으로 부를 만들 수가 있고 얼마든지 혁신이 이루어질 수 있는 것이다.

과거에는 존재하지 않았던 것들이 현재와 미래에 나타나고, 그 과정에서 새로운 부의 탄생이 이루어진다. 시대와 변화에 적응하면서 살아가는 것이 인간이다. 과거에 인간은 모든 것을 스스로 해결하면서 살아가야 했다. 현대에는 상호 의존적으로 변해가면서 효율을 극대화하고 있다. 내가 잘할 수 있는 분야에 집중하면서 더 많은 성과를 만들어 낼 수 있다. 그 외의 것들은 구매를 통해서 쉽게 조달받을 수 있는 시대를 살아가고 있다. 그러면서 개인은 자신이 잘하는 것에 더욱 집중하며 극한의 효율을 내고 있다. 특히 정보 처리 능력은 개인의 삶에서도 중요하고 주식 투자에서도 중요한 역할을 한다고 생각된다.

예전에는 자신의 결점을 고치는 일에 집중했다. 물론 이것도 중요하지만 현대에는 자신이 잘하는 것에 더 집중하는 것이 효율을 올리는 방법이다. 선택과 집중이 필요한 시대이다. 잘 하는 분야에서 더 성과를 내는 것이다.

농사와 주식 투자의
유사점과 차이점

유사점

1. 씨를 뿌리고 가꾸고 수확한다. (자본을 투자하고 기다리고 회수한다.)

2. 종자보다 더 많이 수확한다. (투하 자본보다 더 많이 수익 실현한다.)

3. plan-do-see. (plan-do-see.)

4. 행동 번복 비용이 매우 크다. (행동 번복 비용이 매우 크다.)

5. 씨를 뿌리고 열매를 맺을 때까지 기다린다. (투자하고 기다림이 필수이다.)

6. 흉년으로 손실을 볼 수도 있다. (투자로 인해 손실을 볼 수도 있다.)

7. 작물에 대한 지식이 필요하다. (투자 종목에 대한 지식이 필요하다.)

8. 수확에 대한 예측이 가능하다. (투자 종목에 대한 예측이 있기에 투자한다.)

9. 파종 종류를 결정할 수가 있다. (투자 종목을 결정할 수가 있다.)

10. 파종 종류를 집중하거나 다양화 가능하다. (투자 종목을 집중하거나 다양화가 가능하다.)

11. 파종 후에도 관심이 필요하다. (투자 후에도 지속적인 관심이 필요

                       주식 투자에 대한 생각

하다.)

12. 파종 전에 잘 자라는 환경 조성이 필요하다. (투자 전에 잘 자라는 환경에 대한 공부가 필요하다.)

13. 늘 작물에 대한 연구가 필요하다. (투자 종목에 대한 연구가 필요하다.)

14. 계속 농사를 짓고 지속 농사이다. (계속 투자이고 지속 투자이다.)

15. 평생 농사이다. (평생 투자이다.)

16. 수확하면 돈이 된다. (수익 실현하면 돈이 된다.)

17. 생계를 유지하면서 돈을 만드는 방법이다. (돈을 만드는 방법이다.)

18. 다른 사람의 의견도 참고하되 나만의 방법으로 한다. (다른 사람의 의견도 참고하되 나만의 방법으로 한다.)

19. 오래 할수록 노하우가 정립된다. (오래 할수록 노하우가 정립되고 경험치가 쌓인다.)

20. 생각과 상상력이 필요하다. (생각과 상상력이 필요하다.)

21. 독서가 필요하다. (독서가 필요하다.)

22. 농사 일상이 생활이다. (투자 일상이 생활이다.)

23. 농장 상속이 가능하다. (투자 자금 상속이 가능하다.)

24. 농사 기술이 필요하고 축적이 가능하다. (투자 기술이 필요하고 축적이 가능하다.)

25. 농사 전문화와 다각화가 가능하다. (집중 투자와 분산 투자가 가능하다.)

26. 농부의 생각이 중요하다. (투자자의 생각이 중요하다.)

27. 농부의 행동이 중요하다. (투자자의 투자 행동이 중요하다.)

28. 본인과 타인을 위하는 마음이 있다. (본인과 타인을 위하는 마음이 있다.)

29. 농부는 미래를 긍정적으로 본다. (투자자는 미래를 긍정적으로 본다.)

30. 작물이 비싸면 공급이 많아진다. (가격이 높으면 투자자가 몰린다.)

차이점

1. 농사는 매년 정해진 시기에 수확한다. (투자는 수확 시기가 정해져 있지 않다.)

2. 농사는 대부분 매년 수확한다. (투자는 1년에 여러 번 수확도 가능하지만 몇 년 만에 수확할 때도 있다.)

3. 농사는 1년 안에 결실이 확정된다. (투자는 수익 실현 시기가 불확실하다.)

4. 농사는 천재지변의 영향을 많이 받는다. (투자는 투자자의 심리가 매우 중요하다.)

5. 농사는 대부분 종자보다 많이 수확한다. (투자 금액보다 손실이 큰 경우가 매우 많다.)

6. 농사는 노동집약적이다. (투자는 자본 집약적이다.)

7. 더 많은 농사를 위해서는 타인의 노동력이 필요하다. (타인의 노동력이 불필요하고 투하자본을 거의 무한정 관리할 수 있다.)

8. 농민이 농사 전문가이다. (투자자 중엔 일반인, 비전문가가 대부분이다.)

9. 농민이 전문가이고 실패 확률이 매우 낮다. (대부분 비전문가이고 실패 확률이 높은 편이다.)

10. "안 되면 농사나 짓지 뭐." - 자조적 ("투자자가 되고 싶다." - 꿈)

11. 아주 오랜 역사. (농사에 비해 짧은 역사.)

    주식 투자에 대한 생각

12. 돈 되는 경우가 별로 없다. (돈 되는 경우가 매우 많다.)

13. 농부의 부지런함과 근면이 매우 중요하다. (투자자의 지식과 판단력이 중요하다.)

14. 농번기와 농한기가 있다. (투자 후에는 늘 한가하다.)

15. 농작물이 매일 자란다. (투자 후에는 손실도 보고 수익도 보고 변동성이 매우 크다.)

16. 예측이 쉽다. (예측이 매우 어렵다.)

17. 파종 후에도 관리에 많은 노동력이 필요하다. (투자 후에는 관리에 노동력이 불필요하고 관심 정도만 필요하다.)

18. 농사 범위에 명확한 한계가 있다. (투자 범위가 거의 무한하고 한계가 없다.)

19. 농부 1인당 수확 가능한 양이 정해져 있다. (투자자 1인당 수익 한계가 없다.)

20. 농사는 수확량이 적다. (투자에는 복리 마법이 작동한다.)

21. 저장 능력이 떨어진다. (저장 능력이 무한하다.)

22. 노동력이 중요하다. (판단력이 중요하다.)

23. 어떤 일을 해야 할 시기가 명확하다. (투자 시점과 회수 시점이 추상적이다.)

24. 농사에는 협동이 중요하다. (투자에는 투자자의 판단이 중요하다.)

25. 다른 농부의 행동도 중요하다. (투자자 본인 행동이 중요하다.)

26. 반복적인 패턴이다. (새로운 패턴이다.)

27. 관리가 중요하다. (투자 시점이 중요하다.)

28. 수확이 거의 정해져 있다. (투자자의 수익 그릇 크기에 따라 수확한다.)

데이비스 가문과
다우 역사

1906-1909   1909년 데이비스 출생. 다우지수 53 기록.

1932   데이비스 결혼. 다우지수 41 기록.

1933   데이비스 처남 투자회사 합류해서 주식에 대한 첫 경험 쌓음. 5년 간 은밀한 강세장.

1937   데이비스 자유 기고가의 길을 위해 처남회사 사직. 아들 셸비 태어나고 데이비스 투자법 원칙 적립 시작.

1941-1942   데이비스가 저렴한 가격(33,000달러)에 끌려 뉴욕 증권거래소 회원권 구매. 다우지수 92 기록. 미국 세계 2차대전 참전.

1944   데이비스는 뉴욕주 보험을 감독하는 보좌관 담당. 이때 투자의 주 광맥인 보험회사를 접하게 되었다. 다우지수 212 기록.

1947   38살이던 데이비스가 주정부 업무 사직. 그는 아내 캐트린이 조달한 5만달러(오천만 원)의 초기 자금으로 보험주 포트폴리오를 매입해 관리하면서 월스트리트 근교에 사무실을 차렸다. 다우지수 161 급락.

1952   데이비스가 통계상 백만장자(10억 원) 대열에 올랐다. 다우지수가 1928년 최고치인 381 포인트를 23년만에 갱신.

1962	일본으로 가서 보험사들을 방문하고 지분을 매입.
1965-1968	뮤추얼 펀드 광풍. 다우지수 1,000포인트를 오르내렸다.
1973-1974	다우지수는 1,051에서 577포인트로 45% 폭락.
1975	데이비스 포트폴리오는 5천만 달러에서 2천만 달러로 감소.(50억 원에서 20억 원으로 감소.)
1988	4억 2,700만 달러(4,270억 원) 포트폴리오를 보유한 데이비스가 포브스에서 발표한 미국 400대 부호 선정.
1991	크리스가 데이비스 파이낸셜 펀드 매니저로 승진. 다우지수 3,000 기록.
1994	데이비스가 신탁기금 형식으로 9억 달러(9,000억원) 남기고 사망.
1995	다우지수 5,000 기록.

다우지수는 1896년도에 40.94에서 출발했고 1900년도에는 70.71이었다. 다우 역사를 보면 1995년 기준으로는 120배 이상 성장했다. 2025년 10월 현재는 46,000으로 129년간 1,120배 성장했다. 다우지수는 연평균 5.5%로 성장해서 13년마다 2배로 성장했다. 즉 미국 다우지수는 13년 주기설이 타당하다. 다만 이것은 다우 역사 전체를 통틀어서 계산한 것이고 최근의 5년 성장률은 8.4% 높아지고 있다.

한국 코스피도 살펴보자. 코스피의 경우 1980년도 100을 기준으로 1983년도에 출발했다. 45년간 연평균 8.3%로 성장해서 9년마다 2배로 성장했다. 한국 코스피는 9년 주기설이 타당하다. 한국 코스피 지수는 미국 다우 지수에 비해 84년이 늦었다. 자본 시장 역사와 규모에서 비교 열위에 놓여 있다.

데이비스가 47년 동안 50,000달러로 출발해서 900,000,000달러를 남겼다. 18,000배의 규모로 성장시킨 것이다.

금융 자산의 비중이 높아지는 상황을 어떻게 바라볼까?

통계를 보니 우리나라는 가구당 자산 구성 중에 부동산 비율이 70% 이상이고 금융 자산이 20% 내외라고 한다. 이 금융 자산 중 일부를 주식에 투자하고 있다. 부동산은 집의 비중이 높기에 처분해서 가용할 일이 매우 적다. 또 금융 자산 중 대부분이 예금이어서, 주식으로 재산을 증식할 가능성은 매우 낮다. 주식이 재산 증식의 수단으로 자리를 못 잡고 있음을 보여 준다. 은행 예금보다 선호도가 낮은 것이다. 은행은 예금을 받아서 대출을 주고, 더 높은 대출 이자를 받기에 사람들에게 예금 이자를 지급하고도 이익을 남긴다. 예금 이자는 수익률도 낮고 예금액이 많지 않아서 수익금도 의미 있는 금액이 되지 못한다. 물론 은행 예금액이 아주 커서 수익금이 큰 경우에는 다른 이야기겠지만 대다수 국민에게는 은행 예금이 좋은 투자 방식이라고 하기에는 아쉽다.

평생 투자 개념에서 살펴보면 중요한 것이 두 가지인데 그것은 투자 금액과 투자 기간이다. 즉 투자 금액이 아주 크거나 아니면 투자 기간을 길게 가져가야 한다. 물론 최고의 투자는 투자 금액이 크면서 투자 기간이 긴 것이다. 시간을 최대한 활용하는 것이 투자자에게는 매우 좋은 선택이다. 그런데 주식 시장은 시시각각 변한다. 사방팔방에서 24시간 언제라도 악재가 튀어나오면 대가를 치르곤 한다. 그러한 변동성을 이겨내야 하는 어려움이 있다. 한 달 안에 40% 이상 손실을 감수하는 경험도 했다. 그렇기에 투자에 큰 금액을 넣어도 되는지 늘 의문을 갖고는 했다. 그리고 열심히 주식 수량을 모았는데 갑자기 계속 하락하는 국면을 경험하기도 했다. 모두 투자되어서 추가 투자 여력이 없는데 계속 하락만 하고 있으니 계좌가 너무 쉽게 녹아내리기도 했다. 즉 손실이 극대화되는 경험도 한 것이다. 이런 경우에는 꼼짝달싹할 수 없는 처지가 되기도 한다.

그러나 시간이 지나고 보면 대부분 극복되고는 했다. 즉 어려움이 닥쳐왔을 때 버틸 수 있는 능력 유무가 투자의 성패를 결정한다고 본다. 필자보다 더 많은 주식을 소유한 대주주와 슈퍼 개미 투자자들은 훨씬 큰 금액의 손실을 입었어도 시간이 지나고 보면 필자와 비교도 되지 않는 부를 거머쥐고 있다. 일시적으로 투자 금액의 40%에서 60% 손실은 얼마든지 일어난다는 사실을 알고 이 시기를 버티어 낼 수 있다면 얼마든지 투자 금액을 키워도 된다.

투자 기간이 길어질수록 투자 금액은 불어나게 된다. 결국 미래의 부는 좋은 주식을 누가 많이 확보하느냐에 달려 있다고 본다. 수익률보다 중요한 것이 수익금이고 많은 금융 자산을 갖게 되는 것은 너무나 자연스러운 현상이다. 실물 부동산은 이제 자제하고 금융 자산 특히 주식 비중을 90% 이상 높이는 것이 목표라고 생각된다. 결국 부동산 비중은 갈수록 떨어지게 되고 전체 자산 중에서 큰 의미는 없게 될 것으로 판단된다. 살면서 불편한 정도가 아니면 되므로 추가로 부동산을 늘릴 생각은 없다고 본다. 필자는 주식이 재산 증식의 주요 방법이고 부동산은 재산 보존 수단이라고 생각한다. 아직은 가야 할 길이 너무 길고 또 사실 기대도 된다.

잉여의
시대

　우리는 노동을 통해 소득을 창출한다. 일부는 생활비로 충당하고 잉여금이 남는다. 통장에 조금씩 잉여금이 쌓인다. 저축에 대한 대가로 아주 미미한 이자를 지급받는다. 이자는 자본에 대한 대가로 노동 소득과는 구별된다. 그러나 원금인 저축액이 크지 않기에 이자 소득은 매우 적을 수밖에 없다. 이러한 이자 소득은 물가를 따라 가기에도 벅차고 부족하다.

　따라서 매우 절약하고 열심히 모아도 부동산을 구입하기가 쉽지 않다. 또 이자는 6개월이나 1년 정도 되어야 눈으로 확인되다 보니 별로 감흥이 없다. 보통 예금으로 입출금 통장은 이자가 거의 없다시피 하다. 그러나 요즘 핀테크 은행인 카카오뱅크나 토스뱅크는 일일 이자를 눈으로 확인시켜 주어 즉흥적인 흥미와 재미를 동시에 준다. 멋진 기업들이다.

　나는 자본을 좋아한다. 다 쓰지 않고 미래를 위해 남겨 놓은 돈은 그 자체가 매우 매력적이다. 없어지거나 흩어져 버리지 않고, 미래를 위해 남겨 놓은 재원이 투자되어 더욱 커지는 일은 상상만 해도 즐겁고 유쾌하다.

　핀테크 기업 덕분에 매일 이자가 나오는 것을 확인하며 자본의 성장을 경험하는 것도 좋고 훌륭한 기업에 투자해서 배당 받는 것도 만족스럽다.

또한 자본이 축적되어 임대 소득이 나오는 부동산 투자도 매우 기쁘다. 이들은 내가 직접 노동을 하지 않아도 나에게 지속적으로 과실을 준다. 미래를 대비하는 생각 자체도 아름다우며, 나의 현재와 미래를 동시에 축복하는 일이다.

세상은 끊임없이 더욱 많은 자본을 필요로 하면서 발전하고 있다. 농촌에서는 더욱 많은 농산물 재배를 위해 기계화를 필요로 하고, 공장에서도 기계들을 더욱 최신식으로 요구하며, 병원에서도 고급 의료진과 최신 의료 장비를 필요로 한다. 여러 연구소에서는 더 많은 연구자와 실험들을 필요로 하는데, 여기엔 모두 자본이 필요하다. 발전을 위해서는 필수적으로 자본 투입이 이루어져야 하며, 이것이 선순환되면서 지속적인 발전이 이루어진다.

왜 우리는 자본주의 제도에서
금융 문맹을 자처하는가?

우리나라의 경제 시스템은 자본주의 체제이다. 덕분에 좋은 기업들이 성장하고 수출도 하면서 국민 경제가 크게 발전했다. 대다수 국민은 높은 수준의 교육을 받았지만 자본주의 꽃인 주식 시장에 대해서는 신뢰가 매우 낮은 것이 현실이다. 부모님은 자녀가 대학을 졸업하고 직장에 들어간 자녀에게 주식을 멀리하고 부지런히 저축해서 집을 장만하라고 당부한다. 그러나 자녀 입장에서는 과연 그것이 가능할지 의심이 든다. 부모님 세대는 높은 이자율과 낮은 주택 가격 덕에 저축만으로도 집을 장만할 수 있었지만, 현재의 높은 주택 가격과 낮은 이자 수익률을 보면 집 장만이 매우 어려운 상황이다. 부모님 세대는 주식으로 돈을 번 사람보다 잃은 사람이 많았고 또 본인들도 잃어 본 경험이 있기에 이런 조언을 한다. 자녀가 부를 축적할 기회를 막고 있는 것이다.

돈 공부는 어려서부터 해야 하지만 입시에 매달리느라 학생은 오로지 공부만 한다. 돈에 대해서는 신경도 쓰지 말라는 이야기를 듣는다. 그만큼 학업에 집중하라는 뜻이지만 돈 공부가 하루아침에 완성되는 것이 아니기에 안타깝다. 돈에 대해 배울 수 있는 시간을 그냥 보내는 것이다. 그러니 대학을 나왔어도 금융 문맹자가 다수다. 수학에서 복리의 마법을 배웠지만 현실에 적용해서 활용하는 경우는 적다. 이론만 배우고 실천하지 않는 안타까운 현실이 발생한다. 많은 비용을 들여서 고급 교육을 받았지만 정작 자신의 삶을 위해서 현실에서는 적용하지 않는 것이다.

글을 모르는 문맹은 살아가는 데 큰 불편을 겪는다. 그런데 금융 문맹은 생존 자체를 위협받는데도 이것을 배우려고 하지 않는다. 보통 금융 문맹자는 자신은 주식 같은 복잡한 것은 모르고 저축이 적성에 맞는다고 말한다. 그리고 땀 흘려 노동으로 번 돈이 진짜 돈이고 나머지는 건전하지 못한 거라고 주장한다. 고속도로를 이용하면 교통사고가 날 수 있으니 산길을 걸어서 안전하게 서울로 가겠다고 말하는 것과 별반 다르지 않다. 시대가 변했는데 아직도 농경사회에서 벗어나지 못한 것과 다름없다. 효율성을 따질 때 비교가 되지 않음에도 불구하고 산길을 고집하는 사람이 우리 주변에 많이 있다. 이러한 생각은 시간이 지나면서 많이 바뀔 것이라 생각된다. 미리 금융과 주식을 깨우치고 활용한 사람이 쌓이면서, 그들이 부를 형성한 소식과 데이터가 나오게 될 수밖에 없기 때문이다. 그러면 우리의 주식 시장은 크게 발전할 수 있다. 결국은 시간이 필요할 뿐 시장은 눈부시게 발전할 것이다.

금융 문맹 퇴치 운동은 제2의 새마을 운동이다

새마을 운동은 1970년대 대한민국에서 시작된 국가 주도의 농촌 근대화 운동이다. 우리도 잘 살수 있다는 믿음을 갖고 주변 환경부터 개선하기 시작했다. 이것은 대한민국이 한 단계 발전하는 계기가 되었다. 그로부터 50년이 지난 지금은 어떠한가? 천지가 개벽할 만큼 발전했다. 세계 최빈민

　　　　　　　　　　　　　　　　　　주식 투자에 대한 생각

국에서 선진국 대열에 합류한 상태이다. 눈부신 발전을 했지만 현재 국민들의 노후는 많이 열악하다. 다른 산업에 비해서 금융 산업은 많이 낙후되어 있다. 금융 산업의 하드웨어는 잘 구축되어 있다. 다만 이를 활용하는 소프트웨어가 빈약하다. 우선 우리 국민의 금융 문맹률이 생각보다 높고 심각하다. 2024년 말 기준으로 주식 투자 인구가 1,400만 명이 넘는다. 적지 않은 숫자이지만 아쉽게도 개인 투자자의 수익률은 처참하다. 말이 주식 투자이지 절대다수가 본능에 따른 매매를 반복하면서 손실을 키우고 있다. 많은 국민이 사실 금융 문맹자이지만 주식 투자를 하고 있는 실정이다. 필자도 17년을 금융 문맹자로서 주식 투자를 하며 살았다.

이제는 변해야 할 시점이다. 진단을 정확히 해야 고칠 수가 있다. 개인 투자자들의 수익률이 처참한 원인이 여기에 있다. 귀중한 시간과 돈을 엉뚱한 곳에 쓰고 있기 때문이다. 금융에 대해서 체계적으로 교육하지 않은 것이 문제이다. 우리 사회에는 금융 전문가가 생각보다 적다. 그러다 보니 어떻게 돈이 일하도록 시켜야 하는지 모른다. 오로지 예금과 적금을 금융의 모든 것으로 알고 있다. 주식 투자를 단기적인 시각으로 하는 대부분의 투자자는, 사실 금융 문맹자이다. 이들은 일시적으로 돈을 벌 수도 있겠지만 오래 유지하기는 쉽지 않다.

유럽의 주식 투자의 대부 앙드레 코스톨라니는 말했다. 단기 투자자가 부자가 된 경우는 없다. 그런데 한국의 많은 투자자들이 이 말은 자신에게는 틀렸다고 주장하며 주식 시장에 참여하고 있다. 하지만 대부분 이 말을 증명하고 있는 실정이다.

장기적인 안목으로 주식 투자를 하는 문화로 바꾸면 우리의 노후가 달라진다. 우선 지수에 투자를 하면서 주식 투자에 대한 경험을 쌓고, 개별 주식을 투자할 때는 전문가 수준의 공부를 하고 진입해야 한다. 『주식 투자에 대한 생각』이 많은 국민들에게 사랑받아서 금융 문맹 퇴치에 도움이 되기를 바란다. 역사책에 이 운동이 제2의 새마을 운동으로 평가되기를 기대해 본다.

고령화에
대처하는 투자

우리나라 인구가 5천만 명이다. 그런데 천만 명 이상이 65세 이상으로 점점 인구가 노령화되고 있다. 65세 이상이면 현업에서 은퇴하는 게 일반적이다. 그러나 그들 중 많은 수가 재산과 수입이 없어 경제적으로 어려운 생활을 영위한다는 뉴스를 접하게 된다. 우리나라 산업화와 발전의 주역이지만 현실은 암담하다. 치열하게 생활하고 노력했지만 사회에서 소외되는 안타까운 뉴스이다. 치열하게 살며 자녀들을 가르쳤지만 정작 자신의 노후는 못 챙긴 것이다. 부지런하게 살며 열심히 노력하면 된다고 배웠고 이를 실천했지만, 사회는 이들을 보듬지 못하며 오히려 소외시키고 있는 것이다.

왜 이런 현상이 나타나는가? 그리고 이것을 어떻게 극복해 나갈 것인가? 사회는 과거와 비교할 수 없을 정도로 성장하고 발전했는데 노령 인구의 삶은 암담해졌다. 기업은 성장했는데 노령 인구의 삶은 개선되지 않았다. 개인은 근로를 제공하면서 기업을 키웠다. 인건비 등 제반 비용을 지불하고 남은 기업의 이익은 주주의 몫으로 배분된다. 설사 배당으로 지급받지 못한다고 해도 기업 가치가 상승하면서 주식이 상승하므로 그 가격으로 보상되는 것이다. 근로자는 기업에서 급여를 받으며 살아 왔지만 은퇴후 근로를 제공하지 못하면 생계비를 벌지 못한다. 반면 기업에 자금을 투입한 주주는 은퇴 이후를 걱정할 필요가 없다. 기업이 존재하는 한 그 결실을 계속해서 누릴 수 있는 것이다.

대부분의 근로자는 생계비를 지출하고 나면 수중에 돈이 거의 없다. 투자 자금 모으는 것이 매우 어려운 것이 현실이다. 그래서 필자는 투자를할 여건이 되는 사람을 행운아라고 부른다. 그러나 여건이 되면서도 이런저런 핑계를 대며 투자를 외면하는 사람을 적지 않게 보게 된다. 이것은 교육을 받을 여건이 되는 사람이 '공부는 어렵다'며 교육을 포기하고 인생을 살아가는 것과 다름없다. 안타까운 일이지만 이를 아는 사람은 매우 드물다.

수학 시간에 복리의 마법을 배웠지만 이것을 현실에 활용하는 사람은 많지 않다. 요즘은 지능의 복리도 있다고 들었다. 작은 돈도 모으고 키우면 충분히 큰돈이 된다. 이 과정을 수십 년 지속하는 것이 핵심이다. 원금과 투자 기간이 매우 중요하다. 우리가 할 수 있는 것은 원금을 조금씩이라도 늘리고, 투자 기간을 길게 가져가는 것이다. 30년을 일하고 은퇴한 후에도 또 30년 이상을 살아야 하기 때문에 미리부터 준비하지 않으면 안 된다.

노령화와 자동화, 그리고 AI는 근로자의 수를 감소시키지만 반대로 기업들을 강하게 한다. 기업과 더불어서 그 발전을 누리려면 투자해야 한다. 노령화 빈곤을 막을 수 있는 길도 역시 투자라고 생각한다.

   주식 투자에 대한 생각

3

시장의 흐름을 읽고
기회를 잡는 전략

시장은
어디로 가는가?

2022년 뜻하지 않게 30% 정도의 조정을 받고, 2023년 6월 중순 현재 저점 대비 20% 정도의 상승을 향해 가고 있다. 그러나 개인 투자자에게는 현재의 시장이 좋지만은 않다. 현재 2차 전지 관련주, 반도체 관련주, 로봇 관련주, 방산 관련주 등 몇 가지 섹터에 국한되어 상승했기 때문에, 이러한 분야에 포트폴리오가 구성되어 있지 않았으면 여전히 전년과 비슷한 수준의 손실을 겪고 있을 것이기 때문이다. 즉 시장은 뜨거운데 내 종목은 싸늘하므로, 타 종목의 유혹으로 인한 심적인 소용돌이가 극심할 수 있다.

소위 전문가들이 말하는 것처럼 '손실을 잘라내고 가는 말에 올라타라'고 유혹한다. 손실이 적고 상승 초입 시점이라면 타당한 말이고 효과도 볼 수가 있다. 그러나 손실이 30% 이상 확대되었고 사려는 주식이 이미 100% 이상 상승한 후에는 이야기가 달라진다. 교체 매매가 손실을 가속시킬 가능성도 존재하기에, 이럴 때는 견디는 것이 오히려 길게 투자를 유지할 수 있는 방법이다. 수익보다는 손실 회피에 더 가중치를 두어야 한다고 생각한다.

미래에 존재할지 모르는 수익을 위해서 현재의 손실을 확정해 버리는

　　　　　　　　주식 투자에 대한 생각

일은 매우 신중해야 한다. 자칫 최악의 실수를 저지를 수도 있기 때문이다. 그동안의 시간과 자본의 투자 기회비용이 모두 손실로 결론 날 수 있다. 그동안의 과정이 손실을 위한 행동으로 결론 난다면 복리의 마법이 무력화되고 계좌가 쪼그라드는 결정적인 요인이 되기에, 시점 조절에서 최악의 결과 중 하나일 가능성이 매우 높다.

금융에서는 부지런함이 오히려 실패를 부를 가능성이 매우 높다. 높은 수익을 본 투자자들은 대부분 기다림의 연속이었다. 최악의 실수를 저지를 확률을 줄이는 방법은 기다리고 그리고 기다리고 또 기다리는 것이다. 그 과정 중에서 최악의 실수를 회피하고 그 과정 중에 만족할 정도의 결과를 선택하는 것이다.

그런데 왜 투자자는 기다리지 못하는가? 계속 돈을 벌고 싶기 때문이다. 복리란 계속 꾸준하게 자본이 증가되는 것이 아닌가? 빨리 부자가 되고 싶기에 마음이 급하다. 그러나 이 급한 마음으로 자본을 심각하게 훼손할 가능성이 높아진다. 왜 그럴까? 이러한 발 빠른 매매는 개인 투자자에게는 현실적으로 거의 불가능하다. 결국 높은 가격이 형성되어야만 그 변화가 인식되고, 그때는 이미 고평가 논란이 큰 시점이다. 결국 약간의 이익은 가능하나 손실의 폭은 확대될 확률이 높아서 장기적으로는 실패하는 전략으로 바뀌기 쉽다. 오히려 이때는 손실을 인내하다 보면 더 떨어지지 않는 구간을 거쳐서 반전 국면이 일어날 수 있다. 회복기를 거쳐 상승기를 맞이하면서 계좌를 불리는 것이 현명한 방법이다. 어쨌든 거품 없는 주식을 들고 가서 제대로 평가받고 또 프리미엄도 가미되었을 경우에 나오는 전략이 장기적으로는 효과적이다.

단기간이 아닌 평생 투자한다고 생각하면 서두를 필요가 전혀 없다. 기다리고 기다리면 기회는 온다. 결국에는 부자가 될 수밖에 없기에 서두를 필요가 전혀 없다. 야구 방망이를 아무 볼에나 마구 휘두를 수는 없다. 내가 가장 잘 쳐낼 수 있는 볼이 들어올 때를 기다리듯 그러한 시장 환경을 기다리면 된다. 왜 비싸게 구입한 주식을 가격이 하락했다고 헐값에 팔아 버리려 애쓰는가? 그리고 왜 더 비싼 다른 주식을 사려고 안달인가? 이렇게 해서는 투자 게임에서 이기기가 어렵다. 눈앞의 현상에만 집중하다 보면 순간순간은 합리적인 의사 결정을 하는 것 같지만 길게 두고 보면 실패한 전략이 되는 것이다.

20년 이상 투자를 이어가고 있지만 필자도 이러한 유혹에 흔들릴 때가 있고, 종종 마음이 어지러운 것도 사실이다. 그러니 단기 투자자들은 얼마나 혼란스럽겠는가? 투자의 역사는 이것의 반복이다. 욕심과 공포는 투자자들에게는 버거운 대상임이 틀림없다. 그러나 어쩌겠는가? 승리자들에게는 그들이 일등공신이고 패배자들에게는 그들이 원수다. 우리는 이들을 어떻게 다루는 것이 좋을까?

시장은 늘 기회를 찾는다

2020년 3월 코로나 폭락 후 급등한 후에 2021년에는 코스피 3,300이라는 신고점을 찍었고 2022년에는 예상외의 급락을 맞았다. 그리고 2023년에는 모두가 어려운 시장이라고 예상하면서도 투자에 임하고 있다. 시장은 늘 변화를 모색한다. 그러면서 폭락과 폭등으로 투자자를 현혹하기도 한다. 미국 증시는 지난 100년 동안 170배 상승했다. 역사적으로 보면 투자 시장은 성장하는 시스템이다. 결과를 놓고 보면 주식에 투자한 사람은 모두 엄청난 부자가 되는 것으로 보인다.

그러나 투자가 이렇게 쉽다면 얼마나 좋겠는가? 결과는 환상적이지만 과정은 매우 험난하다. 매년 엄청난 수익률을 보이는 것처럼 보이지만 실상은 매년 5.3%의 수익률이다. 놀랍지 않는가? 그렇다. 복리의 마법이 이렇게 놀라운 결과를 만들어 낸 것이다. 작은 수익이라도 오랜 시간이 지나면 상상하기 어려운 수익을 만들어 낸다. 이론상으로는 주식 투자를 하면 모두가 부자가 되기가 쉽다. 작은 수익률도 반복하면 놀랍게 커다란 수익이 우리를 반기게 되어 있다.

그러나 주식 시장에서 5% 정도의 수익을 얻기 위해 투자에 임하는 투자자는 거의 없다고 생각한다. 또한 매년 꾸준히 상승하면 좋겠지만 현실은 폭락과 폭등 그리고 지루한 횡보를 반복하면서 성장하기에 수익을 온전히 지키는 투자자는 생각보다 많지 않다. 그렇다면 어떻게 투자에 임하는 것이 좋은지를 생각해 본다. 변화에 희생당하지 않고 생존할 수 있는 방법은 오랜 시간, 이를테면 평생 동안 주식 시장에 머무는 것이다. 그리고 모두가 환호성을 치는 기간을 가능하면 피하면서 투자를 하는 것이다. 고가의 주식을 사면 견디기 힘든 시기가 길어져서 투자를 지속하는 동력을 잃기 쉽고 수익률을 낮추게 된다. 그리고 연 5% 수익률이 작은 것이 아니라는 사실을 아는 것도 필요하다고 생각한다.

무엇보다 어려운 시기에는 적극적으로 투자를 해서 상승을 기다리는 투자가 매우 현명해 보인다. 경제 사정의 영향으로 주가가 떨어지면 공포를 느끼게 되고, 주가가 고점을 갱신하면 사고 싶은 유혹을 이겨내야 생존 확률을 높일 수가 있다. 시장은 늘 변화를 모색하기에 좋은 시절이 있으면 어려운 시절도 있다는 것을 명심하자. 경제는 순환하면서 성장한다는 것을 늘 염두에 두는 것이 좋겠다.

시장은 불안감에 하락 압력을 받고 있다

이스라엘과 팔레스타인 간의 전쟁 우려로 어제 미국 시장이 하락 마감했다. 한국 시장은 그 후유증으로 미국보다 2배 이상 하락하고 있다. 이 악재로 모든 종목이 떨어지면서 인기주 종목들도 하염없이 흘러내리고 있다. 불과 한두 달 전만 해도 상상하기 어려운 가격으로 내려왔다. 특별한 이변이 없는 한 내려오지 않을 것 같은 가격인데도 모두의 예상을 깨고 무자비하게 흘러내리고 말았다. 서로 도망가기 바쁜 가격대가 되어서 앞으로도 안심할 수 없는 상황이다. 매수세는 실종되고 매도세가 짓눌러서 작은 거래량에도 속절없이 주식 가격은 떨어진다. 이 때문에 기존 투자자의 계좌는 시퍼렇게 멍들고 말았다.

필자도 1년간의 수익을 단 두 달 만에 모두 반납하고 말았다. 쉼 없이 벌고 싶은 욕심에 높은 가격에도 지속적으로 주식을 모아 왔기에, 시장 하락과 동시에 손실이 커지고 말았다. 높은 가격에서는 열심히 주식을 모아 왔는데 하락장으로 전환되면서 깊은 골짜기로 빠지면 공포가 밀려온다. 계좌 손실은 날마다 커지고 주식 평가액은 엄청나게 쪼그라들고 말았다. 또 얼마나 허리띠를 졸라매고 살아야 할지 한숨부터 나오는 현실이다.

주식이 높은 가격을 형성하면 더 갈 것이라고 생각하기에 매도 결정이 쉽지 않다. 또 고점에서 약간 떨어져도 합당한 조정이라고 생각하고 매수하고 싶어진다. 그리고 설사 매도를 했어도 약간 떨어지면 다시 매수하게 되어, 결국은 주식 보유자가 되고 만다. 주식을 팔아서 수익을 실현했으면 3개월은 참아야 하는데 계속 벌고자 하는 마음에 보름도 참기가 쉽지 않다. 결국은 매도와 매수로 이어져 의미 없는 거래가 되기 쉽다.

주식 가격이 고점을 형성한 후 내려와서 낮은 가격에 머무르게 되면, 많은 투자자들이 절망한다. 상승에 대한 기대를 접고 낮은 가격에 매도하는 경우가 많다. 이미 낮은 가격임에도 불구하고 더 떨어질 것 같아 공포에 매도하는 경우도 상당하다. 그래서인지 주식 가격은 자신이 생각하는 가격보다 한참 더 떨어지고, 또 반대로 상승하는 경우에는 자신이 생각하는 가격보다 더 크게 상승하는 경우가 매우 많다. 따라서 주식 가격을 예측하고 매매하는 것은 틀릴 가능성이 높다. 생각처럼 안 되는 것이 주식 시세이다.

그렇다면 보통의 투자자가 할 수 있는 것은 무엇인지 생각해 볼 필요가 있다. 매매에 조급하면 늘 손실이 따른다는 사실을 명심하자. 높은 가격에서는 진입을 삼가고 매도의 관점을 유지한다. 그리고 낮은 가격에서는 매수의 관점을 유지하는 것이다. 말은 쉽게 했지만 현실에서 이것을 지키는 것은 호락호락하지 않다. 필자 역시 기대하며 심장이 뛰는 매수를 하고 손실을 봐 온 경험이 많기 때문이다. 우연치 않게 시장이 주는 수익은 감사한 마음으로 접수하는 것도 필요하다. 현재의 시련의 역풍이 반대로 순풍이 되기를 희망하면서 견디어 내는 방법밖에 없다.

어려운 국면을
어떻게 대응해야 하는가?

시장은 3고 현상에 신음하고 있다. 고환율, 고금리, 고유가를 직격탄으로 맞아, 시장의 자금 사정은 점점 어려워지고 있다. 주식 시장이 힘겨워하고 있는 상태로, 미국에서 조금만 조정을 주어도 휘청이는 실정이다. 미국 증시는 많이 오르고 나서 약간의 조정이 있을 뿐이지만 한국 증시는 많이 떨어진 상태에서도 더욱 떨어지는 상황이다. 매수세는 별로 없는데 매도세에 완전히 짓눌려 있다. 과거에는 브이(V) 모양의 반등도 잘 나왔는데 현재는 고금리 영향 아래서 힘을 쓰지 못하고 있다. 그래서인지 요즘은 주식 이야기를 하는 사람이 거의 없다. 증권사에도 손님이 거의 없다. 기존 투자자도 서서히 나가떨어진다. 많은 투자자들이 손실에 신음하고 있는 상태이다.

이런 환경에서 투자자는 어떻게 하는 것이 좋은지 생각해 본다. 필자는 그동안 쉼 없는 투자를 강조해 왔다. 그러다가 현재는 강펀치를 맞고 휘청이고 있다. 오랜 시간을 투자해 본 투자자라면 모두 이런 현상을 여러 번 겪었을 것이다. 그렇다면 어떤 투자자가 생존하고 어떤 투자자는 중도 포기하는가?

　　　　　　　　　　　주식 투자에 대한 생각

목표를 세우고 열심히 일을 추진하다가, 어려운 상황에 닥치면 처음의 간절했던 마음이 시든다. 결국 목표를 잊고 쉬운 방법으로 눈을 돌리게 된다. 살다 보면 환경이 여의치 않은 경우가 계속해서 발생한다. 조금씩 수정하면서 앞으로 전진하는 것은 괜찮지만 중도에서 포기하면 이룰 수 있는 것이 거의 없다. 주식 투자도 마찬가지이다. 모두가 부를 꿈꾸지만 이것을 달성하기는 그렇게 호락호락하지가 않다. 오랜 시간 지속적으로 투자해야 하고 손실 구간에서 어떻게든 버텨야 하는 고역이 있다. 투자는 상승과 하락을 반복하면서 성장하게 되어 있기 때문이다. 결국은 시간을 많이 두고 기다려야 하는데 이 과정에서 손실은 필수적인 통과 의례가 된다.

그러나 대다수의 투자자는 이 시기를 견디기를 매우 어려워 한다. 자신을 과도하게 책망하게 되고 후회와 번민으로 가득차서 찬란한 미래를 상상하지 못한다. 초심을 잊지 말고, 현재의 계좌는 잊자. 그러나 실상은 반대이다. 투자를 하는 이유는 당장 수익을 거두기 위해서가 아니라, 미래에 부를 얻기 위함이란 사실을 잊어선 안 된다. 현재 상태에 화가 나서 소중한 주식을 헐값에 팔아선 안 된다.

투자를 하다 보면 현재보다 더 큰 시련이 닥쳐올 수도 있다. 그러나 모두 인내하고 견뎌 내야만 한다. 농사를 짓다 보면 가뭄도, 태풍과 홍수도 이겨 내야 하듯이 투자할 때도 온갖 시련을 견뎌 내야만 한다. 기업 역시 이런 시련을 겪고 나면 과거보다 더욱 강력한 기업으로 성장하여 더 높은 수익을 우리에게 가져다 준다. 어려울 때 헐값으로 버려지는 주식이 상승장에서는 다이아몬드처럼 빛나는 귀금속으로 변해서 또다시 투자자를 유혹한다는 사실을 잊지 말아야 한다. 수익은 내가 내는 것이 아니라 시장이 가져다 주는 것이다. 이러한 역경에서는 투자 자금을 조금이라도 벌수 있는 일에 집중해서 종잣돈을 키우는 것이 중요하다. 평생 투자이다. 조급해하지도 말고 서두를 필요도 없는 것인데, 시장이 힘들 때 우리 마음은 바쁘기만 하니 참으로 아이러니하다.

다시 시장은 어려운 국면으로 향하고 있다 (코스피 2,500, 코스닥 875) 그리고 시장은 늘 어렵다

우리나라 주식 시장을 20여 년 경험한 필자는 여름휴가 기간 동안 편한 적이 별로 없다. 날씨는 무덥고 대체로 쉬는 분위기이지만 주식 시장 안에서는 묘하게도 찬바람이 부는 경우가 매우 많다. 바깥 온도와 주식 시장 온도가 크게 차이가 난다. 휴가를 즐기면서도 마음 한편은 편하지 않은 현상은 매해 되풀이되고 있지만 사실 이에 대한 대응책 또한 마땅하지 않다. 소문에 의하면 펀드 매니저가 주식을 팔고 휴가를 가기 때문이라고 하는데, 계속 개인 투자자들이 손실을 입는 것이 연례 행사처럼 보일 지경이다.

그리고 여름을 무사히 넘기더라도 가을에 갑작스러운 하락을 맞을 때가 있다. 사실은 이때가 더욱 위험하다. 여름 하락은 예상이라도 했지만 예상하지 못한 하락은 심리적으로 더욱 고통스럽다. 그리고 매스컴은 각종 어려운 경제 사황을 앞다투어 보도한다. 대체로 현재도 어려운데 앞으로가 더욱 문제라고 한다. 이런 상황에서 주식은 계속 하락하고 계좌는 쪼그라들고 심리는 위축되어 계속 투자를 이어가기 어렵다. 주식 투자는 어리석은 행동으로 생각될 정도가 되고 그동안의 이론과 신념이 저세상의 이야기가 되고 만다.

이것은 현재의 소용돌이에 매몰되어 장기적으로 생각하지 못한 결과이다. 결국 시간이 지나고 보면 한바탕의 소동일 뿐이고 주식은 자신의 길을 간다. 그 소동에서 투자자만 희생되는 것이다. 그래서 투자자는 성공한 투자자들의 책을 읽어서 간접 경험과 이론을 축적할 필요가 있다. 투자자

　　　　　　　주식 투자에 대한 생각

누구나 본능적으로 행동하다 보면 수익과 멀어지고 손실과 가깝게 지내게 된다. 결국 본능을 역행해야만 수익의 과실을 맛보는데 이것은 말처럼 쉽지 않다는 문제가 있다. 이론과 현실을 견디어 내야 하는 인내력만이 이 과정을 극복하게 한다. 다른 사람의 인내는 쉽게 생각하면서도 내가 인내하기는 왜 어려운가? 경험이 수반되기 때문이다. 다른 사람의 인내는 내가 경험하지 않지만 나의 인내는 내가 온전히 경험한 것이기에 그러하다. 경험이란 시간과 공간과 생각과 행동이 함께 어우러진 것이다. 대단히 소중한 재산인 것이다.

세계의 자산은 왜 상승하는가?

요즘의 빅테크 기업은 하루 이자가 얼마인지 알려주고 지급해 주기도 한다. 예전에는 이자를 받기 위해 6개월이나 1년을 기다려야 했지만 지금은 매일 확인 가능하고 계좌 잔고가 매일 늘어나는 모습도 볼 수 있다.

전 세계가 인플레이션으로 몸살을 앓고 있다. 물가가 계속 뛰기에 예전의 화폐 금액으로 지금 물건을 사려면 값을 더 많이 지불해야 한다. 구매력이 떨어지고 있다. 10년 전 부동산 가격이나 상품 가격을 보면 현재와 차이가 꽤나 크게 느껴진다.

성장하는 기업은 10년 전과 현재의 주가를 비교해 보면 입이 쩍 하고 벌어질 만큼 주식 가격이 상승했다. 시간이 흐르며 기업이 성장하여 가치가 올라간 것이다. 물론 10년 전보다 현재 주가가 하락한 기업도 일부 있다. 그러나 대부분 시간의 흐름에 따라 성장하고, 또는 인플레이션을 반영하다 보니 대체로 주가가 상승했다.

미국은 위기가 닥칠 때는 더 많은 화폐를 발행해서 위기를 극복하고는 했다. 2008년 금융위기 때도 그랬고 2020년 코로나 위기 때에도 천문학적인 금액의 화폐를 풀었다. 덕분에 우리나라는 수출을 더욱 많이 하게 되고 외화를 벌어들였다. 기업들도 성장하면서 더 많은 부가가치가 생겼다. 자연히 주가도 상승하고 부동산 가격도 올라가 금융 자산과 부동산 가격 모두 증가하는 경향을 보이고 있다.

좋은 환경과 발전된 시스템 상황에서 개인들의 부도 덩달아 올라가고 있다. 그러나 아무리 좋은 환경이라고 해도 여기서 소외되는 사람들도 많다. 미래를 대비할 여력이 없는 사람들에게는 그림의 떡이다. 현재 소득으로 소비를 감당 못하는 사람들에게는 현실이 더욱 고통스러울 뿐이다. 소득액에서 소비액을 뺀 잉여금을 투자하여 자본으로 활용해야만 자산 증가의 맛을 볼 수가 있다. 그 맛을 알면 소비는 극도로 절제되기 마련이다. 절제된 소비는 시간이 흐르며 복리의 효과로 자산 증가를 가져오기에 그 가치를 알기 때문이다. 이는 선순환 구조를 지속시키는 강력한 수단이다.

주식 투자에 대한 생각

대한민국에
답이 있다

파는 것에 진심인 나라(대한민국)에 답이 있다

어려서 시골에서 살면서 농산물을 팔았다. 파는 농산물은 최고로 좋은 것만 엄선했다. 흠이 있거나 벌레가 먹은 것은 우리 집에서 소화하고, 가치 있고 좋은 것만 골라 깨끗하게 닦아서 팔았다. 뒷집은 자녀를 대학에 보내기 위해서 가족과 같은 소를 팔았다. 시골에서 소는 밭을 갈고 논을 가는 중요한 일손이다. 사람은 굶어도 소는 굶기지 않을 정도로 애지중지했는데, 그런 소를 자녀의 대학 교육을 위해 팔아야 했다. 어떤 집은 소를 팔아도 부족해 전답을 팔아서 자녀를 대학에 보내기도 했다. 시골에서 전답은 유일한 자본이라고 할 정도로 사람들의 애착이 큰 재산인데 자녀 교육을 위해서는 팔아야만 했다.

자녀들은 대학을 졸업하고 취업을 해서 직장 생활을 한다. 때로는 임원이 되기도 한다. 대한민국 대기업 창업주가 누구인가? 무에서 유를 창조한 사람들이다. 진취적인 창업주가 있고 대학을 나와서 기업 임원을 달 정도로 뛰어난 재능을 가진 임원이 있고 유능하고 믿을만한 경영자의 명령이라면 물불 가리지 않고 일 처리하는 대학 나온 직원들이 있다. 모두 다

파는 데에 진심인 사람들이다.

예전에는 교육도 부족했고 자본도 부족했고 기술도 부족했다. 지금은 어떠한가? 교육과 자본 그리고 기술이 세계 최고 수준으로 발전하였다. 그리고 기업의 구성원 모두, 위에서 아래까지 파는 것(수출)에 진심인 사람들로 꽉 채워져 있다. 또 세계인들이 한류에 주목하고 있다. 더 이상 무엇이 필요한가? 우리만 우리의 가치를 모르고 있다. 외국인 투자자들은 미리 대한민국 주식을 선점하고 있다. 빠르게 성장하는 대한민국에 관심을 갖지 않을 수 없는 이유이다. 파는 것에 진심인 대한민국을 알기에.

사람들은 효율을 쫓는다

각 대학들이 신입생을 선발하기 위해 분주하다. 학생들이 원하는 대학들은 수도권에 몰려 있다. 대학도 생존하기 위해서 몸부림치고 학생도 원하는 대학에 들어가기 위해서 부단히 애쓴다. 부모들은 추위에도 대학에 들어가는 자녀들을 응원하기 위해서 기다린다. 모두가 합격을 기원하는데 대학의 입구는 상당히 좁은 편이다. 그만큼 경쟁이 치열하다.

대학은 왜 수도권에 몰려 있는가? 바로 효율 때문이다. 수도권에 존재해야 대학도 버틸 수가 있다. 인구가 감소하면서 대학도 생존하기가 쉽지 않아졌다. 지방에 있는 대학들은 국립대가 아니면 생존 자체가 불투명한 것이 현실이다. 인구도 수도권에 집중되어 있고 대학도 수도권에 몰려 있으며 기업도 마찬가지이다. 모두가 생존을 위해서 필사적으로 수도권을 고수하고 있다. 효율이 있어야 생존도 가능하기에 모두가 효율을 쫓으면서 생긴 현상이다. '사람은 서울로 보내고 말은 제주도로 보내라'라는 옛말이 새삼스럽게 다가온다. 경쟁은 치열하지만 성과는 그 안에서 꽃피우기에 어쩔 수 없는 부분도 있다. 경쟁력을 상실하면 그것은 더욱 무서운 일이다. 해외로 인재가 유출될 수밖에 없기 때문이다. 그래서 선진국들은 꾸준히 해외 인재를 유입한다. 우수한 대학과 세계적인 기업들이 대표적이다.

우리나라는 어떤 우수한 인재를 끌어들일 준비가 되어 있는가? 어떤 부분에서 경쟁력이 있는지를 생각해 보자. 반도체, 자동차, 2차 전지, 방산, 조선, 화학, 바이오 등에서 두각을 나타내고 있다. 이러한 분야 외에도 앞으로 금융 영역에서 더욱 발전해야 한다고 생각한다. 그래야만 미래 산업을 육성할 투자 재원을 확보하고 성과를 내는 선순환 구조를 만들 수가 있기 때문이다. 우리나라에는 뛰어난 인적 자원이 많지만 제대로 활용하지 못해서 산업이 꽃피우지 못했다. 자본이 부족했던 것도 사실이다.

그러나 자본은 상대적으로 덜 부족했다는 생각이 든다. 정말 자본이 부족했다면 부동산이 그렇게 상승하기는 어려웠을 것이다. 즉 자본이 가야 할 길이 막혀 있었던 것으로 판단된다. 그동안 투자에 대한 믿음이 부족했고 경험도 미천했기에 성장통이 상대적으로 더 크게 다가온 경향이 있었고, 이 때문에 투자가 더 어려워졌다. 다른 산업들은 빠르게 성장했지만 상대적으로 금융은 발전이 더뎠다. 그만큼 앞으로 발전할 가능성이 크다는 것이 필자의 견해다. 금융은 특히 효율과 안전을 더욱 중요시하기에 우리가 꼭 발전시켜야 하는 분야이다. 우리나라의 미래 먹거리가 금융에 달려 있다고 생각한다.

다시 부는
공모주 바람

다시 공모주 바람이 일고 있다. SK 아이이티 공모주 열풍이 불면서 한 때 시장이 떠들썩했지만 그 이후 주가가 내려가면서 시들해지더니, 다시 바람이 불고 있다. 신규 상장주가 관심을 끄는 것은 사실 좋은 현상이다. 기업이 어느 정도 궤도에 올라왔다는 의미이기에 축복받아 마땅하다. 한 단계 크게 도약하는 것이기에 모두가 바라는 바이다. 투자자들은 한 주라도 더 배정받기 위해서 많은 돈을 증권사에 입금한다. 심지어는 대출을 받아 가면서 자금을 투입하기도 한다. 많은 이들이 단기적인 이익을 위해서 주식을 배정받고 상장 당일 매각해서 차익을 얻는 방법을 이용한다. 수익 내는 방식을 추구하는 것은 당연한 일이기도 하다. 다만 이 같은 행위는 투자라기보다는 투기에 훨씬 가까운 것이기에 사실 우려도 된다.

금융에서는 많은 사람들이 한 방향으로 몰려다니는 것이 위험 신호인 경우가 많다. 먹을 때는 몰려다니기에 먹을 것이 별로 없고 잃을 때는 투매로 인해서 손실이 더욱 커지는 구조이기 때문이다. 투기적 요소가 강해서 우려가 된다. 결국에는 이마저도 득실의 데이터가 쌓여갈 것이다. 주식 시장에 존재하는 자금의 규모는 제한되어 있는데 사람들의 관심을 끄는 테

　　　　　　　　　　　　　　　　주식 투자에 대한 생각

마주, 공모주, 일부 개별 종목에 자금이 집중되는 현상이 보인다. 주식 시장에 온기가 돌기에는 아직도 갈 길이 먼 것 같다.

미국에서도 과거에 공모주 열풍이 대단했다. 그러나 공모주 투자로 돈을 번 사람은 거의 없었다. 투자 대가들은 공모주 투자를 멀리하라고 한다. 사실 너무 당연하다. 투자 대가들은 투자를 하라고 하지 투기를 하라고 조언하지 않는다. 공모주의 실상을 바라보면 명확해진다. 통계상 공모 후 3~5년이 지나면 공모가보다 한참 낮은 가격으로 거래되는 경우가 대부분이다. 즉 시간이 지날수록 더 어려워질 확률이 높다.

누가 공모주의 수혜자인가? 바로 창업주와, 기업 초창기에 투자한 소수의 사람들이다. 그리고 인기 있는 공모주는 배정 수량이 작다. 대부분 공모 당일 매매해서 올바른 투자 습관을 만드는 데 방해가 되고 수익도 거의 주지 못한다. 오랜 주식 역사를 갖고 있는 미국에서 이미 검증된 사실이다. 한국이라고 다를까? 결국은 많은 수업료를 부담하고 깨닫게 된다. 잃을 것은 많고 먹을 것이 거의 없는 투자가 바로 공모주 투자인 것이다. 요란할 뿐 투자자에게 도움이 되지 않는다는 투자 대가들의 조언에 필자도 격하게 공감한다.

주식 투자자에게
현재 필요한 것은 무엇인가?

　주식 투자자에게는 상황에 맞는 행동이 요구된다. 어떤 일을 하기 전에 먼저 현재의 상황 파악이 필수이다. 현재는 코스피 지수가 2,600선이고 코스닥 지수는 880이다. 지수는 고점 대비 20% 이상 조정되어 있지만 개인들은 대부분 30% 이상 손실 난 경우가 많다. 이럴 때는 어떻게 해야 하는가? 열심히 주식 시세를 바라보고 적극적으로 주식을 매매해서는, 피곤하기만 하고 수익도 나지 않고 손실만 확정시킬 수 있다.

　이럴 때 전업 투자자는 굉장히 어렵게 된다. 그러나 본업을 하면서 투자하는 사람은 우월한 지위를 누릴 수가 있다. 주식 투자보다는 본업에 집중하고 종잣돈을 모으면서 적립식으로 계속 저렴한 주식을 모아 가는 것이 미래를 대비하는 길이다. 목돈을 투자했는데 −30% 이상 손실이라면 5년짜리 수면제를 먹었다고 생각하고 계좌를 잊고 지내는 것이 현명하다. 단순히 수익 내기만이 목표라면 '잊는 것'이 가장 좋은 방법이라고 생각된다.

　우리 삶은 간단하지가 않다. 주식 투자만 있는 것은 아니다. 주식 투자는 삶에서 극히 일부분이다. 주식 투자는 삶의 도구이지 전부가 아니기 때문이다. 주식 투자를 하는 이유는 효율을 높이기 위해서이지 그것이 목적

　　　　　　　　　주식 투자에 대한 생각

이 되어서는 곤란하다. 따라서 주식이 고점이 아닌 이상 장기적 안목을 갖고 생업과 생활에 집중하는 것이 현명하다.

어쩌면 현재 상황에서 주식 투자자에게 가장 필요한 것은 장기 수면제가 아닐까 싶다. 어려울 때 주식 시장에서 매매를 열심히 해봐야 효율이 나오지 않기 때문이다. 자신의 노동력을 가치 있게 만들기 위해서는 이런 시장에서는 충분한 휴식을 취하는 것이 바람직하다. 그럼에도 불구하고 많은 투자자들은 손실 구간에 있을 때 무엇인가를 해야 한다고 생각하고 실제로 부지런한 행동을 취한다. 필자는 이것을 가장 경계해야 한다고 생각한다. 계좌가 손실일 때는 부지런해서 좋은 경우가 거의 없다. 장기 수면제가 최고의 방법이다. 금융에서는 투자 번복으로 인한 피해가 상당하다. 이러한 행위는 계좌 손실이 이미 상당할 때 이루어지기 때문이다. 작은 손실은 인정하지 않다가 커다란 손실을 입고 자신의 잘못을 비로소 인정한다. 이럴 때는 태풍이 지나가기를 기다리는 수밖에 없다. 소나기가 멈추기를 기다리는 편이 훨씬 현명하다. 어쩌면 현재 주식 투자자에게 가장 필요한 것은 충분히 잠을 자는 것이다.

제5장

투자와 인생, 그리고 미래

1

최고의 투자처는
나 자신이다

스스로를 평가하며

스스로를 평가해 본다: 올해의 성적은?

한 해가 마무리되고 있다. 연말이 다가오면 나는 '올해 몇 점인지'를 스스로에게 묻고 평가하는 시간을 갖는다. 한 해의 성과를 평가해 보고 내년에 대한 기대감을 얻기 위함이다. 대기업에서는 상급자의 냉철한 평가가 있는 반면 나는 그런 조직에 속해 있지 않으므로 그들보다 뒤처질 수 있다는 생각, 그리고 전체 속에서 나의 위치는 어떤지 궁금하니 나를 좀 더 깊이 알고 싶다는 생각에 이 평가를 계속해 오고 있다.

회사의 영업과 업무 처리, 개인적인 투자 성과, 내적인 자기 계발과 사회적 영향력을 고려해 본다. 매년 대체로 좋은 성적을 줬지만 올해는 상당히 박한 평가를 내리고자 한다. 보통 90점 이상을 받았는데 올해는 개인적으로 60점을 주고 싶다. 상급자가 내리는 평가이면 야속하겠지만 내가 내리는 평가이다 보니 담담하다.

2022년은 2020년과 2021년의 성과에 취해 관망하면서 보냈다. 전체적으로 나쁘지는 않지만 잘한 점이 많지 않다. 필자는 기본적인 업무 성과를 50점으로 두고, 잘한 내용이 있으면 플러스를, 못한 내용이 있으면 마이너스를 하는 식으로 점수를 매긴다. 올해는 플러스 요인이 별로 없고 마이너스 요인이 많았다. 투자 성과의 뒷걸음질 때문이다. 시장의 어려움을 벗어나지 못하고 그대로 두들겨 맞고 말았다. 두 번 정도의 기회가 있었지만 욕심으로 인해 살리지 못하고 오히려 손실을 경험했다. 올해에는 책 읽는 시간과 생각하는 시간을 가진 것은 긍정적이나, 적극적인 사회 생활에는 미흡했던 것도 사실이다. 어쨌든 한 해를 보내면서 나름대로 어려운 상황을 잘 이겨냈다고 총평을 내리면서 나 자신을 열정적으로 응원한다.

사람은
배움의 동물

사람은 왜 배우려 하는가?

학생들은 대학 입시철마다 좋은 대학을 가기 위해 몸부림친다. 성적을 올리려고 학원도 다니고, 원하는 대학에 입학할 성적이 나오지 않으면 재수를 하기도 한다. 재수하려면 학원비 등 금액이 만만치 않게 발생함에도 성적을 올리기 위해 많은 비용과 노력을 감당하기도 한다. 입학하기 전에도 이렇게 공부했는데, 대학에 들어가서도 본격적으로 더 많이 배우려고 애쓴다. 왜 이렇게 배우려고 노력하는가? 배움을 통해서 성장하고 더 많은 가능성을 얻고자 함이다.

인생은 선택의 연속이다. 우리는 끊임없는 선택들로 인생을 채워 나간다. 그 선택의 적절성이 그 사람의 인생을 좌우하는 것이다. 배우는 행위 자체도 일종의 선택이지만, 또 올바른 선택을 하기 위해서도 배우는 과정이 필요하다. 선택을 위해서는 대안에 대한 평가가 필수적인데 그동안의 배움이 더 합리적인 선택 기준을 제공하기 때문이다. '알아야 면장 한다'는 말이 있다. 배경 지식과 지혜는 어떤 역할을 해낼 수 있는 최소한의 요건이다.

　　　　　　　　　주식 투자에 대한 생각

그러나 이러한 배움은 저절로 이루어지지 않는다. 개인의 노력도 필요하지만 그 개인이 배울 수 있도록 지원하는 비용이 필수적이다. 그 비용은 보통 부모가 지불하지만 그 사회적 비용 또한 대단하다. 정말 공짜가 없다. 그럼에도 불구하고 부모들의 희생과 사회적 비용의 투자는 더 나은 개인과 사회를 위해서 꼭 필요하다. 사회에 영양분을 제공하는 거름과 같은 존재이다. 다만, 아쉬운 부분이 있다. 우리 사회가 대학 입시에 너무 많은 돈을 쓰고 있다는 점이다. 돈을 퍼붓고 있지만 그로 인한 효익은 생각처럼 높지 않다. 이것이 해법은 아니라고 생각하면서도, 다른 사람들 대부분 하고 있으니 어쩔 수 없다는 식이다. 더욱이 부모가 가장 사랑하는 자녀에 대한 교육비이다 보니, 그것을 줄이는 데 마음이 불편한 것이다.

여기에 포인트가 있다. 냉정히 생각할 필요가 있다. 초등학교에서부터 고등학교 3학년 때까지 많은 학원비가 들어간다. 그런데 내 자녀가 공부에 재능이 있는지 아니면 다른 부분에 재능이 있는지 알기까지 그리 오래 걸리지 않는다. 사실 대한민국 수험생 중 80%는 공부에 큰 재능이 없다. 상위 20%는 공부로 승부를 보아도 된다. 그러면 80%가 공부에만 매진하는 것은 사실 사회적인 낭비이다. 80%가 대학 입시를 위해 학원에 쓴 돈은 개인의 삶에 큰 도움이 되지 않는다. 친구가 학원에 가니까, 부모님이 가라고 해서 어쩔 수 없이 다닌 것이다. 부모님의 마음을 편하게 해 주려고, 부모님의 희망을 꺾기 싫어서, 싫어도 내색 없이 꾹꾹 참고 학원을 다닌 것이다. 부모님 기대를 위해서 그 많은 학원비를 썼다. 이런 돈의 절반만이라도 성장하는 기업에 투자를 해서, 자녀가 성인이 되었을 때 활용하면 어떻겠는가? 소중한 돈을 부모의 기대를 위해서 쓰는 것이 좋은지, 자녀가 미래에 활용하게 될 자금으로 키우는 것이 좋은지 생각해 볼 일이다.

사람은 왜 함께하는가?

사람은 태어나는 순간부터 부모 또는 가족과 함께한다. 그리고 유치원, 초등학교, 중학교, 고등학교, 대학교를 다닌다. 그리고 소수는 대학원에 들어가서 석사, 박사 과정을 밟기도 한다. 그리고 사회에 나와서 직장을 갖거나 혹은 사업체를 만들어서 조직을 이끌기도 한다. 끊임없이 조직에 들어가거나 조직을 만들어서 참여한다. 회사에 들어가도 개인적인 일로 동호회에 참여하거나 친목 조직을 만드는 등 모임을 형성하며 사회생활을 한다.

사람은 배우고 성장하고 삶을 유지하는 데 있어 조직을 활용한다. 개인의 경험과 지혜는 상당히 한정되어 있기에 여러 사람의 경험과 지혜를 활용하는 것이 효율적이다. 조직은 공동의 목적을 달성하기 위해 최적의 상태로 기반이 닦여 있고, 개인은 이를 효율적으로 활용하기 위해 조직과 단체에 적극 가담한다. 높은 비용과 자격을 요구하는 경우라도 기를 쓰고 들어가고 싶어 한다. 배우고 성장하고 싶기 때문이다. 물론 독학하는 사람도 있을 수 있다. 불가능하지는 않다. 그러나 체계적이고 효율적으로 목적을 달성하기 위해서는 커리큘럼을 잘 짜고 스스로의 나태함도 극복해야 하는데, 이 정도의 경지에 있는 사람은 거의 없다. 개인의 경험과 지혜의 부족 때문이다.

사람은 배움의 동물이다. 개인의 경험은 배움으로 연결되는데, 다른 사람의 경험도 내가 알면 배움이 되기 때문이다. 조직은 배우는 데 최적화가 되어 있으며 그 안에서 사람들은 다양한 경험을 공유한다. 사람들이 함께하는 이유는 결국 이득이 있기 때문이다. 혼자서는 얻기 힘든 정보와 경험을 조직을 통해 얻는다.

조직을 통하지 않고는 배울 수가 없는가? 아니다. 책이 있다. 배우려는

    주식 투자에 대한 생각

의지를 갖고 저자를 멘토로 삼으면 많은 것을 얻을 수 있다. 책의 저자는 그 분야에서 경험한 바를 최대한 쉽고 자세하게 설명해 주는 사람이다. 독자는 책을 읽으며 간접 경험을 쌓고, 시간과 자본을 절약할 수 있다. 이를 '혼자 배운다'고 생각할 수도 있지만 엄밀하게 말하면 사실 책을 읽는다는 것은 저자와 시간을 보내는 일과 크게 다르지 않다.

나는 무엇에 특화되어 있는가?

사람은 비슷해 보이면서도 완전히 똑같은 사람은 없다. 모두가 조금씩 다르다. 노래를 잘하는 사람, 사업을 잘하는 사람, 운동을 잘하는 사람, 키가 큰 사람 등 각자 자신이 잘 하는 분야와 약점인 부분이 다르다. 선천적인 부분도 있고, 습득해서 잘하는 후천적인 부분도 있다. 분명한 것은 모든 것을 다 갖춘 사람은 없으며 아무것도 갖추지 못한 사람 역시 없다는 것이다. 장점이 하나도 없는 사람은 없다. 단 한 가지 장점이라도 그것이 특별하면 많은 사람들로부터 사랑을 얻기도 한다.

모든 사람이 비슷하면서도 각기 다르다는 것은 각자의 고유성이 있기 때문이다. 그렇다면 나는 무엇을 잘 하는 편이고 어떤 장점이 있는지 생각해 본다. 장점보다 단점이 너무 많다. 키가 작고 얼굴이 검고 노래를 잘 못하고 사회성이 떨어지는 편이다. 장점으로는 끈기가 있고 긍정적이고 돈을 불리는 재주는 있다. 돈을 쓰지만 줄어드는 것이 아니라 점점 커지게 만드는 데 관심과 열정과 재주가 있다고 믿고 싶다.

돈이란 지금 당장 써서 효용을 증가시키는 것도 있고(소비) 미래의 가능성을 높여 가치를 증가(투자)시키는 것도 있다. 둘 다 가치는 있다. 다만 그 가치를 현재 누리느냐 미래에 누리느냐 하는 시점 차이, 혹은 더 나아가

세대 간 차이가 발생한다. 다만 나는 현재 나의 사명에 충실할 뿐이다.

현대 사회는 효율을 중시한다. 시간과 자본이 제한되어 있기에 투입 대비 얼마나 많은 산출물이 나오는지가 중요한 것이다. 잘하는 것에 집중하면 성과물이 더 나오는 특성이 있다. 나에게 가수 되기를 강요한다면 나도 괴롭고 청중도 괴로운 것이다. 시간은 무한하지 않은데 굳이 못하는 일을 할 필요가 전혀 없는 것이다. 나도 즐겁고 청중도 즐거운 것은 무엇인지 생각한다.

무엇이 진짜인가?

지인 중에 연극인이 있다. 연극인에게 꼭 필요한 덕목은 몰입이라고 한다. 큐 사인이 떨어지면 자신을 잊고 배역에 맞추어 생각하고 행동한다. 너무 몰입하다 보면 내가 진짜인지 배역이 진짜인지 헷갈릴 정도라고 한다. 이를 통해서 다양한 인생을 경험한다고 한다.

나는 누구인가? 나는 무엇을 하는 사람인가? 나에게는 도대체 어떤 배역이 주어졌는가? 그리고 진짜 나는 누구인가? 연극은 대부분 몇 시간 안에 끝난다. 몇 시간 안에 끝나는 연극을 위해서 몇 달을 준비한다. 그리고 많은 협력자들을 필요로 한다.

나의 인생 공연은 어떠한가? 공연 시간은 나의 평생이다. 40대까지는 가정과 사회에서 주어지는 배역에 충실하려고 노력했다. 그리고 이제 50대가 되는 내 배역에 대해서 생각해 본다. 주어진 배역에 만족하고 있는지 또는 원활하게 잘 소화해 내고 있는지 말이다. 그리고 앞으로 진행될 배역에도 생각해 본다.

40대까지는 단순 배우였지만 50대부터는 노련한 배우이다. 이제는 직접 연출을 할 수도 있고 연극의 모든 책임을 다지는 총감독이기도 하다. 그리고 이 모든 것을 즐기는 관객이기도 하다.

이제는 노련한 배우로서 애드리브까지 추가하며 연극의 맛을 한층 더 내고 있다. 배우이고 연출가이고 총감독이고 관객의 역할까지 모든 것을 누리고 살아간다. 흥행 걱정이나 제작비 모두 걱정 없다. 내가 재미있고 만족하면 만사가 오케이다. 즉 나의 열정만 있으면 된다.

생각해 보자. 나는 어떤 배역을 가장 잘할 수 있을까? 내가 그동안 20여 년 동안 경험하고 좋아하는 세무사와 투자자라는 배역이 나에게 가장 잘 어울릴 것 같다.

각자는
자신을 경영하는 기업이다

각자의 순자산은 부에 대한 자신의 성적표이다

각자의 총자산에서 총부채를 빼면 순자산이 나온다. 즉 자신의 모든 재산에서 빚을 상환하고 나면 남는 순수한 재산이 순자산이다. 이 순자산은 결국 누적된 개인의 부에 대한 성적표라 할 수 있다. 그것이 현재 시점에서 측정된, 개인의 부에 대한 '실력'의 척도이다. 따라서 각자 현시점에서 부에 대한 실력을 받아들이고 어떻게 실력을 늘릴 것인지를 진지하게 고민할 필요가 있다.

개인의 실력에 비해 일시적으로 순자산이 늘 수는 있지만 유지하기가 버거워 결국 빠져나가기 마련이다. 또 실력에 비해 순자산이 늘지 않았다면 결국에는 실력에 따라 순자산이 늘기 마련이다. 결국 실력이 변수이고 순자산은 결과이다. 필자는 수학을 못하지만 식으로 표현해 보자.

w=F(X)
w=순재산
x=부에 대한 실력

주식 투자에 대한 생각

따라서 순재산을 늘리고 싶다면 부에 대한 실력을 키우면 된다. 부에 대한 실력은 어떻게 키울 수가 있는가? 자신에 대한 냉철한 현재의 위치를 알아야 한다. 다음을 고려해 보자.

1. 소득을 늘릴 수 있는 방법들을 생각한다.
2. 저축을 늘릴 수 있는 방법들을 생각한다.
3. 투자를 늘릴 수 있는 방법들을 생각한다.
4. 생활을 간소화할 수 있는 방법들을 생각한다.

경험은 대단히 중요하지만 모든 일을 경험에만 의존하면 시간과 재산을 낭비하기가 쉽다. 불필요한 행동을 줄이는 것이 중요한데, 간접 경험도 훌륭한 선생님이기에 이를 활용할 것을 권한다. 특히 책을 읽는 것은 실패 확률을 낮추면서 사람을 성장하게 도와 준다. 다른 사람들이 미리 경험하여 얻은 성공 노하우를 알면 시행착오를 줄이고 효율은 높일 수 있다. 어렵게 새로운 길을 만드는 것보다 잘 닦인 고속도로를 이용하는 편이 시간과 재산을 아끼면서 부를 키우기에 유리하다. 성공한 사람들이 경험한 고속도로를 알려주는데 굳이 산길로 갈 이유는 없다. 필자는 오랜 시간을 산길을 고집했었다. 무지에서 비롯된 행동이었다. 그런 시간이 여러분에게는 최대한 짧았으면 하는 바람으로 이 글을 쓰고 있다. 성공한 사람들로부터 직접 배우는 것이 좋지만 그들을 만나기도 어렵고 그 사람들의 시간을 뺏는 것도 어렵다. 해답은 바로 책이다. 저자가 일생 동안 얻은 노하우가 책에 고스란히 담겨 있다. 필자는 '고속도로'가 바로 책이라고 생각한다.

각자는 자신을 경영하는 기업이다

투자자는 기업의 재무제표를 통해서 한 해 동안 이 기업이 얼마나 벌어들였는지, 그리고 자산이 어떻게 구성되었는지 살펴본다. 그리고 그 기업에 투자를 할 것인지 말 것인지 결정한다. 이처럼 기업의 재무제표는 기업의 이익 창출 능력과 자산 상태를 알려준다. 이는 기업의 신용도와 연결되며 기업의 능력을 가늠하는 척도가 된다.

우리 한 사람 한 사람도 각자의 수입과 소비가 있고, 잔여물이 쌓여서 자산을 구성한다. 그렇게 보면 사람도 기업과 유사한 면이 있다. 개인도 근로 소득이나 사업 소득, 임대 소득, 이자와 배당 소득을 얻고, 여기에 투자 소득(주식과 부동산)을 합하면 한 해 동안 벌어들인 수입이 된다. 여기에서 소비를 빼면 순소득이 나온다. 이와 같이 개인의 소득 창출 능력을 측정할 수 있다. 개개인이 각자의 경영자, 대표이며 하나의 기업인 것이다.

이렇듯 기업을 분석하는 것처럼 각자의 순소득과 순자산을 측정할 수 있어야 한다. 그리고 화폐로 측정되지 않는 자질과 리더십 역시 기업과 개인에게 모두 존재하는데, 이것은 무형 자산의 성격을 띈다. 무형 자산은 개인과 기업을 발전시키는 원동력이다.

기업		개인	
수익	자산	소득	재산
-비용	-부채	-소비	-부채
당기순이익	순자산	순소득	순자산

이렇게 한 해 한 해의 성과를 측정하고 기록하면 추이를 예측하고 목표를 설정할 수 있다. 그렇기에 개인의 역량을 집중할 필요성을 느낀다. 목표

에 집중하다 보면 부수적으로 좋은 자질들을 기를 수 있고, 이것이 결국 자산을 키우는 길이기도 하다. 위의 표를 보면, 개인은 걸어다니는 기업과 같다. 은행에서 기업여신을 평가할 때 재무제표를 보듯, 개인에 대한 신용평가 역시 기업과 크게 다를 것이 없다.

칭찬은
고래도 춤추게 한다

요즈음 대학에서 스포츠 댄스를 배우고 있다. 음치에 몸치에, 전혀 어울릴 것 같지 않은데 몸속의 흥이 밖으로 표출되는 모양이다. 교수님으로부터, 또 함께 수강하는 지인으로부터도 뜻밖에 칭찬도 받으니 몸도 마음도 함께 신이 난다. 그 덕에 더 몰입해 즐거운 댄스 시간을 보낼 수 있다. 격려의 차원이겠지만, 칭찬은 내게 열정을 불러일으킨다. 댄스를 눈으로 보는 것도 즐겁지만 직접 내 몸을 움직이면서 느끼는 감정은 훨씬 크다.

우리는 보는 즐거움에 익숙해져 있다. 직접 경험하기가 쉽지 않고 여건이 안 되는 것도 사실이지만, 미리 겁을 먹어 시도조차 못하는 경우도 많다. 스포츠 스타들이 게임하는 것을 보며 응원한다. 스포츠 댄스도 보면서 감상한다. 스타들이 하는 운동을 내가 직접 해 보는 것은 한층 발전된 경험이다. 어색할 거라 생각했지만, 실제로 접했을 때 칭찬을 받는다면 훨씬 맛있는 운동이 된다.

이것을 투자의 관점으로 살펴보자. 워렌 버핏, 주식 농부 박영옥,『관점』의 저자인 강방천, 동학 개미 운동의 존 리 대표. 이런 분들은 투자 세계의 슈퍼스타급 플레이어다. 이런 분들을 매스컴에서 보면서 투자의 눈은 상

 주식 투자에 대한 생각

당히 올라갔다. 어색하고 서툴지만 나도 투자의 세계를 직접 경험해 본다. 시장의 상승과 하락의 변동성에 발을 담그고 온몸으로 직접 체험하고 있다. 각자 투자하는 종목이 다르고, 또 타인의 투자 내용을 모르기에 공개적인 칭찬은 어렵다.

그러나 나 자신에 대해서는 잘 알고 있지 않은가? 칭찬해 주자. 응원해 주자. 열정을 불러일으키는 칭찬을 나에게 듬뿍해 주자. 조금 서툴면 어떤가? 발전하고 성장하고 있지 않은가? 하다 보면 투자의 세계에도 '흥'이 있음을 알게 되고, 나 스스로 하는 칭찬을 넘어 주변 지인으로부터 혹은 대중으로부터 칭찬을 받게 될 날이 오리라고 생각한다. 지금은 투자의 연습생으로도 즐겁지만 누가 알겠는가? 혹시 투자 세계의 스타로 떠오를지를! 아 생각만 해도 짜릿하다.

보고 듣는 것을 넘어 몸소 경험하는 것이 발전된 삶의 방식이다.
투자에서 직접 경험하고, 이런 자신을 칭찬하고 응원해 주자.

평생 해야 하는
3가지

　성인이 되어서 평생 동안 해야 하는 세 가지는 무엇일까? 그것은 저축(투자), 공부(독서), 운동이다. 저축은 경제적인 투자이고 공부는 정신적인 투자, 그리고 운동은 신체적인 건강에 대한 투자다. 큰 틀에서 보면 불확실한 미래에 대한 준비이고 가능성을 높이기 위한 일종의 투자다. 인생은 선택의 연속인데 더 나은 선택을 위한 에너지원인 배터리 역할을 하는 자원이 저축, 공부, 운동이다.

　이 세 가지는 매일 밥 먹듯 해야 하는 평생의 친구다. 필자도 어느 순간 이 세 가지가 삶의 상당한 부분을 채우고 있다. 저축은 투자를 하다 보니 자연스럽게 몸에 배게 되었다. 삶이 복잡하지 않고 번잡스러운 것을 싫어하게 된다. 가능하면 단순하게 하려고 한다. 공부는 경제에 대한 이해와 사람에 대한 이해가 필요한데 독서가 큰 도움이 된다. 책은 내가 배울 준비만 되어 있다면 언제든지 친절하게 알려주는 친구이자 스승이다. 운동은 삶에 활력과 재미를 주어 균형 잡힌 사회생활을 가능하게 하고 스트레스 해소에도 탁월하다. 이 세 가지를 지속하고 삶에 활용하는 사람은 행복한 사람이라고 말하고 싶다.

　　　　　　　　　　　　　　　　　　　　　　주식 투자에 대한 생각

평생 해야 하는 세 가지를 AI에게 호기심에 물어보니 배움(독서)과 운동이 나온다. 좋은 인간관계를 유지하라고 조언한다. 투자 대신에 좋은 인간관계를 더 중요시하는 답변을 얻었다. 좋은 인간관계에는 사실 적지 않은 비용이 들어간다. 상부 상조를 중요시하기 때문이다. 애경사 때 부조도 무시하기에는 조심스럽다. 관계를 위한 시간과 돈이 많이 소비된다. 그 시간과 돈을 조금 더 가치있게 쓴다면 사회는 한층 더 발전하게 된다. 애경사는 자신이 많이 뿌리면 많이 받고 적게 뿌리면 적게 받는 구조이다. 성장이 거의 없다. 어떻게 보면 원금을 넣고 원금을 탄다. 원금을 못 탈 가능성도 존재한다. 가족이 아닌 애경사 연락을 받으면 보통 반가운지 아니면 살짝 고민이 생기는지 자신에게 스스로 물어보면 어떻게 해야 할지 답이 나온다고 생각한다. 인간관계를 유지하려고 너무 애쓰지 않아도 사람은 필요에 의해서 관계를 갖기 때문에 많은 시간과 비용을 들이는 것은 바람직하지 않다고 생각한다. 차라리 그런 시간과 돈을 자신을 위해 투자에 활용한다면 시간이 지나면서 훨씬 큰 성과를 만들게 된다. 이에 대한 해답은 정년퇴직자를 보면 된다. 정년퇴직을 했다는 것은 어쩌면 원만한 인간관계를 달성했다고 봐도 무방하지만 노후가 탄탄한 사람은 생각보다 적다.

이제는 다른 사람을 만족시키는 일보다 자신을 만족시킬 일이 먼저이다. 미래의 자신을 위해서 시간과 돈을 투자하기를 응원한다.

나는 왜 투자에 관해서
글을 쓰는가?

20여 년 주식 투자를 하며 많은 시행착오를 겪었다. 실수투성이였다. 이러한 실수는 큰 손실을 필연적으로 가져온다. 금전적 손실은 가정 경제뿐만 아니라 투자자 자신의 자존감에도 적지 않은 상처를 준다. 실수를 통해서 많은 손실을 입지만, 자신을 발전시키려는 노력에는 무관심하고 계속해서 실수를 반복한다. 사람은 쉽게 바뀌지 않는다. 그리고 똑같은 일을 반복한다. 그리고 운이 없고 시장이 왜곡되었고 세상이 공정하지 못한다고 말한다. 정작 중요한 것이 빠져 있다. 가장 중요한 것은 자신에 대한 관찰인데 이것을 놓치고 주변 탓을 한다. 남 탓으로는 절대 발전할 수가 없다는 것을 깨닫기까지 많은 시간이 걸렸다. 남들은 내가 통제할 수 있는 영역 밖의 일이다. 그러니 어쩔 수 없다. 나도 나를 모른다고 인정해야 하지만 그것조차도 쉽지 않다. 쉽게 시장의 유혹에 넘어가고 또 시장의 소용돌이에 희생당해 왔다는 것을 깨달아야 하는데 남 탓하느라 정작 중요한 것을 놓쳤던 것이다.

주식 투자는 인생과 크게 다르지 않다. 흘러가는 대로 살게 되면 시간은 빠르게 지나가 버리고 후회만 남는다. 계획하고 실천하고 반성하는 시

 　　　　　　　　　　　　　　　　　주식 투자에 대한 생각

간을 가질 때 그런 안타까운 상황으로부터 벗어날 수가 있다. 인생도 실수 투성이다. 실수 덩어리의 삶이다. 실수를 되풀이하지 않으려는 반성을 거듭하며 조금씩 개선되어야 제대로 된 삶을 살아갈 수 있다. 주식 투자도 크게 다르지 않다고 생각한다. 우리는 모두 본능의 동물이지만 생각할 수 있는 능력이 있다. 투자의 세계에서 본능에 따른 행동은 반드시 경제적 손실을 가져오게 되어 있다. 생각하는 힘이 이런 본능을 저지하고 욕심을 절제해야 하는데 이것을 무시하고 놓치기 쉽다.

우리는 대부분 시장에만 관심을 쏟는다. 자신에 대한 이해는 깊게 생각하지 않는다. 나는 어떤 사람인지 생각해야 한다. 시장 환경이 변할 때 나는 어떤 생각을 갖고 있고 어떻게 행동하는지 관찰해야 하는데, 그런 것은 생각하지 않는다. 결국 투자의 주체는 '나'인데 나에 대한 데이터를 활용하지 못한다. 나를 객관적으로 볼 수 있어야 한다. 자기반성이 없으면 귀중한 자료를 축적하지 못하고 당연히 이를 활용하지도 못한다. 핵심은 놓치고 주변에만 집중한 결과이다. 다시 한번 강조하지만 핵심은 나에 대한 이해이다.

많은 시간 시행착오를 반복하며 투자를 해 왔다. 생각해 보면 참으로 안타깝지만 그래도 그 틀을 벗어났다는 것에 위안을 얻는다. 시장에는 나와 같은 실수를 반복하는 사람들이 넘친다. 필자가 이 글을 쓰는 이유는 나를 알아가기 위한 데이터를 남기기 위함이다. 그리고 사랑하는 딸과 아들이 나와 같은 실수를 반복하지 않기를 바라는 마음이 있다. 나와 우리 가족을 위한 글이다. 그러나 범위를 꼭 제한해야 하는 것은 아니다. 가족에게 도움이 된다면 다른 사람들에게도 역시 동일한 효과가 있다고 생각된다.

나는 왜 다 쓰지도 못할 부를 추구하며 살아가는가?

2년 전쯤 파이어족(경제적 독립으로 인한 조기 은퇴를 꿈꾸는 사람들)을 심각하게 고민한 적이 있다. 그런데 은퇴 후 그 많은 여가 시간을 무엇을 하며 지내느냐가 핵심 문제로 떠올랐다. 충분히 확보된 자유 시간은 좋으면서도, 한편으로는 사람을 외롭게 만들기도 한다. 결국 함께 놀 사람이 필요한데 필자 주변에는 그럴만한 사람이 없었다.

그런데 사무실에 나가면 시간이 무척 빠르게 흘러갔다. 손님도 만나고 결재도 하다 보면 지루할 틈이 없다. 출근할 수 있는 사무실의 존재가 새삼 고마웠다. 또 사무실은 사람들과 소통할 수 있는 장소인 것이다. 그뿐만 아니라 경제적 혜택도 상당하다.

계속 상승할 것으로 믿었던 주식이 2022년에는 손실을 보였다. 그러나 본업이 있기에 손실 상태에서도 지속적으로 투자가 가능 했다. 사무실의 존재는 일석이조가 아니라 일석삼조 이상의 혜택을 나에게 제공하고 있는 것이다. 본업이란 이렇게 위기 상황에서 소중한 역할을 한다.

생각해 본다. 과연 나는 현재 보유 중인 자산을 다 쓸 수 있는가? 생각해 보면 그동안 검소한 생활이 굳어져서 돈을 쓰는 것을 별로 좋아하지 않는다. 특히 작은 돈들도 투자되면 그 과실이 어마어마하다는 것을 경험한 터라 더욱 그러하다.

그렇다면 내가 쓸 돈도 아니면서 왜 부를 계속해서 추구하는가? 도대체 이유가 무엇인가? 나는 자본주의의 끝없는 탐욕주의자인가? 무엇이 옳은지 고민하는 시간을 가졌다. 좋은 효율을 가지면 생산성이 증대된다. 생산성이 증대되면 더 좋은 기계와 신기술을 도입할 수 있다. 선순환 구조다.

나는 현재 대단히 만족스러운 삶을 살고 있다. 투자는 증가하고 수익도 커지는 선순환 구조를 경험하고 있다. 과연 이것을 멈추는 것이 나에게 더 큰 행복을 줄지 의심스럽다. 절제된 생활 덕에 시간과 돈을 동시에 절약하고 있으며, 이렇게 아낀 돈으로 투자를 이어가면서 부가 축적된다. 그리고 그러한 시간이 지속되면서 그 가치가 커지고 있다. 미래에는 더욱 커질 것이 분명하다. 복리의 마법이 작동하기 때문이다.

이러한 과정들을 중단한다고 했을 때 나는 과연 만족할 인간인가? 전혀 그렇지 않다. 현재를 살아가는 데 충분히 만족하고 있으며, 미래에 결코 작지 않을 성과를 얻을 것이다. 그 과정을 온전히 즐기고 있다. 이를 마다할 이유가 없다. 운동은 신체적, 정신적 측면에서 우리 삶에 큰 도움을 준다. 어찌 운동을 중단할 수가 있는가? 투자도 운동처럼 삶에 긍정적이어서 중단할 이유가 없다.

내가 자본주의 선순환 구조에서 소외되지 않고 그 흐름을 탈 수 있다는 것을 다행이라고 느낀다. 어쩌면 행운아라는 생각이 든다. 이 행운의 씨앗이 커다란 나무로 성장해서, 몇 백 년 동안 사람들의 사랑을 받기를 소망해 본다.

2

삶과 자연에서 배우는
투자의 지혜

계절의 순환으로 읽는
시장의 흐름

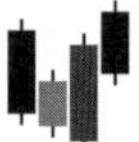

한여름의 끝자락에서 아이가 걸음마를 배우듯이

후덥지근한 여름이 지났다. 여름과 가을의 경계에 이른 지금, 어느덧 밤이면 쌀쌀함도 느껴진다. 아침에 출근하는데 상쾌했다. 파란 하늘에 구름이 높게 떠 있다. 새해라고 들뜨던 것이 얼마 전 같은데 벌써 가을이 성큼 다가온 것이다.

가을은 농부에게 결실의 계절이다. 그리고 학생들은 또 그 시간만큼 여물어서 성적을 올리고 고3은 대학 입학을 목전에 두고 있다. 사업자들은 1년 중 마지막 분기를 앞에 두고 전체적인 사업 성과를 가늠해 보기도 한다.

우리 주식 투자자들은 어떠한가? 2022년은 고난의 한 해였고, 올해 역시 매우 어려운 장이 펼쳐질 것으로 예상하고 긴장하기도 했다. 그러나 주식 시장은 의외로 평이하게 흘러가고 있다. 매스컴은 공포를 조장하기도 했지만 시장은 그럭저럭 큰 변화 없이 잔잔하게 진행되고 있다. 일부 섹터에서 가는 종목만 가고 나머지 종목들은 개점 휴업 상태라고 할 만큼 진전이 없다. 전체적으로 지수는 조금 상승했지만 투자자들의 계좌는 작년 말과 별로 달라지지 않은 상황이다. 시장이 투자자들을 강하게 소외시키는

주식 투자에 대한 생각

장면을 연출하면서 주식에 대한 매력도가 떨어지고 있다. 일부 섹터에서만 강한 쏠림 현상을 보이면서 투기적인 시장을 연출하기도 한다.

자신의 종목은 제자리걸음인데 다른 종목이 잘나가면 자신은 투자에서 소외된 것처럼 한탄한다. 그러다가 급등한 다른 종목으로 갈아타고, 추격 매수한 종목이 조정을 겪으며 다시 계좌가 쪼그라드는 경험을 하기도 한다. 이것이 일반적인 개인 투자자의 투자 행태이다. 필자도 경험한 적이 있기에 투자 경험이 적은 사람들은 꼭 주의해야 한다.

한여름 더위가 어느 순간 식듯이 주식 시장의 변화도 순식간에 이루어진다. 시장은 변화가 더딜지라도 개별 종목의 변화는 예상하기 어려울 정도로 갑작스럽게 진행된다. 투자자들이 눈치를 챌 때는 이미 상당한 진척이 이루어지고 난 후다. 즉 급등의 절정일 때 다수의 투자자가 새롭게 진입하지만, 시간을 미리 투자하지 않은 성급한 투자자는 가혹한 대가를 치르게 된다. 그것이 주식 시장이다. 개인 투자자는 시간을 미리 투자해서 위험성을 낮춰야 한다. 사람들이 몰릴 때 사면 비싼 값을 지불해야 한다.

생각해 볼 필요가 있다. 돈을 버는 방법 중 사업이 가장 강력하다는 것을 알고 있다. 그러나 문제는 사업이 결코 간단하고 쉽지 않다는 점이다. 인적 자원, 많은 투자 자금, 시설 투자와 특허 등… 갖추고 고려할 것이 너무 많다. 개인이 직접 사업을 해서 성공하기는 만만치가 않다. 그렇다고 일찍 포기하는 것은 너무 성급하다. 나보다 훨씬 우월한 위치에서 사업을 잘하고 있는 상장사가 있기 때문이다. 상장사 중에서 동업의 대상자로 믿을 만한 기업을 선택하면, 그 기업의 과실을 내가 투자한 비율만큼 보상해 준다. 이것이 바로 주식 투자의 비밀이고 맛이다. 상장사는 사업의 프로들이다. 이 많은 기업들이 서로 동업해 달라고 아우성을 친다. 신중을 기하고 또 기해서 엄선해서 가장 믿을 만한 기업에만 투자를 진행하면 된다.

수확의 계절 가을에, 많은 사람들에게 투자의 과실을 맛보게 하고 싶다. 입이 근질거려서 이 글에 마음을 담는다. 필자에게 주식 투자는 어린아이가 걸음마를 배우는 것처럼 기본적인 생존 수단이라고 말하고 싶다.

밖에 비가 내린다

밖에 비가 내린다. 나는 방 안에서 글을 쓰고 있기 때문에 빗소리가 시원하게 느껴진다. 세상에 계속 비가 내릴듯하다. 세상이 어두워지고 분위기가 반전되기에 시각적으로 그렇게 느낀다. 장마를 경험해서일지도 모른다. 그러나 어떤 장마도 한없이 계속되지는 않는다.

비슷한 사례가 주식 투자에서도 적용된다. 주가 상승을 기대하고 있는데 상승하다가 주가가 갑자기 하락하면 실망은 더욱 커진다. 기대가 갑자기 공포로 변하며 분위기가 반전된다. 그리고 하락이 깊어지면 왠지 계속 하락할 것만 같다. 마음도 심란해진다. 왜 이런 현상이 발생할까? 눈앞에 보이는 것에 마음을 빼앗기기 때문이다. 여름에 비가 오는 것처럼 주가 등락은 자연스러운 현상이지만 그것이 자신의 계좌 금액을 변동시키는 단기적인 현상에 매몰되어 마음까지 흔들리는 것이다.

그렇다면 이런 현상에 초연해져 자연스럽게 헤쳐 나갈 방법이 있는가? 주가 변동의 생리를 이해하고 장기적인 시각을 갖는 것이다. 계절의 변화를 알고 대응하듯 주가 변동의 자연스러움을 인정하는 것이다. 그리고 그 변동의 폭을 넓게 가져가며 의미 있는 변화에는 시간이 걸린다는 것을 인정하고 미래의 꿈을 키워 나가자. 장마가 멈추면 햇볕이 들듯 이 하락이 멈추면 상승의 길을 가리라고 기대하면서 이 시기를 이겨내는 것이다.

주식 투자 수익은 아주 커질 수 있지만 거저 생기지는 않는다. 물론 근

　　　　　　　　　　　　　　　　　　　　　　주식 투자에 대한 생각

로 소득이나 사업 소득을 얻는 데 필요한 노력에는 비할 바 안 되지만, 기다리고 인내하는 정신적인 노동력이 꼭 필요하긴 하다.

가을비가 내린다

한여름의 열기를 식히는 가을비가 내린다. 여름의 뜨거움 속에서 가을을 생각하기는 쉽지 않다. 그러나 어김없이 가을이 찾아오고 있다. 가을을 재촉하는 비도 내린다. 우리 투자자의 열기가 생각난다. 2021년 여름은 주식 투자자에게도 뜨거웠던 시절이다. 그리고 현재 가을비가 내리듯 시장은 축 처져 있다. 생기를 잃었다고 표현할 수 있겠다. 지루하고 심심한 장세로, 계좌는 손실을 보인다. 마음도 무겁다. 계절의 변화를 겪듯이 주식 투자자도 순환되는 장세를 경험하게 된다.

주식 이야기가 사람들에게 외면받기 시작했다. 불신이 가득하다. 그리고 시장에는 파리만 날리고 있다. 뜨거웠던 시절이 전설처럼 되어 버린 듯하다. 부동산도 한산하기는 마찬가지이다. 이런 시기에는 투자로 인한 수익을 챙기는 것은 꿈꾸기 어렵다. 전업 투자자에게는 어려운 때이다. 다만 생업이 있는 투자자에게는 굉장한 이점이 있다. 생업으로 인한 소득 활동을 할 수가 있고 그 자금을 가지고 거품이 없는 때 투자할 수 있는 장점까지 누리게 되기 때문이다.

그리고 그 자금들이 쌓인다면 계절이 순환하듯 주식 시장 환경이 좋아질 때 뜨거운 열기를 맞이하게 된다. 주식 투자는 이것의 반복이다. 따라서 전업 투자자는 길게 보면 불리한 게임을 하는 것이고 생업을 가진 투자자는 우월한 위치에서 투자 활동을 이어갈 수 있는 것이다. 그런데 이것을 오해하는 투자자가 매우 많다. 전업 투자자가 유리한 것처럼 말이다. 주식 시장을 계속 바라본다고 해서 수익이 올라가는 것이 결코 아니다. 오히려 기회비용만 가중된다. 시장은 자기 갈 길을 가고 투자자도 자신의 삶을 살다가 가끔 관심을 갖는 정도면 충분하다. 전업을 해야 많이 벌수 있다고 생각하는 것 자체가 오산임을 분명히 밝힌다. 바라보고 있어야 빨리 오르는 것도 아니고 안 본다고 천천히 오르는 것이 결코 아니기 때문이다. 무엇보다 전업 투자자는 기회비용이 너무 크다. 투자 소득이 아니라 노동 소득이 되기 때문이다. 투자는 극한의 효율을 이끌어 내는 분야이다. 자본이 돈을 벌기에, 나는 본업에만 집중해도 자본이 돈을 버는 데 하등의 영향이 없기 때문이다. 스스로 돈을 벌기 위해서 애쓸 필요가 없다. 그래도 바른 투자를 하면 돈을 벌어 준다. 이것이 바로 투자의 묘미가 아닌가.

가을이 느껴진다

아침에 사무실에 출근하면 땀이 흐르고 에어컨부터 찾는 것이 일상인데 오늘은 땀은커녕 서늘함마저 느껴진다. 한여름이 가고 본격적으로 가을이 오고 있음을 피부로 느끼게 된다. 어제는 가을비가 뜨거웠던 대기를 식혀 주었다. 계절의 순환이 새삼스럽다. 요즘은 주식 투자자들은 개점 휴업 상태다. 작년의 손실이 나아질 기미를 보이지 않고 지루한 장세가 계속 이어지고 있다. 상황은 녹록치 않고 오히려 사방에서 어렵다는 이야기만 들린다. 주가가 떨어지지 않을까 하는 우려 속에서 투자는 재미없고 매력없게 느껴진다. 이런 상황에서 투자자들은 어떤 자세를 취하는 것이 좋을까?

2021년에는 주가 지수가 높게 상승하면서 많은 투자자에게 미래에 대한 꿈과 희망을 심어 주었다. 파이어족도 나오고 전업 투자자도 많이 생긴 해였다. 그만큼 투자가 매력적인 시기이기도 했다. 그리고 2년이 지났다.

주식 투자에 대한 생각

2023년 현재는 어떠한가? 주식 시장은 지루하고 매력 없는 시장으로 완전히 변해 버렸다. 계좌는 온통 손실투성이다. 올라갈 기미 없이 하락한 채로 머물러 있다. 그러나 분명한 것은 계절이 순환하듯 주식 투자도 순환한다는 사실이다.

2022년은 조정을 주었고 2023년은 상승도 하락도 크지 않은 박스권에 닫혀 있는 형국이다. 상방으로 가야 할지 하방으로 가야 할지 몰라서 길을 잃고 헤매는 모습을 보이고 있다. 어느 방향으로 가더라도 그 폭은 크지 않을 것으로 생각되지만 투자자에게 희망적인 상태는 아니다. 많은 투자자들이 이 시기를 버티지 못하고 탈출해 버리고 만다. 그리고 시장이 좋아지면 진입하겠다는 스마트한 생각도 갖는다.

그러나 투자의 역사를 보면 시장이 우호적일 때는 가격이 그만큼 올라가 있어서 전체적인 수익은 크지 않게 된다. 또한 투자자들이 좋게 인식할 때는 이미 상당히 오른 시점이다. 그 때에야 변화가 눈에 들어오고 투자에 대한 열망을 피운다. 따라서 시작이 좋지 않을 때도 발을 담그고 있는 것이 미래를 위한 선택이지만 이 마음을 지키려면 통찰력과 인내력이 필요하다. 한산하고 거품이 없을 때 시간을 투입하고 때를 기다리는 것이 투자자에게 필요한 덕목이지만, 사람은 늘 닥치기 전에는 모른다. 결국 미리 시간과 자금을 투자한 사람이 그 과실을 온전히 누리게 된다. 그 인내의 영역을 통과한 끝에 달콤함을 맛볼 수 있다.

9월을 마무리하며

민족의 최대 명절인 추석이 다가온다. 오늘은 추석 전 마지막 근무일이다. 또 이렇게 9월을 마무리하게 된다. 명절이 다가왔지만 투자자들의 마음은 무겁기만 하다. 2년 연속 손실을 감당해야 하기 때문이다. 연초의 반짝 상승은 사그러들고, 계속 어려운 시기를 거쳐가고 있다. 많은 투자자들이 손실을 안고 가면서 투자 의욕을 잃고 있다. 시장은 확장성을 보이고 못하고 투자자를 힘들게 한다. 주식 투자를 하다 보면 의외로 이런 구간이 많지만, 이런 처음 현상을 겪는다면 진절머리가 날 수도 있다. 오랜 시간 투자를 이어온 필자도 이런 구간은 견디기가 녹록치 않은 것이 사실이다.

그러나 이것은 투자자에게 필수적으로 강요되는 시련의 시기이다. 이것보다 더한 폭락도 꽤 있지만 이때는 손바뀜이 크게 일어나고 급락과 급등이 있어 투자의 역동성도 매우 크다. 현재는 이슬비에 옷 젖는 형국이다. 큰 변화는 아니지만 손실이 적지 않고 인내하기도 쉽지 않은 구간이다. 그러나 시간이 한참 흐른 후 이 시기를 다시 살펴보면 투자하기에 나쁘지 않은 시기였음을 알 수가 있다. 그 기간을 실시간으로 지나는 투자자에게는 고통의 시간이지만 나중에 평가해 보면 투자에 좋은 시기임을 알게 되는 아이러니가 있다.

시장은 어떤 어려움도 극복하는 능력을 갖고 있다. 극복의 과정에서 어려움이 상당하고 시간도 많이 소요되지만, 견딜 수 있다면 충분한 보상을 받고도 넘치는 시기가 도래하게 된다. 그렇기에 희망을 갖고 꾸준하게 투자를 이어가는 방법밖에 없음을 알린다.

한 해의 절반을 보내면서

2022년은 희망 가득하게 시작했지만 뜻하지 않은 조정으로 계좌가 갑자기 -30% 손실이 났다. 그리고 2023년에는 시장을 암울하게 보는 전망으로 가득 찬 채 시작했다. 그리고 어느덧 벌써 절반이 흘렀다. 시장은 예상외로 온기가 돌았지만 차별화 장세로 각 개인 투자자의 수익률은 작년과 별반 차이를 보이지 않고 있다. 2차 전지, 반도체, 방산, 엔터테인먼트만 오르고 나머지 섹터는 작년 말과 별로 다르지 않다. 오르는 섹터로 포트폴리오를 구성하지 못한 투자자는 시장에서 완전히 소외되어 더욱 초라한 존재가 되고 말았고 시장을 떠나는 이들도 생겨나고 있다.

단기적으로 보면 개인 투자자들이 주식이 오르면 팔고 내리면 사는 등 현명하게 대응 하는 것처럼 보이지만, 6개월이나 1년 후 수익률을 보면 기관 투자자나 외국인 투자자에 비해 한참 떨어진다. 왜 그럴까? 단기적인 시각으로 매매하다 보니 시장 쏠림 현상에 매몰되어 큰 수익을 못 내고 손실만 커진다. 즉 수익은 적고 손실은 확대되거나, 거래 비용으로 인해 수익률이 낮아지는 것이다. 시장 상황에 따른 대응이 현명해 보이지만 결과는 오히려 반대으로 나타난다. 일관성 없이 가격만 보고 투자하기 때문에 변동성에 취약하고, 잦은 매매는 결국 거래 비용만 늘릴 뿐이기에 수익률에 악영향을 미치는 것이다. 유럽의 투자 대가 앙드레 코스톨라니는 단언했다. '단기 투자자가 부자가 된 경우는 단연코 없다.' 그럼에도 불구하고 수많은 개인 투자자들은 이길 수 없는 게임에 매료되어 있다.

개인 투자자가 돈을 벌 수 있는 방법은 무엇인가? 각자 자신이 펀드 매니저라고 생각하고 거품 없는 주식을 모아 가다가, 시장이 환호성을 치면서 프리미엄을 잔뜩 붙여 주면 살포시 내어 주는 전략이 현실적으로 좋은 방법이다. 그런데 모아 가는 주식이 하락하는 경우가 대부분이다. 높은 가격의 주식을 비싸게 산 것이다. 손실이 난다고 이것을 손절매하며 계좌를 쪼그라들게 해서는 안 된다. 필자는 이것을 견디어 내라고 말하고 싶다. 그 과정이 대단히 고통스럽고 또 견디기 어렵다는 것을 알고 있다. 그러나 결국 수익은 이러한 고통을 견뎌 낸 후에 찾아온다는 것을 알려 주고 싶다. 주식 투자 수익은 고통의 수익이고 인내의 과실이다. 이러한 고통과 인내를 줄이기 위해서는 가능한 낮은 가격에 사기 위해 최선을 다해야 한다. 그럼에도 불구하고 나타나는 손실이 있다는 점도 알아야 한다.

작년 손실이 꽤나 고통스러웠는데 올해 절반을 보내면서 작년 손실의 3분의 1이 복구되어 가고 있다. 손실 구간에서 부지런함은 대단히 위험한 행동임을 다시 한번 강조한다. 인내하는 것이 훨씬 괜찮은 방안일 확률이 높다는 것을 오랜 경험을 통해 배웠다.

날씨만큼 쌀쌀한 주식 시장

11월도 3분의 1지점을 지나면서 날씨가 제법 쌀쌀해졌다. 그동안 날씨가 너무 포근해서 계절을 잃었다고 하는 사람도 있었는데, 언제 그랬냐는 듯 추위가 다가왔다. 몸이 움추러들고 있는데 더불어서 주식 시장에도 찬바람이 분다. 공매도 금지가 나오면서 힘껏 열기를 내뿜었는데, 역시 언제 그런 때가 있었냐며 냉기가 찾아왔다. 주식 시장은 열탕과 냉탕을 오가면서 투자자를 혼란에 빠뜨린다. 뜨거워졌던 열기가 순식간에 냉기로 바뀌자, 몸은 더 춥다. 시장은 더 움추러들고 싸늘하기까지 하다. 주식 시장은 변동과 순환의 연속이라고 하지만 너무 극적이게 느껴진다. 이. 갑작스러운 변화에 투자자들의 피로감은 더욱 깊어지고 있다. 필자도 일희일비하지 않으려 하지만 시장의 변화에 냉철하게 대응할 수 없기는 마찬가지이다.

주식 계좌가 수익을 내는 중이라면 이러한 변화에 대응할 수도 있겠지만 손실 상태에서는 그냥 변화를 지켜보는 것 이외에는 뚜렷한 해결책이 없다. 손실이 큰 상태에서는 현재의 손실을 잘라 내서 다른 투자를 한다는 것도 어불성설이다. 실력이 안되는데 이리저리 수익을 탐해봐야 손실만

     주식 투자에 대한 생각

늘어나기가 쉬운 시장이다. 그렇다고 투자를 중단하는 것도 좋은 대안이 아니다. 손실은 어려울 때 확정되며, 나중에 어려움이 극복된 경우 누릴 수 있는 수익을 잃는 것과 같기에 이중으로 손실이 나기 때문이다. 더욱이 시장이 좋아졌을 때 또다시 시장에 진입할 가능성이 농후하기에 조심스러운 것이다. 시장이 어려울 때 떠나고 시장이 좋을 때 진입하는 것은, 그동안 충분한 수익을 얻었을 때는 나쁘지 않은 전략이지만 현재는 대부분 손실을 경험하고 있어 경계해야 한다. 어려울 때 투자해서 좋을 때 수확하는 것은 수익을 극대화하는 방법이지만 이 반대를 하는 경우를 조심하고 또 조심해야 한다. 시장은 늘 변하고 순환한다. 현재 주식 시장은 차가운 냉기가 흐르지만 또 언제 열기를 내뿜을지는 아무도 모른다. 투자자의 마음도 마찬가지이다. 지금은 투자를 외면하고 두려워하지만 또다시 때가 되면 투자를 갈망하게 된다. 계절이 순환하듯 주식 시장도 순환하고 그에 따라 투자자의 마음도 돌고 돈다.

날씨가 추워지면 무엇을 준비해야 하는가?

날씨가 갑자기 추워졌다. 한기가 느껴진다. 그동안 너무 따듯한 날씨가 이어지다 보니 계속 이럴 줄만 알았는데 역시 어김없이 추위가 성큼 다가왔다. 대학을 준비하는 학생에게는 시험과 면접으로 바쁜 기간이고, 또 대부분의 가족은 겨울을 위해 김장을 준비하기도 하다. 그러면 우리 투자자들은 무엇을 하는가? 한 해 동안의 결산을 가늠하고 내년을 준비하는 때이다. 작년과 비교해서 투자 수익은 어떤지, 내년은 어떤 기대를 갖고 투자에 임할지 생각해 보는 시기이다. 이미 투자를 하고 있어 주식을 보유 중인 경우가 많기에, 색다른 행동을 취할 여지는 별로 없긴 하다. 상황이 좋아지기를 기다리면서 예측만 할 뿐이고, 지난 1년이 연초의 예측과 얼마나 같고 다른지 검토하는 정도이다.

2023년은 대단히 어려운 투자 환경일 거라 예상했지만 큰 손실 없이 마무리되어 가고 있다. 주식 시장에서 잃지 않으면 기회가 생긴다. 2024년은 주식 투자의 가장 큰 적, 금리가 내려가면서 서서히 주가가 상승할 것으로 조심스럽게 기대해 본다. 경제가 지금은 어렵더라도 주가는 경제 상황을 선반영하는 특성이 있기에 앞으로 좋아질 것 같으면 먼저 상승하는 경우가 많다. 따라서 이미 그동안의 악재는 많이 반영되어 있다고 생각한다. 저가를 형성하던 주식들이 순환매를 하면서 서서히 올라오는 느낌이다. 작지만 변화의 조짐이 보이기에 내년이 기대된다. 그리고 무엇보다 열악했던 투자 환경이 조금씩 좋아질 것이라는 희망이 생긴다. 인간은 늘 어려움에 대비하는 습성을 가졌다. 대학 준비도 김장도, 그리고 주식 투자도 한결같이 미래를 대비하는 정신이 반영된 행동이다. 가을에 겨울을 준비하듯 현재의 어려운 투자 환경을 잘 견디면 미래에는 커다란 수익을 얻을 수 있을 것이다.

수능이 가까워지면서

우리나라에는 계절마다 전 국민적 행사가 있다. 11월 셋째 주 목요일은 수능일이다. 초등학교 6년, 중학교 3년, 고등학교 3년의 총결산 시험이 바로 수능이다. 정규 교육만 12년이고 그 이전에도 보통 3년의 유치원 생활을 한다. 집안에 고 3이 있으면 가족 모두가 긴장한다. 필자도 30년도 넘었지만 그때를 생각하면 긴장되기는 마찬가지이다. 수능이 다가오면 갑자기 추위가 맹위를 떨친다. 우리 몸은 가을을 기대하지만 마치 초겨울처럼

     주식 투자에 대한 생각

춥게 느껴진다.

그리고 이즈음에는 주식 시장이 무척 어려워진다. 늘 반복되어 왔던 현상이다. 학생의 성적은 좋지 못하고 주식 시장은 하락하고, 경제는 어려운데 날씨까지 추워서 3중고에 시달리는 시기이기도 하다. 늘 역사는 반복되고 있지만 미리미리 대응하기는 쉽지 않다. 반복해서 당하는 것이 어쩌면 투자자의 숙명일지도 모른다. 여름철 주식 시장의 열기에 '올해는 다르겠지' 하면서 주식을 보유하지만 올해도 역시 그렇다.

사실 주식 시장을 살펴보면 매년 1월 반짝한다. 봄에 상승하면 여름에 하락하고, 봄에 하락하면 여름에 상승하고 가을에 하락을 반복한다. 따라서 단기적인 변동성이 크기에 주식을 보유하는 것은 매우 어려운 고비를 늘 견디는 일이다. 손실을 인내하는 것이 일상이라는 뜻이다. 그렇다고 주식을 단기적으로만 운영하기는 또한 어려움이 존재한다. 단기 수익을 쫓다가 손실을 키우기가 쉽기 때문이다. 우리나라 경기 변동은 매우 파고가 높고 민감하다. 특히 이를 반영한 주식 시장은 더욱 심하게 요동치는 현상을 보이고는 한다. 우리나라의 경제를 보면 편안하고 지속적으로, 안정적으로 성장한 때는 거의 없다. 잠깐의 환호성이 있으면 그 후에 상당한 어려움이 뒤따르고는 했다. 그러나 용케 잘 버티면서 현재까지 성장을 이어오고 있다. 그야말로 쑥처럼 질긴 생명력의 경제를 만들고 있다. 반도체, 2차 전지, 자동차, 화학, 방산, 조선, 바이오 분야에서 두각을 나타내면서 산업을 이끌고 있다.

한국 증시를 떠받치고 있는 개인 투자자들도 힘겨운 싸움을 하며 질긴 생명력을 보여 준다. 많은 투자자들이 욕심에 화를 입기도 하지만, 경험을 통해 노련한 투자를 이어가는 사람들도 늘고 있다. 특히 젊은 세대가 투자에 눈을 뜨고 있고 이들이 미래에 큰 부를 형성할 세대가 될 것을 믿는다.

경험과 인내가 필요한 것이 주식 시장이다.

새로운 기대를 갖고서 시작한다

9월에 예상치 못한 강펀치를 맞고 10월에는 복구를 기대했지만 더 큰 펀치를 맞고 비틀거리고 있다. 그리고 오늘 새롭게 11월을 맞이한다. 희망을 갖고 시작하기는 하지만, 과연 기대처럼 희망찬 11월이 될지, 혹은 더 아픈 11월이 될지는 아무도 모른다. 코스피 지수는 2,300 아래이고 코스닥 지수는 750 아래이다. 두 지수 모두 전 고점 돌파를 위해서는 현재 지수에서 43% 상승해야 한다. 2년 사이에 상당히 깊은 조정이 이루어진 것이다.

역사적인 신고점을 돌파하면 모두가 투자에 열광하고 그 화려한 파티 뒤에는 청구서가 날아들기 마련이다. 늦게 파티에 참여한 투자자들이 가혹한 비용을 치르는 것이 투자의 세계에서는 빈번하다. 그렇다면 파티에 참여하지 않는 것이 옳은 것인가? 파티는 5년에 한 번, 혹은 늦어도 10년에 한 번 정도는 어김없이 찾아오지만 정확한 시기는 알 수가 없다. 경제가 성장하고 기업도 커지면서 파티는 더욱 성대하고 화려한 모습으로 투자자들을 열광시킨다. 그러면서 자본주의가 성숙하고 발전해 왔다. 일반인도 자본가가 될 수 있도록 유도하고, 그 과실을 나눌 수 있는 기반을 만드는 획기적인 제도임이 틀림없다.

일반인이 돈을 벌기는 근로 소득을 제외하면 매우 어렵다. 물론 사업을 하는 방법도 있지만, 사업을 위해서는 뛰어난 자질이 필요할 뿐만 아니라 많은 자금이 뒷받침되어야 한다. 일반적인 사람들에게는 어려울 수밖에 없다. 따라서 생산성을 높이려면 근로 소득을 통해 형성한 자금을 주식에 투자하는 것이 필요하다. 하지만 그 과정을 견디는 것이 생각처럼 호락

 주식 투자에 대한 생각

호락하지는 않다. 경험과 훈련이 필요하기 때문이다. 실패와 성공을 경험하면서 지혜와 노하우를 쌓고, 동시에 욕심을 절제하는 훈련도 함께하는 것이다. 결국은 시간을 필요로 하기에 많은 인내가 뒤따른다.

주식 투자 수익은 인내의 과실이라고 필자는 생각한다. 희망을 꿈꾸고 내일을 기대한다. 미래에는 더욱 멋진 나날이 펴쳐질 것을 예상하고 오늘을 견디는 것이 주식 투자이다. 미래의 사과를 위해서 지금 사과나무를 심는 것이 주식 투자자의 자세라고 생각한다. 현재 우리가 누리고 있는 편의 시설은 대부분 누군가가 먼저 힘들게 만든 것이다. 우리 자신을 위해서도 미래 세대를 위해서도 즐거운 마음으로 오늘 투자를 하고 견뎌 내는 것이다.

끝과 시작은 연결되어 있다

오늘은 11월의 마지막 날, 즉 12월을 코앞에 두고 있는 날이다. 이처럼 끝은 새로운 시작을 부르고 서로는 사실 연결되어 있다. 올 한 해도 벌써 막바지에 다다랐다. 오늘은 유난히 춥다. 가는 11월을 아쉬워하는 것인지 12월의 추위를 견디게 해 줄 예방 주사인지는 모르겠다.

주식 투자자는 현재의 지루한 횡보장이 끝나고 대세 상승장이 이어지기를 바라고 있지만, 여건은 호락호락하지 않다. 나쁜 뉴스만 나오면서 전문가들은 미래를 어둡게 보는 데 혈안이 되어 있다. 경기 침체가 기정사실화되고 있는데, 하드랜딩인지 소프트랜딩인지를 두고 갑론을박이다. 경기가 호황일 때는 악재 뉴스도 무시된다. 그 정도는 충분히 극복이 가능할 거라 여겨지며, 시장에 별 영향이 없다고 무시한다. 그래서 경고들이 힘을 쓰지도 못한다. 시장은 그런 주장을 하는 사람들을 비웃고, 대부분 강세론을 외친다. 시장에서 그런 주장을 하는 사람은 극소수이다. 이런 사람은 미래를 대비하라고 외치지만 공허한 메아리일 뿐 그것을 대비하는 사람은 별로 없다. 현재의 상승 추세가 이어지리라고 생각하기 때문이고 현재의 상황에 가중치를 두기 때문이다. 그러다가 시간이 흐르면서 깊은 조정을 주고 나면 사방에서 전문가라는 사람들이 악재 뉴스를 퍼 나르기 시작한다. 고점에서는 강세론을 외치다가 저점에서는 공포를 조장한다. 소 잃고 외양간 고치는 격이다.

악재 뉴스가 시장에 가득할 때는 이미 상당한 저점을 형성하고 난 후이다. 즉 전문가들이 현재의 하락이 계속 이어질 것이라 주장한다. 현재의 하락 추세를 강하게 추종하게 된다. 고점에서 미래에 대비하는 것은 타당하지만 이미 한참 내려온 저점에서 하락에 대비하라는 것은 시장에 좋지 못한 신호를 주는 것이다. 뉴스가 아니라 소음이지만 투자자들은 예민해져 있다. 시장의 변동에 빠르게 대응하며 수익을 내는 투자자는 극소수이다. 대부분의 투자자자들은 그렇게 하지 못한다. 그러나 두려워하지 않아도 된다. 묵묵히 투자해도 상당한 성과를 낼 수가 있기 때문이다. 고점에서 사고 저점에서 파는 행위만 하지 않으면 주식 투자는 성공하기 쉽다. 자신이 없으면 기다리면 된다. 시간이 흐르며 실패할 확률을 획기적으로 줄여 주기 때문이다. 어려운 시기의 끝자락은 좋은 시기와 맞물려 있음을 새삼 강조하고 싶은 날이다.

자연은 사계절을 순환하며 끊임없이 흘러간다

자연은 매일 별로 변화가 없는 것처럼 느낀다. 1시간 또는 하루를 놓고 보면, 또는 일주일 정도를 보면 그날이 그날 같다. 그러나 3개월, 6개월, 1년으로 확대해 보면 쉼 없이 조금씩 변한다는 사실을 알게 된다. 그래서 계절이 변화하는 것을 인지할 정도로 계절 변화를 알게 된다.

사계절이 순환하면서 세월이 흘러간다. 주식도 등락을 보면 계절처럼 순환한다는 것을 알 수 있다. 놀랍다. 평상시에는 그 변화가 지지부진하지만 어느 순간 변화의 폭이 상당해질 때가 있다. 평소 거래량이 적고 인기도 없어 죽은 주식처럼 보이더라도 특정 사건이나 이슈가 있으면 서로 사려고 달려든다. 이때 갑자기 거래량이 폭발적으로 늘어난다. 서로 사려고 달려들어서 주가가 갑자기 치솟는다. 주가라는 것이 한번 탄력을 받으면 좀처럼 기세가 꺾이지 않는다. 이런 추세가 이어지다 보면 기다리는 사람의 인내심도 바닥이 난다. 상승 초기에는 무서운 마음에 기다렸는데 오히려 상승의 절정기에는 겁을 상실하고 무모한 도전에도 가슴이 설렌다. 바로 오늘이 최저가라는 생각이 강하게 든다.

그러나 끝없이 오를 것 같은 주가도 시간이 지나고 보면 언제 그런 화려한 시절이 있었냐는 듯 떨어진다. 투자자들은 처음 주가가 빠지기 시작하면 건강한 조정이라고 생각하고 오히려 추가 매수를 진행한다. 20% 이상 빠지면 슬슬 걱정이 되기 시작한다. 30% 이상 빠지면 이제 손절매할 시간이 지나버렸다고 생각한다. 40% 이상 빠지면 무언가 잘못되었다고 생각한다. 점점 심각해진다. 이제 수익이 아닌 원금 회복이 목표가 된다.

가슴 설레는 매수는 경계해야 한다. 주식도 계절처럼 순환하는 습성이 있다는 것을 알아야 한다. 큰 상승과 큰 하락을 반복하며 생존하는 것이 기업이다. 투자자들은 꾸준히 상승하는 기업을 선호하지만 그런 기업은 생각보다 없다. 거친 상승과 하락에서 투자자는 길을 잃기가 쉽다. 계절처럼 순환한다는 사실은 투자자에게 큰 통찰력을 준다. 이 사실을 깨닫는데 많은 시간이 걸렸음을 고백한다.

삶의 통찰을
투자 철학으로

시간의 항해를 시작하며

2023년 4월 2일이다. 어렸을 때 공상 영화에서 본 2023년은 먼 미래, 발전된 미래였는데 벌써 현실이 되었다. 내일이면 또다시 과거로 변해 버릴 것이다. 앞으로 10년 후 세상은 어떻게 변하고 나는 또 어떻게 변해 있을까?

2033년. 나는 개인적으로 굉장히 기대가 된다. 앞으로의 10년은 내가 50세에서 60세로 넘어가는 인생의 황금기이다. 또한 종잣돈이 본격적으로 커지면서 자산 형성의 기회가 다가옴을 본능적으로 느낀다. 금융 자산이 본격적으로 많아지고, 부동산을 추월하여 훨훨 날아가는 꿈의 시기가 형성될 것으로 판단된다.

자금력이 뒷받침되고 자산을 불리는 기술도 습득되어 안정적인 꿈의 항해를 이어갈 것으로 기대된다.

1억	10억	100억	1000억	1조	10조	100조
0세	50세	60세	70세	80세	90세	100세

나무 아래 떨어진 매미를 보고 드는 생각

나무 아래 매미가 떨어져 있다. 매미 수명은 4년에서 17년으로 종에 따라 다르다. 삶의 대부분을 땅속에서 살고, 성체가 되어 땅 위에서 활동하는 시기는 2주에서 4주 사이로 매우 짧다. 요란한 울음소리는 짝짓기를 위한 것이다. 그 후 자신의 소명을 다하고 바닥에 떨어져 있다.

새삼 인간으로 태어난 것에 감사한 마음이 든다. 무엇보다 부모님께 감사드린다. 무엇 때문에 나는 저 매미와 달리 인간으로 태어났을까? 어떤 행운이 나에게 있었단 말인가? 나는 이 원인에 대한 해답을 찾지 못했다. 내가 찾은 것은 단순한 행운, 부모님의 덕분, 우주의 혜택, 신의 은혜이다. 자유롭게 생각할 수 있고 글을 쓸 수 있고 신체를 내 의지로 움직일 수 있고 자유로운 활동을 할 수 있음에 무한한 감사를 느낀다. 이런 측면에서 보면 인간은 모두 행운아이다. 즉 내가 인간으로 태어나기 위해서 노력한 것은 하나도 없다. 그럼에도 불구하고 인간으로서 권리를 누리고 있다. 권리에 따른 내 의무는 무엇인가?

서두가 길었다. 내 의무는 내가 경험하고 깨달은 것을 다른 사람들에게 알리는 것이다. 필자가 한 고생을 다른 사람들까지 할 필요는 없다. 다른 사람들이 이 실수를 되풀이하지 않도록 돕는 것이 나의 사명이라는 생각까지 든다. 국민들의 시간과 돈을 절약하면 국부가 증대된다. 그리고 그 자원을 복리로 10년, 20년, 30년 이상 키우는 것이다. 더 긴 시간을 키우면 자산은 더 커진다. 국민 전체가 이것을 실천하면 우리나라는 지구상에서 가장 부유한 나라가 되는 것이다. 우리나라의 금융을 발전시켜야 한다.

『주식 투자에 대한 생각』을 부모님이 먼저 읽고 자녀에게 읽혀야 한다. 그리고 무엇보다 선생님이 읽어야 한다. AI와 로봇이 활동하게 되면 인간이 일자리를 갖는 것은 쉽지 않다. 그럼에도 불구하고 사회는 발전한다. 인간은 도대체 무엇을 하며 시간을 보내야 할까?

그렇다고 전 국민이 주식 투자에 매달려야 한다고 말하고 싶지는 않다. 주식 투자는 사업이다. 다만 기존의 사업과 달리 효율이 매우 좋은 사업이다. 즉 주식 투자 사업은 공부를 하면서, 근로를 하면서도, 사업을 하면서도 할 수가 있다. 이것은 무엇을 의미하는가? 주식 투자에 전념할 필요 없이, 각자가 자신의 인생을 충실히 살면서, 스포츠를 즐기는 정도의 에너지만 투입하면 충분하다. 이렇게 효율적이고 경제적인 사업을 필자는 그동안 경험해 보지 못했다.

주식 투자 사업에서 필요한 몇 가지는 다음과 같다.

1. 자본이다. 스포츠는 자본 없이도 즐길 수가 있지만 주식 투자에서 돈을 키우기 위해서는 반드시 돈이 필요하다. 그러나 다른 사업과는 비교할 수 없을 정도로 작은 돈으로도 얼마든지 시작할 수가 있다.

2. 본능에 따른 매매를 피하고 주식 투자 게임에 참여하기 위해 기술을 연마해야 한다.

3. 시간과 경험이 필요하다. 잃지 않는 방법을 배워야 자산을 키울 수가 있다. 그리고 경험이 필요하다. 최소 10년이다. 10년의 주식 사이클을 이해해야 한다. 10년을 버티면 소중한 경험 자산을 얻을 수 있고, 본격적인 복리가 마법을 부리는 시기를 눈으로 확인하게 된다.

4. 진짜 주식 투자에서 중요한 태도는, 투자 전에는 부지런히 공부해야 하지만 투자가 이루어지고 나면 게을러야 한다는 것이다. 필자는 이것이 주식 투자의 묘미라고 생각한다. 우리는 지금까지 근면 성실을 강조하고 배웠다. 그런데 주식 투자에서 근면 성실은 해롭다. 주식 투자에서는 배짱이가 최고이다. 그래서 효율이 좋기에 주

식 투자 사업은 누구나 할 수 있는 사업인 것이다. 주식 투자 사업을 하되 매달리지 마라. 자신의 다른 일에 집중해라. 학생이면 공부에, 근로자라면 근로에, 사업을 하는 사람이라면 내 사업에 집중해라. 은퇴자이면 은퇴 생활을 즐기면 된다. 주식 가격 변동에 연연할 필요가 없다. 바르게 투자를 했으면 기업 경영자가 성과를 낼 때까지 기다리는 것이 전부다. 주가를 확인한다고 기업 가치가 변동하는 것이 아닌 것이다.

하루빨리 금융 문맹에서 벗어나는 것이 부자가 되는 첫걸음이다. 주식 투자 23년 중에서 17년을 금융 문맹자로 살았다. 금융 문맹에서 벗어난 지 필자도 6년 밖에 되지 않았다. 그 안타까운 시간을 반복하지 않았으면 하는 생각에 이렇게 글을 쓰고 있는 것이다.

나 때는 말이야… (라테는 달지 않다)

방학을 이용하여 아들과 함께 체육관에서 탁구 강습을 받고, 함께 운동도 한다. 함께 운동하는 시간 덕에 서로를 더욱 이해할 수 있다. 소중하고 즐거운 시간이다. 아들은 나에게 탁구를 배운 적이 있는지 물었다. 지금 아들과 함께 배우는 것이 처음이라고 했더니 약간 놀란 표정을 지었다.

'아빠가 어렸을 때'로 시작하는 이야기를 해 주었다. 1988년 서울 올림픽 때 탁구는 대단히 유행한 종목이었고, 그전에는 시골 우물가의 평평한 콘크리트 바닥에서 손바닥으로 탁구공을 넘기면서 놀았으며, 또 학교 책상에서 필통을 네트 삼아 탁구공을 손바닥으로 넘기며 게임하기도 했다고 하니 얼굴에 미소를 띠었다.

그렇다. 필자가 어릴 때와 지금 필자의 자녀가 자라는 환경은 매우 다르다. 이것은 대한민국의 발전상을 그대로 보여주는 사례이다. 대한민국은 40여 년 사이에 비약적으로 발전했다. 사회는 무척 빠른 속도로 발전하고 변화하고 있다. 그리고 자녀의 자녀, 즉 미래에 만날 필자의 손자는 현재와 또 다른 발전 속에 살아갈 것이다.

이 현상에서도 투자를 생각하지 않을 수 없다. 인류는 끊임없이 변화와 발전을 꾀하고 있으며, 특히 우리나라는 국민의 교육 수준이 높고, 자녀에 대해 지극한 정성과 선한 마음을 기울인다. 그렇기에 미래에 대한민국이 더욱 발전될 것은 명약관화다. 일류 국가로 나아갈 것이 분명한데 투자를 주저할 이유가 없는 것이다. 함께 미래를 위해 준비할 수 있기를, 씨앗을 심고 풍성한 수확을 하기를 기대한다. 그리고 이를 적극 응원하는 바이다.

삶을 돌아보며

그동안 앞만 보고 달렸다. 쉰 살이다. 벌써 반백년을 살았다. 어렸을 때는 쉰 살 하면 나이가 지긋한 노인의 모습을 떠올렸다. 그런데 벌써 내 나이가 그렇게 되었다. 마음만큼은 청년이고, 대학생 시절과 별반 다르지 않은 것 같은데 시간은 흘러가 있다. 무상하다.

내가 무엇인가를 열심히 쓰던 시기를 돌아보면, 모두 생각이 많아지던 때였던 것 같다. 숙제를 위한 일기를 제외하면 처음 글을 쓴 건 고등학교 1학년 때이다. 성룡 주연의 '용용호재'라는 액션 영화를 보고 나서 글을 썼다. 나도 주인공처럼 자동차 위를 달리면서 악당을 물리치고 싶었다 그들의 소굴로 들어가 물건들을 던지고 깨고 부수면서 악당을 소탕하는 모습을 상상하고는 했다. 가만히 있을 수가 없었다. 무엇이라도 해야만 했다.

현실에서 그렇게 행동한다면 골치 아픈 일들이 산더미처럼 생길 게 분명하다. 그러나 상상 속에서는 아무 문제가 없었다. 시원하고 통쾌하기까지 했다. 몸과 마음과 정신은 혼란스러워졌다. 돌려차기, 앞차기, 우당탕, 쾅. 상상만 해도 호흡이 거칠어지고 몸이 움찔거리면서 마음이 여기저기 날뛰었다. 산만하고 심란한 상태였다. 가만히 있으면 주인공이 밧줄로 묶인 것 같은 기분이었다. 견딜 수가 없었다. 상상만으로는 채워지지 않는 무엇인가에 이끌려 선택한 것이 일기라는 글쓰기였다. 무엇인가를 표출하지 않으면 미칠 것 같아서 글쓰기를 시작한 것이다.

그 효과는 놀라웠다. 미친 듯이 날뛰고 싶던 몸과 마음은 글쓰기를 하면서 차분해졌다. 나에 대해서 조금씩 객관적으로 생각하는 계기가 되기도 했다. 그때가 1차 글쓰기 시기였다. 성적에 관심 없던 나는 그때 이후 조금씩 공부를 시작했고 결과는 만족스럽지도 나쁘지도 않았다. 시간이 부족하다는 것을 절감했다. 고등학교 3년 과정 중 1년을 흘려 버려서 2년으로는 내 욕심을 달성하지는 못했다. 그래도 성과가 전혀 없지는 않았다. 가능성을 본 것이다.

2차 글쓰기는 세무사 시험 합격 후 사무실을 개업했을 때였다. 거래처가 없어 고전하던 시기였다. 치열한 경쟁 속에 대학을 졸업하고, 졸업 후에도 세무사 자격증을 위해 3년을 수험생으로 살았으나, 합격해서 사무실을 열었지만 고객이 없었다. 그렇게 손가락만 빨던 시기, 사무실에 출근해서 글을 썼다. 일이 없으니 커피를 마시면서 그동안의 30년 경험을 써 내려갔다. 열심히 살았다고 생각했는데 또 다른 고전이 앞에 닥치자 하소연하고 싶어졌나 보다. 마구 썼다. 그렇게 썼던 것이 '서른한 살에 쓴 서른 살까지 이야기'였다. 답답한 마음에 과거를 되돌아보았다.

그리고 지금 쉰 살에 3차 글쓰기가 시작된 것이다. 되돌아보면 배우자를 만나고 가정을 이루었고, 세무사업도 재테크도 나름대로 선전했다고 생각되는데, 그만큼 시간이라는 대가를 지불했기에 '어떻게 시간을 보내야 하는지'에 대해 생각이 많아진다. 또 어떻게 투자를 해야 하는지 많은 반성을 했고, 희망 또한 가지고 있다. 삶은 선택의 연속이다. 인생은 태어남과 죽음이라는 두 점을 선택이라는 선으로 연결해 나가는 과정이다. 두 점은 하늘이 결정해서 나에게 주어진 것이고 이제 나는 주도적으로 내 삶을 선택해 나가야 한다. 그럴 권리와 책임이 있다. 하루하루를 어떤 선택으로 채워 나갈지를 생각하게 된다.

- 고객의 사업 번창을 생각하고 응원한다.
- 직원의 개인 성장을 생각하고 응원한다.
- 투자에 대해 생각하고 응원한다.

이것들이 나의 주요 생각이고 나머지는 이것들을 위한 루틴이라고 보면 된다. 제한된 시간과 자원을 어디에 집중할지는 각자의 선택에 달려 있다. 모든 자원과 역량을 모아서 허투루 낭비되는 것이 없게 집중한다면, 나는 내가 원하는 삶을 살아가리라 생각된다. 꼭 해야 하는 것을 선택하고 그것에 집중할 때 성과는 따라올 수밖에 없다. 그 길이 나의 길이다.

내가 이것을 10년 전에 알았더라면

작년 여름(2022년 7월경)에 적은 노트를 보는데 소름이 끼친다. 주식 공부를 하면서 메모를 하고 사진을 찍어 두었는데, 그중 2차 전지와 반도체를 정부에서 밀고 있으니 관심 가져야 한다고 메모한 내용이 있었기 때문이다. 알고 있는 것과 실천하는 것 사이에는 틈이 있다는 사실이 새롭게

　　　　　　　　　　　　　　주식 투자에 대한 생각

다가온다. 올해 2023년은 2차 전지 주식과 반도체 주식이 많이 상승했다. 공부하고 메모까지 해 놓고도 실천하지 못한 것이다.

사람들은 보통 '내가 이것을 10년 전에만 알았다면 인생이 완전히 바뀌었을 것'이라고 자신 있게 말하곤 한다. 그런데 필자는 그렇게 생각하지 않는다. 그 사람이 10년 전에 그것을 알았더라도 삶이 크게 달라지지 않을 거라고 보인다. 아는 것과 실천하는 것 사이에는 상당한 차이가 있기 때문이다. 사회생활이 매우 어렵다며, 이럴 줄 알았다면 학창 시절에 공부를 열심히 했을 거라고 후회하는 친구도 봤다. 고등학생 시절에 공부를 잘하면 인생이 쉽게 풀린다는 것을 모르는 사람이 얼마나 될까? 그러나 이를 실천한 사람보다 실천하지 못한 사람들이 훨씬 많다. 나도 알고 있었지만 고등학생 때는 실천하지 못했다. 운동하면 좋고 다이어트하면 좋고 책을 읽으면 좋다는 것을 모르는 사람이 있을까? 그러나 이를 실천하는 사람은 역시 소수다.

젊을 때 절약하여 종잣돈을 모아서, 주식이 헐값인 시기에 모아 가며 장기 투자하면 부자가 된다는 것을 알지만 이를 실천하는 사람은 소수이다. 단기 투자보다 장기 투자가 수익이 크다는 것을 알지만 역시 이를 지키는 사람도 소수이다. 결국 목표 설정이 명확해야 한다는 것, 또한 위기가 찾아오더라도 목표를 향한 의지를 지속하는 실천력이 필요하다는 것이 핵심이다.

모든 사람들이 단 한 번뿐인 인생을 살아가고 있다. 만족하는 사람에게도 불만족하는 사람에게도 모두 한 번의 삶이 주어진다. 모두 다 미지의 삶을 살아간다. 그러나 각자 그 미지의 삶에 대한 태도가 다르고 믿음도 다르다. 결국 삶에 대한 믿음과 태도가 그의 인생을 결정한다고 생각한다.

현재의 나는 과거의 내가 한 생각과 노력의 결과물이다. 미래의 내가 궁금하다면 현재의 내가 어떤 생각을 갖고 어떤 노력을 하는지 살펴보면 된다. 미래의 나는 현재의 내가 하는 생각과 노력의 집합체인 것이다.

다다익선

식사를 할 때 특이한 버릇이 생겼다. 밥공기에서 한 숟가락을 덜어내고 먹는다. 밥의 양이 많으면 왠지 부담스럽다. 이제 많이 먹으면 몸이 부담스럽고 행복하지가 않다. 세상이 많이 바뀌었다. 과거에는 뭐든지 부족했다. 그래서 더 많이 사용하고 소비하는 것을 기본적인 욕구라고 생각했다. 그런데 먹는 것부터 시작해서 많은 것들이 '적당히' 소비해야 행복하다. 그러나 예외가 딱 하나가 있는데 그것은 무엇일까? 뭐든 2배 3배로 많아지면 문제가 생기지만, 10배, 100배, 1,000배로 늘어도 부담스럽지 않은 것이 있다. 바로 화폐이다. 과거에는 금융이 발달하지 못해서 저장 문제가 발생할 수 있었지만 지금은 계좌에 숫자로 표시되어 저장에 전혀 걱정할 필요가 없다. 일반적인 물건들은 필요 이상으로 소유하게 되면 사양할 것이지만 화폐는 그렇지가 않다. 영원히 채워지지 않는 물질을 만들어 낸 것이다. 그런데도 얼마만큼 존재하는지 측정할 수 있는 구체적인 숫자로 표기된다.

그리고 그 숫자들은 많은 가능성과, 다른 무엇을 할 수 있는 힘을 갖고 있다. 이런 숫자들을 계속 키워나갈 수 있는 세계가 바로 금융이라고 말하고 싶다.

자전거 두 바퀴의 페달을 꾸준히 돌린다

자전거를 탈 때면 인생이 자전거 타기와 매우 흡사함을 깨닫는다. 가는 길에 오르막과 내리막이 있다. 앞바퀴는 '나'이고 뒷바퀴는 타인과의 관계이다. 그 가운데서 페달을 꾸준히 밟으며 앞으로 나아간다. 균형이 틀어지면 넘어지고 넘어지면 상처가 난다. 꾸준히 밟으면 크게 힘들지 않지만, 멈추었다 가려면 힘이 더 든다.

사람이 보다 효율적으로 이동하기 위해서 자전거가 생겼다. 그러나 바퀴에 문제가 생기면, 편리한 자전거에서 끌고 가야 하는 짐으로 변한다. 균형을 잡고 페달을 꾸준히 돌리면 원활하게 작동하지만 꾸준하게 돌리지 않으면 힘이 더 들고 속도가 나지도 않는다. 또 때때로 휴식도 필요하다. 더욱 오래 즐기기 위함이고 효율을 높이기 위한 전략적인 휴식이다.

잠깐 관점을 바꾸어 보자. 앞바퀴가 근로 소득이고 뒷바퀴가 투자 소득이라면? 그 가운데서 나는 페달을 열심히 돌리면서 효율 좋은 자본을 만들어 가며 인생을 여행하는 중이라는 생각이 든다.

이런 생각도 든다. 나는 걸어 다니는 근로 소득이고 자전거는 투자 소득이다. 세상을 더 많이 여행하기 위해서, 효율을 높이기 위해서 자전거를 타는 것이다.

주식은 그네 타기인가, 자전거 타기인가?

주식 계좌가 쑥쑥 자라다가 갑자기 큰 폭으로 꺾일 때가 있다. 이럴 때는 어떻게 해야 할까? 고점일 때 팔았으면 어땠을까, 하며 약간의 후회도 들 때가 있다. 우선은 객관적인 상황 파악이 중요하다. 고점에서 이익 실현으로 인한 하락인지 검토해 볼 필요가 있다. 그러나 그러한 경우는 많지 않다. 단기적인 조정이 대부분이다.

주식은 쉼 없이 오르고 내리기를 반복하며 결국에는 자시의 가치를 찾아가는 선을 그린다. 다만 그 과정에서 투자자는 몹시 힘들어하는데 특히 자신의 예측과 엇나갈 때는 더욱 그러하다. 상승을 기대하고 있었는데 급격한 조정을 보이면 투자자는 무너지고 만다. 반대로 별 기대를 하지 않았는데 갑자기 상승하면 그렇게 고마울 수가 없다. 그렇다고 기대를 버리고 투자하라고 할 수도 없는 노릇이다. 기대가 없다면 투자를 시작도 못했을 가능성이 높기 때문이다. 오랜 시간 투자해 온 필자도 흔들리는 것은 마찬가지이다. 다만, 허둥대며 어떤 실행을 하지 않는 차이점만 있을 뿐이다. 늘 말하는 방법이지만 주식의 속성을 이해하고 단기적인 등락을 견디어 내는 수밖에 없다.

주식은 그네 타기인가, 자전거 타기인가? 그네처럼 상승하다가 하락하기를 반복한다. 그러나 그 폭이 그네처럼 일정하지는 않다. 그네는 고정되어 있지만 주식은 등락을 반복하면서도 앞으로 전진하는 특징이 있다.

자전거 페달은 오르고 내리기를 반복하지만 자전거 자체는 앞으로 나아간다. 주식 투자 역시 이런 특성을 가지기에 자전거 타기가 더 적절한 비유라고 생각된다. 어린이는 자전거를 처음 배울 때 넘어지고 다시 일어나는 것처럼, 투자자도 흡사한 모습을 보인다고 생각된다.

시간의 유한함과 자본의 무한함에 관하여

우리 인생은 시간을 먹고 산다. 하루 24시간 중 자야 하는 시간, 먹어서 에너지를 보충해야 하는 시간, 그리고 생계를 위해서 일하는 시간을 제외하면 자신이 마음대로 활용할 수 있는 가용 시간은 정말 적어진다. 그런데 매일 끊임없이 시간은 자신의 길을 가고 우리에게 남겨진 시간은 계속해서 조금씩 없어지고 있다.

현실이 이러하지만 많은 사람들은 '시간은 많고 돈 없음'을 한탄한다. 요즈음은 핀테크 기업이 이자를 매일 눈으로 보이게 해서 고객을 유치한다. 이처럼 자본은 매일 시간을 먹고 살면서 더욱 커지게 된다. 인생은 시간이라는 소중한 자원을 소비하면서 성장하는, 즉 비싼 대가를 치르며 게임을 이어 나가는데 반해 자본은 시간을 통해서 계속 커 나가는 속성이 있다.

여기에서 우리는 투자에 대한 통찰을 얻을 수 있다고 생각한다. 인생의 발전을 위해서는 필연적으로 시간을 소비해야 하는데, 최대한 종잣돈을 모아 시간이 지나면서 강해지는 속성을 가진 자본을 투자하여 더 큰 열매를 수확하는 것이다. 이는 불리한 게임을 유리한 게임으로 바꾸는 게임 체인저가 된다.

이렇게 하면 사람이 돈을 위해 일하는 것이 아니라 돈이 사람을 위해서 일하게 된다. 생계를 위해서 억지로 일하는 것이 아니라 종잣돈을 위해서 일하자. 그리고 종잣돈을 투자하면 돈이 투자자를 위해서 일하게 된다. 그리고 투자자는 자신이 하고 싶은 일을 하는 것이다. 인생은 선택의 연속이고 투자도 선택의 과정이다. 이러한 선택이 모여서 결과를 만들어 낸다. 올바른 선택을 위해서 또 끊임없이 배움을 이어 나가는데, 여기서 독서와 생각의 중요함이 부각된다.

버핏의 생전 기부 기사를 읽고

재산을 축적하는 이도 있고 흩어 버리며 살아가는 이도 있다. 각자 자신의 삶을 선택하거나, 상황에 따라 살아가게 된다. 나는 버핏을 롤 모델로 삼고 있는데 아마도 그의 부가 큰 요인이었다고 생각한다. 버핏은 재산을 키워 나가는 데도 능숙하지만 형성된 재산을 효율적으로 사용하는 데에도 뛰어나다. 재산의 절반인 66조를 기부하면서 투자를 이어오고 있다는 점, 그리고 사후에는 남은 재산의 99%를 사회에 기부를 한다고 하는 점이 놀랍다.

그렇다면 버핏과 다른 나는 어떤 사람인가? 생전에 재산을 효율적으로 사용할지는 미지수고 솔직히 자신이 없다. 버는 일에는 확신을 갖고 행동하지만 쓰는 일에는 확신이 없다. 사후에는 어떻게 될까? 우선 50%는 국가에 세금으로 활용될 것이기에 기여하지 않는다고 볼 수는 없다. 국가는 아마도 내가 오래 살아서 더 효율적으로 재산을 키워 나가길 바랄 것이다. 그것이 수익을 만드는 데 일조하기 때문이다. 월급을 주지도 않고 나를 고용한 것이나 다름없다. 또한 내가 소득이 발생하면 재원이 발생하니 꿩 먹고 알 먹는 식이다.

안 쓰고 절약해서 종잣돈을 모으고, 많은 고민 끝에 투자하여 모은 결과물이 이렇게 활용된다. 결국 부는 자산을 키워내는 사명을 충실히 이행하는 관리자로 나를 지명한 것이라고 볼 수가 있다. 부는 나를 통해서 성장하고 결국에는 자신이 가야 할 길을 가는 것이다. 그 과정에서 부도 성장하고, 일꾼이자 관리자로서 나도 그 과정을 경험하며 함께 성장하는 것이다.

『총, 균, 쇠』를 읽고

재레드 다이아몬드의 『총, 균, 쇠』를 읽었다. 인류 문명의 불평등 원인에 과학적으로 접근한 것이 흥미로웠다. 저자는 식량 생산이 문명 발전에 크게 기여했으며, 작물화와 가축화가 가능했던 유라시아의 지리적 조건이 유럽인들에게 유리하게 작용했다고 본다. 이로 인해 유럽인들이 남북 아메리카와 아프리카, 오스트레일리아를 정복할 수 있었고, 침략 수단으로는 총, 균, 쇠가 강력한 힘을 발휘하게 된다. 식량 생산은 다른 활동들을 가능하게 하므로 이에 따라 여러 전문 분야들이 함께 발전하게 된다. 이는 결국 침략 전쟁까지 가능하게 한다. 정복 활동을 위해서는 군수 보급이 필수이기 때문이다.

그렇다면 현재는 어떠한가? 과거에는 식량 생산이 지상 과제였다. 현재는 식량 생산에 직접 가담하는 사람이 과거에 비해 현저히 적다. 절대 다수는 식량 생산에 참여하지 않고도 손쉽게 식량을 조달받는다. 이것이 발전할 수 있었던 요인은 화폐와 무역의 발달이다.

농업과 제조업 그리고 무역이 발달하며 전 세계가 공급처인 동시에 수요처가 되었다. 여러 나라가 상호 작용을 하며, 대량 생산 체제에 따른 풍요로운 소비 시대를 살아가고 있다. 자본을 효율적으로 이용하는 주식회사 제도의 발달이 이러한 발전에 크게 기여한다. 자본 조달이 쉬워지고, 대량 생산을 통해 생산 단가를 낮추며 소비를 확대되었다. 이는 기업의 이윤과 근로자, 주주의 소득 증가로 이어지고, 다시 생산을 위한 자금으로 투입되는 선순환 효과를 일으키고 있다. 과거에는 식량 생산을 위한 정복 전쟁이 있었다면 현재는 글로벌 기업을 앞세워 수출 경쟁을 하며 화폐를 모으는 무역 전쟁을 치르고 있다는 생각이 든다.

인류는 식량 생산이란 굴레에서 자유로울 때 문명을 더욱 발전시켰다. 현대의 생계 유지를 위한 근로 활동은 과거 식량 생산에 종사하는 것과 별반 다르지 않다. 그런데 현대에 와서도 생계 유지와 관련된 근로 활동으로부터 자유로운 사람들이 생겨 나기 시작했다. 이런 계층은 현대 사회에서 자본가라고 부른다. 크게 부동산 자본가와 금융 자본가로 나누어 볼 수 있다. 과거에는 부동산 자본가가 중심이었지만 현재는 금융 자본가의 역할과 중요성이 점차 증가하는 추세에 있다.

노동력은 시간과 공간의 제약을 받지만 자본가는 이런 제약에서 비교적 자유롭고 효율도 무척 높다는 특징이 있다. 특히 금융 자본가는 나이가 들어서 노동력이 떨어지더라도 별로 문제가 되지 않는다. 사람은 누구나 나이가 들면 생산 활동에 직접 참여하기 어렵지만, 금융 자본가처럼 시공간 제약을 받지 않는 경우는 계속해서 경제 활동에 참여 가능하기에 그들의 앞날은 매우 밝다는 것이 나의 생각이다.

3

투자 고수가 되기 위한
마음가짐

농부의 마음으로,
시간의 힘을 믿는 투자

투자는 나무 심기이다

필자는 어릴 때 시골에서 할아버지와 함께 나무를 심곤 했다. 할아버지는 나무를 무척 좋아하셨지만 무릎이 불편하셔서 어린 손자의 노동력이 필요했다. 할아버지께서는 무척 까다롭고 세세한 지시를 하셨고 어린 나에게는 쉽지 않은 일이었다. 구덩이를 꽤 깊게 파서 나무를 심고, 물을 충분히 주는 것도 잊지 않았다. 또 때때로 주변에 거름을 주기도 하고 가지치기도 하면서 정성껏 가꾸었다. 나중에 보면 제법 튼튼하게 잘 자라 있었다. 시간이 흐르면서 나무가 커지면 열매도 수확할 수 있다.

도시 생활을 하는 지금, 진짜 나무를 심는 것은 어렵지만 투자라는 것이 나무 심기와 매우 유사하고 흡사하다고 느낀다. '어떤 나무를 심을까?' 하는 고민은 '어느 종목을 어느 증권사에 담을까?' '어떤 부동산을 어느 지역에서 구매할까?'와 유사하다. 그리고 나무를 잘 기르려면 때때로 한번씩 관심을 갖되 자라기까지는 시간을 충분히 두어야 한다. 투자에서 기다리고 인내하는 태도를 갖는 것과 비슷하다. 나무를 잘못 심었을 때, 할아버지께서는 다른 곳으로 옮겨 심도록 지시하셨다. 투자에서는 종목을 교체하거나, 투자

                                                주식 투자에 대한 생각

한 주식이나 부동산을 현금화하지 않으면 안 된다. 사실은 다시 팔 필요가 없는 것이 최고의 투자이다. 좋은 종목이나 부동산은 팔 필요를 느끼지 못한다. 수종과 입지를 잘 선택해 심은 나무는 옮겨 심을 필요가 없는 것과 마찬가지다. 수백 년 된 오래된 나무를 보면, 그 나무도 대단하지만 최초에 그 나무를 그 자리에 심은 사람도 훌륭하다는 생각을 한다. 경외감을 느낀다.

갑자기 투자에 대해 생각하면서 할아버지와 함께 한 나무 심기가 떠올라 이를 함께 연관 지어 본다.

미래의 커다란 나무를 상상하며 묘목을 심는 마음으로 투자를 하자

반백년을 살았다. 앞으로 기대 수명을 고려했을 때 보면 다음 반백년이 남았을 것이다. 일생을 돌이켜 보면 처음 30년은 배움과 성장에 쓰인다. 이 30년은 한 사람이 어떻게 성장할지 가능성을 키우는 중요한 시기이다. 이런 기본적인 배경에 더해, 어떤 환경에 처하고 어떤 사람을 만나느냐에 따라서 중목 또는 거목으로 자라는지가 결정된다. 그후 30년 동안 경제 활동을 왕성하게 하고, 이때 벌어들인 재원으로 노후 30년을 보내는 것이 일반적이다. 과거에는 이것이 보편적이었고 현재까지 상당히 비슷하게 진행되고 있다. 그러나 앞으로는 이러한 패턴이 조금씩, 아니 상당히 많이, 그것도 빠르게 변화할 것으로 예측된다.

서른 살에 개업해서 20여 년 경제 활동을 해 보니 어느 정도 재원이 모아졌는데, 앞으로 10년만 경제 활동을 하고 그만두고 싶지는 않다. 과거에는 직접 근로하여 돈을 버는 데만 초점이 맞춰져 있었다 보니 신체 활동이 둔화되는 60대 이후에는 은퇴하는 것이 대부분이었다. 하지만 세계 최고 갑부 중 한 사람인 워렌 버핏은 91세이고, 찰리 멍거는 99세임에도 왕성한 투자 활동을 이어가고 있다. 워렌 버핏의 자산 98%가 60세 이후에 축적되었다고 하니 만약 버핏이 60세에 은퇴했더라면 굉장히 아쉬웠을 것이다. 버핏은 해냈고 복리의 마법을 우리에게 보여주고 있다.

필자는 49세에 은퇴에 대해 깊이 있게 생각했다. 꼭 60세까지 채워서 일할 필요는 없고, 어떻게 시간을 보내야 인생이 만족스러울 것인가 고민하는 시간을 가졌다. 진정한 행복은 무엇인가? 하고 싶은 일을 하면서 시간을 보내는 것이다. 멍 때리고 여행하고 쉬는 것이 최고의 만족을 주는가? 물론 바쁠 때는 휴식이 필요하지만 계속 그렇게 보내는 게 과연 좋을지 대한 의문이 든다. 그렇게 50년을 보낸다면? 아찔하다.

일을 하면 사회에 서비스를 제공하고, 그에 따라 소득도 얻을 수 있다. 그리고 그 소득은 미래에는 더 큰 재원이 될 투자 자금이 된다. 이러한 흐름은 나에게 즐거움을 준다. 그리고 투자에서 일시적인 하락에도 견디게 해줄 커다란 지원군이다. 현업을 길게 가져가는 것도, 계속 투자를 이어가는 것도 중요하다. 시간이 흐름에 따라 현업에서 버는 소득은 감소하겠지만 투자 소득은 계속 증가할 것이기에 여기에서 평생 투자라는 개념이 등장하게 된다.

성장해서 자립할 수준의 배움 30년,
그후 30년 동안의 치열한 근로 활동과 투자 활동,
60세 이후 30년은 투자 활동.

주식 투자는 씨앗을 뿌리고 기다리는 것이 전부다

많은 사람들이 주식 투자를 어려워한다. 주식 가격이 오를지 내릴지 어

 주식 투자에 대한 생각

떻게 아느냐는 것이다. 맞는 말이다. 나도 사실은 전혀 모른다. 주식 가격은 어느 방향으로 튈지 나도 알 수가 없다. 다만 기업의 가치가 앞으로 올라갈 것인지 아니면 내려갈 것인지는 어느 정도 예측해 볼 수 있다. 기업이 지금까지 실행해 온 것, 또 앞으로 추진하려는 일들을 공시를 통해 가늠해 볼 수 있다. 지켜지는 것도 있고 미루어지는 것도 있다. 우리도 살면서 약속을 지키려고 노력하지만 상황이 여의치 않을 때는 양해를 구하고 수정하듯이, 기업도 상황에 맞추어서 변화한다. 지엽적인 것은 놓치더라도 큰 흐름은 잡고 간다면 그 기업을 응원하는 것이 동업자의 자세로 보인다.

그러나 대다수의 투자자는 투자를 해 놓고 기다리는 것에 서툴고 성급하다. 마음이 급하다. 왜 그럴까? 자신의 소중한 돈이 투입되었기 때문이다. 투입된 돈이 증가한다면 그래도 기다리는데, 손실이 난다면 불안감만 증폭된다. 초보 투자자는 경험이 부족해서 성급하고, 오랜 투자자도 투자를 투기처럼 해 왔기에 마음이 조급하다. 경험이 많이 쌓인 투자자는 산전수전 공중전을 통해 주식의 변동성을 익혔지만, 경험치가 부족한 투자자에게 시장은 가혹하기만 하다. 경험을 통해서 깨달음을 얻은 투자자에게 시장은 우호적인 활용 대상이지만 그렇지 않은 대다수에게 시장은 극복의 대상인 것이다.

그렇다면 우리 투자자들은 무엇을 준비하고 대비해야 할까? 우선 부족한 실력을 인정해야 한다. 실력을 키우는 것은 무엇인가? 종목에 대한 공부와 시장에 대한 공부도 필요하지만 이것이 전부는 아니다. 욕심을 다스릴 수가 있어야 하지만 대부분 욕심에 지배 당하고 만다. 시장에 대한 경험이 적고 실력도 낮은데 욕심까지 있다면, 손실은 필연적이다. 실력을 키울 때까지 투자 자금을 확대해서는 안 된다. 다만 실력을 키우고 경험을 쌓기 위해서는 꾸준하게 지속적으로 투자하는 것이 좋다. 대부분의 투자자들은 처음 투자를 하면서 수익을 얻겠다고 한다. 그러나 이것은 시험 공부를 하지 않고 높은 점수를 얻겠다고 하는 것이나, 권투 초보자가 상금에 눈이 멀어 시합장에 뛰어든 경우와 별반 다르지 않다. 많이 공부하고 많이 훈련하면 높은 점수와 승리는 부수적으로 따라오게 된다.

투자 후 계좌를 바라보며 깊은 한숨을 내쉬는 투자자가 매우 많다. 이것은 당연한 통과 의례이지만 대다수는 자신에게만 이런 위기가 온다고 오해하며 힘들어한다. 그 과정에서 투자를 중단하거나 그만두는 경우도 있다. 대단히 안타깝게 생각한다. 시험에서 한두 번 떨어졌다고 공부를 그만두고 시합에서 한두 번 졌다고 운동을 포기하는 것과 유사하다.

공부하는 과정에서 때때로 슬럼프가 오기도 한다. 훈련하는 과정에서 때때로 힘들고 하기 싫은 때가 있다. 주식 투자자에게는 계좌가 손실이 나고 그 기다림이 지루하기 짝이 없을 때가 매우 많다. 공포에 짓눌릴 때도 있다. 이럴 때마다 투자를 중단하고 싶은 생각이 간절해진다. 그러나 사실은 바로 그때가 주식 투자하기에 최적의 기간이다. 이때는 씨 뿌리기를 주저하지만, 바로 그때만큼 좋을 때가 없다.

주식 투자를 크게 보자. 어려울 때 씨앗을 뿌리고 기다렸다면 팔부 능선에 오른 것이다. 나머지는 '얼마의 수익을 확정할 것인가'로, 자신의 그릇만큼 수익을 챙기며 일단락을 맺는다고 본다. 주식 투자는 이것의 반복이라고 생각한다.

절약해서 모으고 사고 기다리기를 반복한다

주식 투자의 장점은 작은 금액으로 시작할 수 있다는 것이다. 그리고 사고 팔기가 쉽다. 이것은 장점인 동시에 단점이기도 한데, 잦은 매매에 빠질

   주식 투자에 대한 생각

수 있는 함정이 될 수 있기에 그렇다. 이 단점을 알고 줄일 수 있다면 큰 수확이다. 내 종목은 파란색인데 다른 종목들은 급등하면, 내 종목을 헐값에 팔고 급등하는 종목을 사고 싶어진다. 바로 수익을 보고 싶기 때문이다. 주식은 보통 추세를 타고 움직이는데 오늘 급등하면 내일도 모래도 날아갈 것 같다. 비싼 종목으로 바뀌었는데도 욕심에 불나방처럼 달려들고 싶어진다. 본능이다. 그러나 그렇게 하면 많은 돈을 벌 것 같지만 현실은 많은 돈을 잃게 되는 구조이다. 욕심을 부리면 부릴수록 손실은 가중된다. 내가 욕심을 다스리는 것이 아니라 욕심이 나를 다스리게 되는 것이 투자를 어렵게 만든다.

주식 투자는 의외로 심플하다. 평상시에 절약해서 시드머니를 만든 후, 저평가된 주식을 사서 기다리는 것이다. 그러나 낮은 가격이라고 생각해 들어가지만 역시나 손실로 변한다. 최저점을 잡는 것은 불가능에 도전하는 것과 마찬가지이다. 손실은 필연적이다. 사는 순간 손실이라는 것을 알아야 한다. 따라서 사는 것을 서두를 필요가 전혀 없는데, 우리는 빨간불에서 노는 종목, 기왕이면 급등하는 종목에 눈이 쏠린다. 그러다 보면 매수를 서두르는 것이 일반적이다. 조금 오르는 듯 보여도 순식간에 급락이 오고 고스란히 손실로 이어져 후회하는 구조이다. 이렇게 후회하지 않기 위해서는, 파란불에서 놀고 있는 종목, 상대적으로 낮은 가격에 있는 주식을 여유롭게 살 필요가 있다. 물론 이것을 실행하기는 생각처럼 쉽지 않다. 왜 그럴까? 바로 지금 수익을 보고 싶기 때문이다.

필자는 주식 투자를 하면서 환희보다는 좌절을 훨씬 많이 경험했다. 높은 가격에 진입했다는 뜻이다. 그럼에도 불구하고 운 좋게 살아남았다. 급한 마음이 들면 서두르게 되고 이는 손실과 직결된다. 즉, 손실에 대한 인내가 핵심이라고 말하고 싶다. 손실에 대한 인내가 없다면 수익을 얻는 건 불가능에 가깝다. 평상시에는 거의 대부분 인내해야 한다. 종목 선정이 옳았다면 그 인내의 시간이 짧고, 종목 선정이 옳지 않았다면 그 인내의 시간은 길어질 수밖에 없다.

따라서 주식 투자자는 평상시에는 절약해서 시드를 모으고, 투자 후 기다리는 것을 반복해야 한다. 그리고 본업에 몰입해서 자신의 가치를 높이고 종잣돈은 스스로 크도록 아주 작은 관심만 기울여야 할 뿐이다.

주식 투자의 성패는 기다림에 달려 있다

주식 투자에서 가장 높은 비중을 차지하는 것은 기다림이다. 사실 투자는 대부분 여윳돈이 있을 때 한다. 여윳돈을 투자하고 나면 주식 투자에서 별로 할 일이 없다. 물론 종목 분석을 할 수도 있지만 이것은 자금을 투자하기 전에 이미 이루어져야 할 일이고 자금이 투자된 이후에는 관망하고 기다리는 것이 유일한 방법이다.

언제까지 기다리면 될까? 투자 시점에서 예측했던 성과가 나올 때까지이다. 저평가 구간에서 매수를 했다면 적정 평가 이상 나올 때이고, 기대되는 성장이 이루어질 때까지이다. 그런데 기다리는 동안 주식이 쭉쭉 올라가면 좋지만 대부분 하락하기 마련이다. 최저점에서 매수한다는 것은 그만큼 어려운 일이다. 좋은 주식을 매수했지만 성장할 때까지 기다리지 못하고 무릎 아래에서 매도하는 경우가 적지 않다. 다른 종목은 잘나가는데 내가 매수한 종목은 빌빌거리니 의욕이 꺾인다. 시장과 다른 방향에서 투자했다고 자책하고는 한다.

그러나 내가 매수한 종목도 한때 투자자의 시선을 끈 종목이었다. 매수 당시에는 말이다. 지속성이 없어서 현재는 한산하기 그지없다. 그 사이에 계좌는 손실로 이어지고 한숨만 나온다. 그러나 필자는 이 시기가 매우 중요하다고 강조하고 싶다. 고수들도 이런 시기를 겪는다. 그러나 대부분의 투자자는 자신만 어려운 상황에 처해 있다고 한탄한다. 농부가 씨앗을 뿌리고 다음날 수확하지 못한다는 사실은 알면서, 투자를 하자마자 수익을 보려고 애쓴다. 농산물도 수확하기까지 시간이 걸리고 기업도 성장하기까지는 시간이 필요하다. 그런데 주식 투자자에게 이 기다림이란 지루하게만 느껴지고 견디기가 쉽지 않다. 자신의 귀중한 자금이 투자되었기에 빨리 수익을 보고 빠져나갈 생각이 간절하다. 그러나 자본가는 돈에게 일을 시키는 사람이다. 돈을 쉬게 해서는 안 되는데 안전성을 강조하며 가능한 쉬게 하려고 한다. 돈이 놀고 있으면 돈을 벌 수가 없다는 사실을 잊었는가? 돈에게 일할 임무를 주고 우리 투자자는 관리 감독을 하면서 기다리면 된다. 그 시간이 꼭 필요하다고 강조하고 싶다. 기다림 속에 성과가 나오기 때문이다.

저축하고 투자하고 기다린다

일을 해서 저축하고, 종잣돈을 꾸준히 모아 투자를 한다. 그 투자의 과실을 맺을 때까지 기다리는 것이 투자자의 삶이다. 이 과정에서 투자 아이디어를 얻고 세상을 관찰하며, 나의 생각과 세상은 어떻게 다른지 알아가는 과정이 투자라고 생각한다. 이것이 투자의 전부이다.

그리고 투자는 삶이다. 투자의 3단계 중에서 어느 것이 제일 어려운가? 바로 투자의 출발점이 되는 저축이다. 저축을 했다는 것은 대단히 중요한 의미를 가진다. 들어오는 돈을 다 소비하지 않고 절제해서 미래를 대비하는 사람이란 것은 부자가 될 자질이 있다는 의미이다. 저축만 잘 해도 노후에 남에게 아쉬운 소리를 하지 않고 살아갈 수가 있다. 자신의 노후를 스스로 책임지는 것은 사회적으로나 도덕적으로도 매우 바람직한 태도이다. 가까운 가족이나 지인에게 책임을 전가하는 것은 매우 슬픈 일이다. 또한 국가에 의탁하는 것도 좋은 일이 아니다. 자신의 삶을 능동적으로 꾸려나가기 위해서는 저축하는 습관은 필수적이다.

과거에는 저축만 해도 살아갈 수 있는 고금리 시대였다. 그러나 현대에 들어서는 풍요로운 생활을 위해서는 저축만으로는 한계가 존재한다. 저축이 외발자전거라면, 투자는 양발 자전거이거나 혹은 개인 역량에 따라 자동차나 비행기가 되기도 한다. 그만큼 저축에 비해 효율과 성과가 압도적이다. 탁월한 성과를 위해서는 투자 후에 기다리는 과정이 필요하다. 씨를 뿌린 후 열매 맺을 시간을 주는 것이다. 기업에 투자를 했으면 기업이 성과를 내기 위한 시간이 필요한데 내 돈이 투입되었기에 길게만 느껴진다. 기다림이 쉽지 않다는 말이다. 이성은 기다리는 것이 맞다는 것을 알면서도 본능은 빨리 내 돈을 찾고 싶어 한다. 기다리는 과정에는 이성과 본능이 치열한 전쟁을 벌인다. 이성은 미래를 내다보고 기다릴 수 있는 능력을 부여했지만 본능은 지금 당장 돈을 요구한다. 이 싸움의 결과를 도통 알 수 없는 것이 투자의 세계이다.

그리고 주가가 낮으면 이성은 매수를 하라고 하지만 본능은 두려움을 느끼게 해서 주저하게 만든다. 주가가 높으면 이성은 매수를 절제하라고 하지만 본능은 어서 추격해서 매수하라고 부추긴다. 투자자는 자신의 행동이 이성에 따르는 행동인지 본능에 따르는 행동인지를 알아야만 투자에서 생존하고 평생 투자를 이어갈 수 있는 것이다.

잘못된 투자도 시간이 지나면 좋은 투자가 되기도 한다

7년 전 어떤 종목을 명품 주식이라 판단하고 상당히 높은 가격에 구입했다. 물론 그 당시에는 최저점이라 생각하고 진입한 것이다. 그런데 사고 나니 가격이 계속 떨어졌다. 좋은 주식의 가격이 떨어지자 '물타기'가 진행되었다. 주당 32,000원에서 30,000원-27,000원-25,000원-22,000원-20,000원까지 쭉쭉 내려갔다. 대주주가 20,000원에 유상증자를 마치고도 17,000원-15,000원-10,000원… 코로나 때 6,000원대까지 빠졌다가 현재는 오르고 내리면서 8,000원대에 맴돌고 있다.

첫 분석과 투자 실행이 꼬이면서, 주식 수와 손실 금액은 상당히 커지고 많은 기회비용이 발생했다. 7년 전 투자 시점과 비교했을 때 현재 시점의 기업 가치가 정말 그렇게 많이 하락했는가? 현재가는 최초 구입 당시보다 70% 이상 하락했다. 주당 32,000원 상태는 정말 매력적으로 느껴졌는데, 8,000원대인 지금은 버리고 싶은 존재로 바뀌었는가? 기업의 매출과 이익, 배당까지 늘었다. 업계 점유율도 올라가고 인지도도 높아졌지만 주가는 곤두박질쳤다.

원인을 알 수 없는 하락이 지속되고 있다. 심증이 하나 있지만 그것 때문이라 하기에는 설명되지 않는 점이 있다. 주가 하락을 완벽히 분석하기 어렵다는 점이 투자를 어렵게 한다. 이론과 다른 가격 형성이 예상보다 오래 투자자를 괴롭히기도 한다는 점을 필자는 경험으로 느끼고 있고, 이 사실을 알려주고 싶다. 운 좋게 다른 종목으로 손실을 복구했기에 표 내지 않고 살지만, 수익 실현 전에도 담담해지려고 애쓴 기간이 있다. 코로나 직전의 손실에도 참았고, 코로나 손실에는 견디기 어려울 정도로 힘들었지만 버텨 내었다. 요즘 말로 '떡실신했다'고 하면 적절할 정도로 충격이 컸다. 그러나 손실이 워낙 컸기에 주식을 파는 행위는 무의미했고, 노후자금이라고 애써 자위하며 10년 내 복구되기를 기대하는 것 외에는 별다른 수가 없었다. 인내하고 기다리는 것이 유일한 방법이었다.

이야기가 길어졌지만 나의 투자 진입 시점은 명백히 잘못되었다. 그로 인해서 많은 손실이 초래되었고 계속된 물타기로 손실을 확대시켰다. 그리고 그러한 행위가 7년 이상 이어졌다. 주식 수는 크게 늘었고 그만큼 손실도 확대되었다. 7년 이상 이어진 물타기 행위는 현재 시점까지 -40%로 손실 구간이기에 명백히 잘못되었다.

첫 번째, 투자 행위 자체가 현재 시점에서 오류이고, 두 번째, 연이은 물타기 행위도 오류가 명백하다. 많은 손실이 발생했고 엄청난 기회들을 희생했다. 종목 선정, 투자 시점, 7년 동안 연이은 물타기 등 연속된 오류가 나온다. 다만 이런 점이 현재 시점에서는 오류가 명백하지만 미래 시점에서는 어떻게 변화할까? 이 궁금증으로 인해 글을 쓴다.

필자의 변명은 이렇다. 기업은 7년 전이나 지금이나 꾸준하게 발전하고 있고, 매출과 이익도 늘고 있으며 배당도 증가하고 브랜드 가치와 시장 지배력도 강화되고 있다. 7년 전에도 매력이 있었고 현재는 가격마저 떨이 수준이어서 더욱 매력적이다. 필자는 7년 이상 이 종목의 변동성과 뉴스 및 재무제표와 오너리스크 등에 대해 알아봤다. 매도는 하지 않고 매수 일변도로 포지션을 취해서 상당 수준으로 주식을 모아 왔다. 거래량이 많지 않고 유통 주식 수가 적어서 가격 변동 가능성이 높아지고 있다. 이러한 사실에 비추어 보면, 미래 시점에서는 역전 가능성이 높아지고 있고 사실 기대도 하고 있다. 다만 아직 이 종목 투자가 별이 되는 시점이 오지 않았을 뿐이다. 내 차례를 기다리고 있다.

평생 투자를 이어갈 것인데 이것이 어떤 결과를 만들어 낼지 내심 궁금하기도 하고 기대되기도 한다. 기다리고 인내하면 오류도 참이 된다는 것을 알리고 싶어서 이렇게 장황하게 설명했다. 아직 실현된 것은 아니기에 조심스럽기는 하지만, 20여 년의 투자 경험은 무시할 수가 없다.

     주식 투자에 대한 생각

부를 담는 그릇을 키우는
생각의 힘

고수들도 실수한다

세상만사에 능숙한 고수가 있다. 어떻게 하면 잘할까? 노하우를 익히고, 본능이나 감정에 휘둘리지 않고 원칙을 지키면 고수의 반열에 오른다.

주식 투자를 살펴보자. 예측과 대응의 영역이다. 고수라고 최저점과 최고점을 완벽히 아는 것은 불가능하다. 고수도 최저점으로 생각해서 진입했는데 -30%로 종종 물린다. 고수도 실수를 한 것이다. 진입 시기가 좋지 못한 것이다. 그러나 대응의 영역에서 고수는 실력을 발휘해 손실을 줄이고 결국에는 익절을 한다. 하수는 시장에 휘둘려 손실을 확정하고 만다. 똑같은 종목에 물렸어도 본능이나 감정에 따르지 않고 자신만의 원칙을 갖고 인내하는 매매가 실력 차이를 만든다. 손절이 아닌 익절을 원칙으로 삼으면 이것저것 아무 주식이나 막 살 수가 없다. 공부하고 절제하고, 기다리고 또 기다리고 그리고 기다려서 엄선된 주식만 산 후 집중 관리하는 것이다. 분할 매수로 최대한 저점 매수를 실천한다. 그래도 사고 보면 종종 -30%가 되기도 한다. 그러면 익절할 때까지 더 많은 시간을 기다리고 인내해야 하는 수고로움이 따른다.

이때 실수의 유형이 중요하다. 실수가 시점의 차이로 인한 것인지 아니면 종목 선정 때문인지 구분할 수 있어야 한다. 단지 시점의 차이라면, 시간을 더 부여하면 극복 가능하다. 그러나 종목 선정이 잘못되었다면 전혀 다른 문제다. 고수들이 하는 실수는 거의 시점의 차이이다. 시점의 차이는 단기에는 실수가 되기 쉽다.

고수와 하수의 결정적이 차이는 이 실수를 받아들이는 태도에 달려있다. 고수는 이런 실수를 깨닫고 다음에 더 좋은 의사 결정을 하기 위한 반성의 시간을 갖는다. 그리고 그에 대한 대가로 시간을 더 부여한다. 이에 비해 하수는 자신의 실수를 자책한다. 그리고 견디기를 두려워한다. 그에 대한 책임으로 손실을 확정해버린다. 그리고 손실 난 자금으로 또 다른 종목을 매수한다. 잦은 매매는 원금을 계속해서 줄인다. 실력이 뒷받침되지 않은 채로 부지런히 매매하는 행위는 원금을 지속적으로 갉아먹을 뿐이다. 고수는 실수에서 배우고 기다리는 반면 하수는 실수를 반복한다.

주식 투자에서 제일 어려운 일은 원금을 잃지 않으면서 배우는 것이다. 이것은 거의 불가능하므로 적게 잃으면서 배우는 것을 목표로 하자. 오를 확률이 높은 투자로는 지수 투자를 꼭 해보기를 권한다. KODEX 200과 S&P 500이 대표적인 지수 투자이다.

삶은 선택의 연결선으로 이루어진다

탄생은 내가 선택할 수 있는 일이 아니다. 태어나자마자 국가, 사회, 부모 등이 결정되어 있다. 그러나 성장하면서 내가 선택하고 결정해야 하는 것들이 점차 늘어난다. 어떤 친구들과 가깝고 멀게 지낼지도 내가 선택한다. 대학도 선택하고 직장도 선택하고 배우자도 선택한다. 그리고 하루 24

 주식 투자에 대한 생각

시간을 어떻게 쓰는지도 내가 선택한다. 일주일, 한 달, 1년을 어떻게 보낼지도 선택한다.

그런데 최초에 태어나는 것과, 생을 마감하는 시간은 내가 선택할 수가 없다. 그 대신 생과 사의 두 점을 뺀, 긴 선과 같은 삶을 내가 선택할 수 있다니 굉장한 축복이다. 반대로 두 점은 선택하되 긴 선의 내용을 선택할 수가 없다면? 생각만 해도 아찔하다. 또 생과 사를 내가 선택할 수 있다고 가정해 보니 이 또한 생각처럼 간단하지가 않다. 그 두 가지를 결정하기 위해 평생을 고민하다가 삶을 마감할 것 같다. 그 정도로 간단하지가 않고 머리가 복잡해진다. 내가 사랑하는 부모님, 사회, 국가를 달리 생각할 수 없다. 그렇게 보니 우리의 뇌가 쉴 수 있도록 가장 어려운 결정이 이미 주어져 있다는 것이 퍽 다행이라는 소심한 생각도 든다.

인간의 삶을 크게 3단계로 나누어 보자. 1단계는 태어나서 배우는 과정으로, 30년이 걸린다. 2단계는 배운 바를 활용하면서 가장 왕성하게 경제활동을 하는 30년이다. 이 중에서 직장이 갖는 의미는 대단히 중요하다. 3단계는 노후 생활 30년 정도이다. 나는 직업을 세무사로 선택하면서 종잣돈을 모으고 투자라는 것을 선택했다.

나는 어려서 빈곤을 경험했다. 이것은 나에게 주어진 것이었지만 유쾌한 경험은 아니었다. 가난을 벗어나고 싶었고 나의 자녀나 후손은 이를 반복하지 않고 끊어내기를, 유복한 생활을 하기를 꿈꾸었다. 어릴 적 시골집에서 저녁에 소변을 보기 위해 밖으로 나오면 세상이 깜깜했다. 하늘에 뜬 수많은 별들을 보면서 '나는 커서 도시에 나가 많은 돈을 벌어야지' 생각하고는 했다.

상상하는 것도 나의 선택이고 현재의 직업과 투자 행위도 나의 선택이다. 이상을 꿈꾸는 것도 이를 실천하는 것도 모두 나의 선택이다. 그리고 현재는 나의 꿈을 실천해 나가는 선택을 진행 중이다. 왕성하게 경제 활동도 하고 있으며, 또 다가올 노후 30년을 워렌 버핏으로 살기 위해, 지금도 열심히 선택하며 성장하고 있다.

1%가 차이를 만들어내는 결정적인 요소이다

사람들은 보통 1%를 아주 작게 생각한다. 100개 중 1개인데, 있어도 살고 없어도 산다고 생각한다. 그렇다. 살기는 산다. 그런 삶에 만족하면 다행이지만 그렇지 않고 후회하는 경우가 많다. 그런 생각으로 삶을 대하면 다른 사람보다 성취 측면에서 뒤처질 수밖에 없기 때문이다.

스포츠에서는 1% 차이로 승자와 패자가 갈리기도 하고, 시험에서는 한 문제로 합격과 불합격이 갈린다. 아주 미세한 시간 차이로 병원에서는 생사가 갈리기도 한다. 극단적인 예를 들었지만 일상에서도 얼마든지 찾을 수가 있다. 사람들이 엇비슷할 때 누가 조금이라도 돋보이면 우리는 그런 사람을 선택한다. 그 작은 차이가 그 사람을 차별화하기 때문이다. 많은 성취를 이룬 사람들을 보면 그들도 시작은 우리와 별반 다르지 않았다. 우리와 똑같이 많은 실수와 실패를 겪어야 했다. 다만 차이가 있다면 열정과 끈기이다. 1%라도 더 잘 하려는 마음가짐이 쌓이고 쌓여서 다른 결과를 만들어 낸 것이다.

천 리 길도 한 걸음부터라는 말이 있다. 워렌 버핏의 재산도 초기에는 미미했다. 노력에 시간이 더해지면 작은 것도 큰 결과로 만들어 낼 수 있다. 작은 것을 소중히 다루고 크게 키우는 습관은, 우리의 부를 늘리고 후세에도 좋은 영향을 미치는 아주 귀한 씨앗이다.

부자는 왜 끝없이 부를 추구할까?

자본은 스스로 크려는 속성을 갖고 있다. 일정 수준까지 모으기는 대단히 어렵지만(스노우 볼), 그 단계(시드머니)를 넘어가면 자연스럽게 확장하고 성장하려고 한다. 시드머니가 투자를 통해 커지면 또 성장을 위해 재투자되고 또 성장하는 선순환을 반복한다. 그러다 보니 부자는 자본이 성장하는 것을 제한하지 않는다.

평생 이렇게 선순환하면서 자본은 더욱 커진다. 그러다가 어느 순간 자본 소득이 노동 소득을 추월하게 되고 자본 소득은 시간이 지남에 따라 더욱 강력해진다.

결국 부자가 더 큰 부자가 되는 현상이 발생한다. 부자에게 노동 소득과 자본 소득이 집중되는 현상은 필연적이다. 이런 현상에 반대하는 것이 옳은가? 자신이 잘하는 투자는 안 하고 모두 소비하는 것이 마땅한가? 부의 집중 현상을 막기 위해서 저축과 투자를 멀리하고 낭비하고 소득의 기회를 발로 차는 것이 타당한가? 부자는 미래를 대비하고 미래 세대를 위하려는 마음으로 절제된 방식으로 살다 보니 부자가 되었고 그런 생활 방식을 지속했더니 더 큰 부자가 되었다.

인간의 삶은 유한하다. 100년의 시간이 지나면 대부분 흙으로 돌아간다. 더 산다고 해도 20년 남짓이다. 사람이 죽으면 부도 함께 없어지는가? 그렇지가 않다. 부는 사회에 존재한다. 다른 사람들을 위해서 계속해서 일을 한다. 부의 주인이 바뀔 수는 있어도 여전히 살아서 다른 사람들에게 도움을 주는 것이다. 어쩌면 이 세상에 존재하는 모든 부는 인류가 지금까지 축적한 부이다. 그 소중한 것을 그동안 우리가 누려온 것이다. 그 가치를 알기에 내가 맡은 소임에 한시라도 소홀할 수가 없는 것이다.

주식 투자는 꿈과 희망을 먹고 산다

자신이 변하고 발전하는 것이 최고이다. 타인이 변화하길 기대할 수는 있지만 대부분 변하지 않기에 실망만 가지게 된다. 내가 어찌할 도리가 없기에 상수에 해당한다고 볼 수 있다. 그렇다면 내가 발전하는 것은 변수가 된다. 그나마 가능성이 있는 방법은 내가 변하는 것이다. 이론적으로는 알지만 실제로 내가 발전하는 것은 쉽지 않다. 우선 많이 공부해야 하고 또 공부한 것을 실천해야 하는데, 몸과 마음이 생각처럼 잘 따르지도 않는다. 의욕을 갖고 진행해 보지만 지속하기가 힘들다. 나를 변화 발전시키는 것이 생각처럼 쉽지 않음을 고백한다.

그렇다고 방법이 없는 것은 아니다. 인간은 늘 방법을 찾고 또한 효율을 극대화하는 방법을 고안한다. 바로 잘하는 사람을 지원하고 그 과실을 나누는 것이다. 그것이 바로 주식회사 제도이고 주식 투자라고 생각한다. 우리는 스포츠 스타를 응원하고 그의 경기를 보면서 즐긴다. 가수들의 노래를 듣고 그들의 팬으로서 열광한다. 남이 잘 되는 것을 시기하지 않고 응원하고 관심을 갖고 지켜본다. 기업은 각자 고유의 사업 목적이 있고, 이것을 실현하면서 사회에 기여하며 돈을 벌어들인다. 때때로 자신의 실력에 맞지 않는 낮은 가격에서 심하게 몸부림칠 때도 있다.

그러나 대부분 시간이 흐르면서 실력에 맞는 가치에 수렴하게 된다. 기업이 성장하면서 스타가 될 때는 모두가 환호성을 치며 응원하고 싶어 하지만, 그때는 가격이 매우 높아져 있다. 그전에 투자하지 못한 것을 후회하게 된다. 스포츠 스타와 가수의 팬처럼 기업을 응원하는 마음으로 주식 투자를 한다면, 미래에 대한 기대가 생긴다. 비록 현재의 손실 계좌가 신경 쓰이더라도, 미래에 어떤 시점에서는 이 주식이 우리에게 커다란 수익을 안겨줄 수 있다. 우리 인생을 건강하게 만드는 현재의 쓰디쓴 약이라고 생각하자.

우리는 어떤 생각과 어떤 언어를 써야 할까?

우리가 주식 투자를 하는 이유는 미래에 큰 부를 누리기 위해서다. 오늘의 작은 투자 씨앗이, 미래에 거대한 부의 나무를 불러 온다.

이제 투자 개념을 일상에 끌고와 보자. 현재의 작은 종잣돈이 커다란 부로 성장하듯이, 사람을 크게 성장시키는 원천이 있다. 그것은 바로 생각이다. 그 사람이 무엇을 생각하느냐가 그 사람의 가치를 결정한다. 우리의 머릿속에는 다양하고 많은 것을 담을 수 있다. 무엇을 담을지는 각자가 결정한다. 주식 투자처럼 보유 종목을 선택할 수 있는 것이다. 미래에 성장할 종목을 담을지 시장에서 소멸할 종목들을 담을지는 각자의 몫이다. 생각도 마찬가지이다. 나를 성장시킬 것을 담을지 나를 쇠퇴하게 하는 것을 담을지도 각자의 고유한 선택이다. 무척 중요한 이야기이다. 좋은 것을 선택해서 담아야 하고, 그중에서도 핵심적인 것을 담아야 한다. 생각에도 주식 투자처럼 선택과 집중이 필요한 것이다.

생각을 감추기는 쉽지 않다. 결국 생각은 그 사람을 지배하는 원천이기 때문이다. 그리고 생각은 언어를 통해서 밖으로 표출된다. 그 사람을 지배하는 핵심적인 생각이 결국 언어를 매개로 세상에 나오게 된다. 생각과 언어는 상호 작용을 하면서 삶을 지배하는 것이다. 우리는 생각과 언어를 맑고 밝게 할 필요가 있다. 생각과 언어는 평생 사용하는데, 그것이 나를 성장시키는 원천이고 씨앗이란 점을 강조하고 싶다. 즉 나를 성장시키는 생각을 하고 나를 성장시키는 언어를 사용한다면 인생 안에서 복리의 마법이 우리에게 돌아온다는 것을 당부하고 싶다.

습관은 강한 힘을 갖는다. 평소 자신에게 축복의 말을 한다면 그것은 씨앗을 심는 것과 마찬가지다. 씨앗은 커다란 나무로 성장해서 보답한다. 어떤 씨앗을 심을지는 전적으로 자신이 사용하는 언어에 달렸다고 해도 과언이 아니다. 그만큼 언어는 강력한 힘을 갖는다. 자신에게뿐만 아니라 자녀에게 사용하는 언어도 중요하다. 언어는 돈을 들이지 않고도 투자할 수 있는 가장 소중한 자원이다. 미래가 유망한 기업을 선택하듯 나를 성장시키는 언어를 선택하자. 그것은 지금 내가 미래의 나에게 줄 수 있는 최고의 선물이다.

언어의 놀라운 효과

손실 난 계좌를 인내하고 참으면 햇살처럼, 그리고 소나기처럼 내리는 수익을 맛볼 수 있다고 했다. 그 말을 한 지 2달도 지나지 않았는데 이를 경험하고 있다. 생각은 우리를 성장하게 하는 중요한 자원이다. 생각하는 힘은 나를 커다란 나무로 자라게 하는 씨앗과 같다. 생각은 언어를 통해 구체적으로 표출된다. 언어는 그 사람의 생각을 사회에 알리는 중요한 매개체이다. 따라서 생각과 언어는 그 사람을 성장시키는 핵심적 자원이고 성공의 열쇠가 된다.

필자는 단언했고 예언했다. 그리고 경험했다. 그렇다면 필자는 예언가인가? 전혀 그렇지 않다. 필자는 평범하기 그지없는 일반인이다. 다만 생각하기를 좋아하고 언어의 놀라운 효과에 대해 조금 알 뿐이다. 그렇다면 이런 사실을 어떻게 알았는가? 우연한 경험으로부터 배웠다. 처음에는 나도 이런 일을 경험할 줄은 몰랐다.

주식을 잘하는 사람은 사면서부터 수익을 내는 줄 알았다. 사면서부터 손실이 발생하는 것은 내가 하수이고 잘못 투자해서 그런 줄 알았다. 오늘 파종하고 내일 바로 수확하지 못한다는 것은 알면서, 주식에서는 그렇게 생각하지 못한 필자는 실력 없는 투기꾼이었다. 오랜 기간 생각과 실력에서 많이 부족했다. 그렇게 20년 가까이 수업료를 지불했지만, 우연한 기회 덕에 주식 투자 수익은 손실을 견딘 후 찾아오는 달콤한 과일임을 깨닫게 된다.

책을 통해 미리 공부했더라면 알았을 테지만, 필자는 그것을 많은 시간과 비용을 들인 후 우연한 경험을 통해 배웠다. 고통의 절정인 손실이 최대에 이를 때 내 신념과 가치를 모두 시장에 내팽개치고는 했다. 그에 따른 손실과 자책감은 나에게 커다란 장애물이 되고는 했다. 손실에 대한 인내의 크기는, 결국 상황이 반전된 후 그 이상의 수익으로 변환됨을 알아야 한다.

늘 미래를 준비하며 현재에 집중하자

현재가 전부인 양 살아갈 때가 많다. 현재의 상황이 더욱 크게 다가오기도 하고 현재의 일도 감당하기가 쉽지 않기 때문이다. 그래서 대부분 눈앞에 닥친 일을 처리하기 쉽다. 그러다 보면 정신도 없고 일이 끝이 없다. 해야 할 것은 많은데 처리해도 일이 끝없이 밀려 온다. 매일매일 정신없이 보내는 사람들은 자신이 하는 일이 맞는지 고민해야 한다. 적기에 진행되지 않으면, 시간이 흐른 후 몇 배의 노력을 해도 효율을 내지도 못하고 때론 효과가 없을 때도 있다.

사실 이것은 투자자의 삶에서도 나타나는 현상이다. 현재가 전부인 것처럼 생각하면 오판을 내리기가 매우 쉽다. 투자의 결과가 현재 매우 좋다면 안 좋을 때를 대비하는 준비 자세가 필요하다. 현재의 상황에 취하다 보면 그 반대의 상황에 닥쳤을 때 그동안의 성과가 흩어져 버리기 쉽다. 마찬가지로 현재의 투자 결과에서 손실이 크다면 미래에 좋아질 때를 준비하는 자세가 필요하다. 현재의 상태로 공포에 질려서 고가에 매수한 주식을 헐값에 시장에 버리는 행위를 경계해야 한다. 즉 현재 상태가 전부가 아니라 투자의 과정 중에 있다는 생각을 하며 미래를 준비하면 안정적인 투자를 이어갈 수 있는 것이다. 그렇다면 자원을 어떻게 배분하는 것이 좋을까? 미래를 준비하는 데 30% 정도만 신경 써도 큰 충격을 피할 수가 있다.

환희와 공포는 투자자에게는 번갈아 가면서 나오는 감정이다. 이들에게 지배당할지 이들을 지배할지는 자신의 준비 정도에 달려있다. 투자의 세계, 특히 주식 시장에서는 어떠한 일도 벌어질 수 있다는 것을 알아야 한다. 예상치 못한 일이 벌어졌을 때 대부분의 투자자들은 희생당하기 쉽지만 일부 투자자에게는 상상하기 어려운 수익을 주기도 하기 때문이다. 미래를 준비한 사람과 준비하지 못한 사람과의 격차가 발생하는 것이다.

우리의 삶은 기적의 연속이다(Our life is a series of miracles)

우리의 삶은 기적으로 가득 차 있다. 태어나는 순간부터 마지막으로 눈을 감는 날까지 온통 기적의 연속이다고 말하고 싶다. 다양한 지구의 생명체 중에서도 사람으로 태어났고, 그 많은 사람들 중에 부모님 아래서 건강하게 태어났다. 부모님이 불임이 아니었기에 가능했고, 태어났어도 말짱하게 태어났다. 어려서 수영하다가 물에 빠져 죽을 고비도 있었고 덤프트럭이 다리를 밟고 지나가 다리가 퉁퉁 불어나긴 했어도 무사했다. 감을 따다가 나무에서 떨어져서 팔이 틀어지기는 했어도 시간이 지나면서 아물었고, 기차나 자동차에 치일 상황도 여러 번 있었지만 다행히 사고로부터 벗어날 수 있었다. 중학교 때 시골에서 대전으로 전학을 와서 숱하게 친구들과 다투었고 학교 가기가 너무 싫었지만 다행히 엇나가지 않고 졸업할 수 있었다. 고등학생 때에는 공부가 너무 싫어서 조선시대 선비로 태어나지 않아서 다행이라고 생각했다. 운 좋게 대학에 들어가서는 술에 찌들어서 미친 사람처럼 지내기도 했지만 큰 시비도 없었고 교통사고도 모면했다.

  주식 투자에 대한 생각

군대 시절에는 위험한 장비를 취급했지만 사고 없이 무탈하게 전역했다. 그 많은 사람 중에 아내를 만났고 자녀를 가졌다. 어떤 사람은 자신이 너무 평범하다고 말한다. 그러나 그 평범함이 과연 쉬운 일일까?

세상은 온통 사건 사고로 가득 차 있다. 새삼 평범함이 가져다 주는 행복과 감사를 절절히 느끼게 된다. 건강을 잃은 사람은, 건강하면 원이 없겠다고 한다. 끼니가 걱정될 때는, 먹을 수만 있다면 원이 없겠다고 한다. 자유가 결핍되면, 자유만 주어진다면 어떤 일도 하겠다고 한다. 교육으로부터 소외되면, 배울 수만 있다면 원이 없겠다고 한다. 결핍이 있으면 더욱 강렬하게 갈망한다. 억압되면 욕망은 더욱 강해지게 된다.

한국의 주식 시장은 세계적으로 어려운 시장 중 하나다. 그렇게 어려운 주식 시장에서 20여 년을 생존했다. 이 또한 나의 실력에 비하면 놀랍다. 기적이라는 말 외에 어떤 말이 필요할까? 또한 그 많은 나라 중에 대한민국 국적을 가졌다는 사실이 기적 같다. 세계에서 가장 빠르게 성장하고 발전하면서, 이제는 선진국 대열에 당당히 위치하고 있다. 그런 나라에서 투자를 할 수 있다는 것이 얼마나 큰 축복인가?

나는 평생 다른 사람이 만들어 낸 것을 소비하면서 살아왔고 앞으로도 그렇게 살 것이다. 내가 유일하게 생산하는 세무 서비스도 고객사의 도움을 전적으로 필요로 한다. 그 많은 세무사 중에 나를 선택해 준 고객사 덕분에 일할 수 있다. 그리고 그것이 마중물이 되어 투자를 할 수 있는 기회를 얻었고 그 투자의 씨앗 뿌리기는 나에게 또 다른 기적을 선물하고 있다.

세상은 감사할 일로 가득차 있다

세상은 기적으로 가득하다. 생각해 보자. 아침에 일어나면서부터 용변을 보고 씻고 식사를 하고 출근한다. 용변을 쾌적하게 볼 수 있는 깨끗한 시설, 개운하게 씻을 수 있는 시설, 끼니를 걱정할 필요가 없는 아침 식사까지. 우리는 다른 사람들의 작업 덕분에 편안하게 살아간다. 출근은 어떠한가? 직원들의 성실한 근무 태도에 감사를 느낀다. 거래처가 우리 회사를 믿고 선택해 준 데 고마운 마음이 든다. 점심도 내가 준비하지 않고 다른 사람의 도움으로 해결한다. 내가 좋아하는 테니스도 혼자서 할 수가 있는가? 다른 사람들과의 관계 속에서 테니스를 즐긴다. 저녁도 역시 타인의 도움으로 해결한다. 내가 좋아하는 책은 어떠한가? 저자들의 소중한 지식과 통찰력 그리고 경험과 상상력을 얻을 수 있다. 그 덕에 세상을 온전히 즐길 수 있다. 그리고 수면을 취할 안전하고 쾌적한 시설이 나를 기다리고 있다. 아침에 일어나서 저녁에 잘 때까지, 24시간 내내 타인의 도움으로 나의 생명을 연장하며 세상을 경험한다.

사람이 아니라 동물로 태어났다면? 상상만 해도 아찔하다. 먹이 활동을 위해 끊임없이 사냥하는 고달픈 삶이 상상되는가? 또 천적으로부터 생명을 지키기 위해 늘 경계하며 살아야만 한다. 그 많은 생명체 중에서 사람으로 태어났고, 수많은 나라 중 대한민국에서 태어났음이 기적이 아니고 무엇일까? 직업을 자유롭게 선택할 수가 있고 대학 교육까지 받을 수 있는 이런 행운은 또 어떻게 표현할 수가 있는가? 사업하면서 동시에 손쉽게 투자할 수 있는 금융 시스템을 누리고 있는데, 이는 다른 개발 도상국에서는 상당히 어려웠을 것이다. 모든 것이 안성맞춤으로 준비되어 있다.

앞선 시대를 살아간 사람들의 희생과 노력으로 현재의 삶을 온전히 누리고 있다. 동시대를 살아가는 사람들에게도 빚이 있다고 생각한다. 그렇기에 현재를 온전하게 살고 미래를 위한 기반을 만들어 주는 일은 최소한의 의무라고 생각한다. 오늘도 온통 감사한 일로 가득차 있다.

투자를 사업으로 만드는 실천적 방법론

스포츠를 보고 분석하고 열광하듯 승리하는 회사와 함께 하자

2022년 카타르 월드컵이 막을 내렸다. 큰 스포츠 경기가 있으면 온 국민이 열광한다. 사람들은 축구, 야구, 배구, 농구 등 여러 분야의 스포츠 스타를 응원하고, 그 팀의 경기를 분석하고 경기를 예상하며 열띤 토론까지 벌인다. 또 경기의 히스토리는 물론 앞으로 열릴 경기까지 꿰고 있다. 선수와 팀의 세세한 부분을 전부 알고 있다. 이런 것을 보면 모두가 부자가 될 자질은 충분한데 본인이 선택을 하지 않아 안타깝다. 이런 열정의 대상을 기업으로 살짝 바꾸면 좋을 텐데, 하는 생각이 든다. 그런 에너지와 열정의 절반만이라도 투자해 나를 부자로 만들어줄 기업을 응원하면 어떨까 하는 생각이다.

스포츠는 보고 있으면 시간이 빠르게 흘러간다. 재미도 있다. 그러나 내 인생을 풍요롭게 만들지는 못한다. 재밌는 것을 보고 싶은 마음은 본능이다. 기업 분석은 처음에는 재미가 없다. 그러나 나를 부자로 만들어 준다는 것을 알면 재미가 없을 수가 없다. 관심의 대상이 스포츠냐 기업이냐 하는 차이뿐이지만 결과는 엄청난 차이를 만들고 만다.

작은 선택이 서로 다른 결과를 만들어 낸다. 결국 무엇을 선택할지는 각자의 의사에 달렸다. 그런 의미에서 '사람은 모두 자기 자신의 신이다'라고 말한, 영화 '쇼생크 탈출'의 주인공 앤디가 떠오른다.

예를 들면 야구에 깊은 지식을 갖고 있는 사람이 꽤 많다. 팀의 순위부터 타자들의 타율과 투수의 방어율까지 꿰고 있다. 거의 전문가 수준의 지식을 갖고 있는 것이다. 이러한 열정과 관심이면 투자자로서 자질은 충분하고 넘친다. 이 관심의 대상을 미래 자산을 키워 줄 기업으로 바꾸면 어떨까. 안타까운 상황이지만 이것 역시 개인의 선택이기에 조심스러울 뿐이다.

주식 투자 고수와의 만남

지인을 만났다. 배당 수익이 상당했다. 사연을 물어보니 '어쩌다' 그렇게 되었다고 한다. 이자 소득이 많은 사람은 조금 있는데 배당 소득이 많은 사람은 거의 보지 못했기에 궁금증이 생겨서 물어보았다. 일반 투자자인데 안정성을 따지다 보니 얼떨결에 배당 소득이 늘어났고, 일부러 배당 소득을 위한 투자를 한 건 아니라고 했다. 연간 수익률이 15% 정도 되고 배당 수익률 3%가 추가적으로 생긴다고 한다. 투자 종목 수는 300 종목 이상이라고 했다. 나는 깜짝 놀랐다. 이렇게 많은 종목 투자는 의외였다.

그는 직장 생활 초창기부터 돈이 생기면 주식 계좌에 돈을 넣어서 불려 나가고 있었다. 엔지니어 출신으로 중국에서 일했는데, 일만 했더니 월급이 쌓였다고 한다. 거기에 별도의 주재원 수당도 있어 월급으로는 거의 소비하지 않고 대부분을 주식 계좌에 넣을 수 있었다고 한다. 생활이 대단히 절제되어 돈 쓸 일이 없었고 집에 대한 것도 큰돈을 들이지 않아서 금융 자산이 90%를 차지한다고 한다. 이 또한 상당히 놀라웠다. 20년 정도

주식 투자에 대한 생각

시간이 흐르면서 복리의 마법을 겪어, 은퇴하고 쉰 지 1년 정도 되었다고 한다. 운동, 캠핑, 낚시, 골프 등으로 여유로운 휴식을 취하면서도 사람들도 만나고 바쁘게 살아가고 있었다. 나이는 40대 중반이다.

많은 부분에서 나와 의견이 일치했으나 두 가지 정도는 차이가 있었다. 한 가지 차이는 투자 종목 수였다. 내가 5종목 정도로 집중 투자하는 것과 대비되었다. 그는 집중 투자가 너무 많은 리스크에 노출되기에 부담스럽고, 회사 정보에 빠르게 대응하기 어렵기에 종목 수를 늘렸다고 했다.

또 다른 점은 앞으로의 대한민국의 미래를 매우 어둡게 예측하는 부분이었다. 이점이 나와는 견해가 매우 달랐다. 대중들의 월급이 부동산 가격에 비해 매우 낮은 문제점이 있고, 젊은 세대의 근로 의욕도 낮은 편이며 교권이 추락해서 암울한 미래가 걱정된다고 했다. 그럼에도 불구하고 주식 투자는 미래 가능성은 있다고 보았다. 부동산 자금 쏠림 현상이 20%에서 30% 정도만 주식으로 흘러 들어와도 주식은 신세계를 열어갈 것으로 예측했다.

주식 고수의 비결을 요약하면 다음과 같다.

1. 사회 초년생 때부터 월급을 받으면 소비를 최소화하고 주식 계좌에 입금하면서 계속 투자를 이어갔다.
2. 연간 수익률 15% 이상이면 만족한다.
3. 배당을 하는 회사 주식을 저가에 투자해서 안정성을 확보한다.
4. 복리의 마법을 믿고 실천한다.
5. 금융 자산으로 40대 중반에 경제적 자유를 달성하고 자산가의 반열에 올랐다.
6. 레버리지 투자는 절대 하지 않는다. 은행 대출은 이용한 적이 없

다. 본인 자금만 운용한다.

부자가 되는 길

회상해 본다. 30대는 세무사업을 개업했지만 고전했다. 처음 가는 길이라 많이 불안했다. 경험이 없다 보니 자신감도 떨어졌다. 대출받은 금액도 커졌다. 수입보다 지출이 많았던 때였다. 힘들어서 다른 직업을 기웃거리기도 했다. 위기가 닥친 것이다. 지나고 나니 위기는 성장에 필수적인 통과 의례다. 위기를 극복하지 못하면 그 자리를 벗어나기 힘들다. 그 수준을 벗어나려면 그에 걸맞은 지적 또는 물적 수준을 갖추어야 한다. 스스로 알고 실행하는 사람도 있지만 필자는 그 정도의 사람은 아니었다. 나는 셋째 형의 조언을 묵묵히 따랐다. 많이 부족했지만 통찰력 있는 사람의 조언을 따르는 행운을 가진 것이다. 그 당시 위기를 견디지 못하고 취업했다면 생각만 해도 아찔하다.

위기 시에 좋은 직원들을 만나면서 사업을 그럭저럭 유지했다. 대출도 모두 상환하고 여유 자금도 생기면서 주식 투자를 시작했다. 그러나 공부 없이 시작한 불나방 같은 투자는 나에게 치명상을 주었다. 욕심이 나를 이기고 장악하고 나를 못난이로 만들 뿐 아니라 파멸로 몰고 갔다.

2008년 금융위기로 많은 것을 잃었다. 소중한 종잣돈도 잃고 직원들도 잃었다. 또다시 위기가 닥친 것이다. 위기에 질식할 것인가? 위기를 발판으로 도약할 것인가? 그 당시에 솔직한 심정으로 숨이 막혔다. 가족들의 실망스러운 표정에 너무 미안했다. 사무실도 옮기면서 새로 시작했다. 절박했기에 고객 한 명 한 명이 너무 소중했다. 그 마음 덕에 고객이 한 분 한 분 쌓이기 시작했다. 그 재미에 푹 빠져 일이 신나기 시작했고, 규모가 커지면서 수입도 늘어났다. 위기 때마다 극도로 지출을 절제하며 살다 보니, 수입이 많아지더라도 지출은 별로 늘어나지 않았다. 주식 투자 자금이 빠르게 늘었다. 주식 투자를 큰 금액으로 해도 생각처럼 수익이 나오지 않아 부동산도 조금씩 하기 시작했다. 주식으로 심신이 많이 지쳐 있었기에 부동산으로 갈아타는 것도 좋아 보였다. 때마침 주식이 약간의 수익을 냈기에 기회다 싶어 빠져나왔는데, 그 주식이 상승하는 것을 보면서 다시 주식을 모으기 시작했다.

부동산은 안정감은 있지만, 폭발적이지 않고 안정적인 성장이 가능하다. 나는 심리적인 안정을 택했기에 수익을 포기한 대가를 치렀다. 날아간 수익을 되찾기 위해 또다시 심기일전하여 열심히 주식을 모으고 모았다.

그러다가 2020년 3월, 코로나로 인해서 주식이 폭락에 폭락을 거듭했다. 코스피가 1,350 포인트 근처를 찍으며 내 계좌는 -80%를 기록했다. 투자금의 20%라도 건져서 코스피 1,000포인트 아래에서 다시 투자할까 하는 생각도 들었지만 원금을 회복하려면 400%의 수익을 보아야 하는데 도저히 내 실력으로는 극복할 자신이 없었다. 차라리 그냥 내버려 두어서 원금을 회복하는 것이 빠르겠다는 생각이 들었다. 2008년 금융위기 때의 경험이 약이 되었다. 그때도 헐값에 버린 주식이 빠르게 3~4배 오르는 것을 보았다. 이번에도 유사하게 진행되고 있었다. 다만 차이점은 있었다. 내 포지션이 달랐다. 첫째, 그 당시에는 신용과 미수를 써서 일시적인 하락에 강제 매도되었지만 현재는 신용과 미수가 없었다. 따라서 계속 보유할지 매도할지 선택할 수가 있었다. 둘째, 부동산이 있어서 심리적인 안정감은 약간(?) 있었지만 일시적인 -80%는 권투 시합에서 케이오 패배나 다름없었다. 링에 흰 수건을 던지고 싶은 마음이었다. 똑같은 위기에 매번 침몰할 것인가? 그리고 나는 주식을 안 할 자신이 있는가? 그리고 나는 현재의 주식을 팔고 더 나은 종목에 투자해서 수익을 볼 실력을 갖추었는가? 행동에 대한 확신과 자신감이 없었다.

시장이 때리면 때리는 대로 얻어맞았다. 정신을 차릴 수 없을 정도로 맞다 보니 어떤 행동도 취할 수가 없었다. 그렇다고 그 맹타를 벗어나기 위해 쓰러진다면 케이오를 면하기 어려울 것이다. 비틀거렸지만 쓰러지지는 않았다. 종이 나를 살렸다. 시간이 나를 살렸다. 세 종목을 갖고 있었는데 그중 한 종목이 빠르게 회복된 것이다. 10년은 고사하고 5개월 만에 모든 손실을 만회할 뿐 아니라 큰 수익까지 주었다. 그리고 그 수익 덕에 다른 부동산을 취득하게 되는 선순환을 만든 것이다. 드디어 나는 경험을 통해서 수익을 만들어 내는 시스템을 만들었다.

1. 검소한 생활로 소비를 억제한다.

    돈도 시간도 절약되어, 돈과 시간을 효율적으로 사용할 수 있다. 돈은 투자로 이어지고 시간은 배움으로 이어진다. 책을 통해서 지식과 지혜와 경험을 쌓는다.

2. 수입을 늘려서 투자금을 확보한다.

    수입을 늘릴 방법에 집중해서 들어오는 수입을 확대하고 지출은 그대로 유지한다. 투자금 확보에 집중한다. 결국 누가 먼저 종잣돈을 만드느냐가 미래 자산 크기를 결정하기 때문이다. 복리의 마법은 시간이 흐르면서 강력해진다. 수입 파이프라인을 늘인다. (임대 소득, 배당 소득, 이자 소득, 부동산 투자 소득, 주식 투자 소득, 기타 소득 등)

3. 다양한 자산 포트폴리오는 위기를 견디게 해 줄 지원군이다.

   주식과 부동산 그리고 예금은 위기 시에 다른 자산을 지키고 지원하는 예비군이다.

4. 위기를 맞지 않도록 대비하되, 그래도 위기가 닥치면 성장의 기회로 여겨라.

   개업 시의 위기, 2008년 금융위기, 2020년 3월 코로나 위기… 위기 때 얻은 배움과 경험은 성장의 밑거름이 되어 다음 위기를 극복하는 데 도움을 준다. 부자는 위기 때마다 자산 증식의 기회를 얻는다는 사실에서 우리에게 많은 시사점을 준다.

5. 실패로부터 배운다.

   2008년 금융위기

자신의 투자 결과를 기록해서 데이터를 쌓고 이를 활용하자

투자 의사 결정 과정을 기록해 보면 성급한 투자를 자제할 수 있다. 매수 시점에, 어떠한 관점에 따라 매수했는지 기록해 두고, 이후에 이러한 의사 결정이 맞았는지 투자 결과를 남겨 놓자. 그러다 보면 일정한 패턴이 있는 것을 알게 된다. 요즘에는 증권사마다 매매손익이 잘 나와 있기는 한다. 이것을 활용하는 것도 좋다.

오랜 시간 투자를 하다 보니 알게 된 것은, 수익은 내가 잘 투자해서 나오는 것이 아니란 사실이다. 시장이 수익을 몰고 오기도 하고 손실을 몰고 오기도 한다. 시장은 개인의 투자 실력을 이기는 압도적인 존재이다. 따라서 수익이 났다고 우쭐할 필요도, 손실이 났다고 우울할 필요도 없다.

그렇다고 해서 완전히 운이라고 하기에는 그것도 마땅치 않다. 앞으로 시장이 더 어려워질 것인가, 아니면 이러한 어려움을 극복하고 더 앞으로 나아갈 것인가를 생각해 보면 투자 의사 결정 방향이 잡힐 것이다. 필자는 시장을 늘 긍정적으로 보다가 낭패 겪는 경험을 많이 했다. 투자는 서두르면 칼에 손을 베인다. 칼의 위험을 알고 천천히 차분하게 활용하면 대단히 유용한 도구라는 사실을 알게 된다.

투자에서 단기간을 놓고 보면, 때때로 견디기 힘들 때가 다가온다. 공포에 휩싸이기도 하고 좌절하기도 한다. 특히 욕심을 너무 많이 내다 보면 생각과 다른 결과가 나오면서 공포는 극에 달한다. 그러나 장기적 안목으로 투자를 하면 그러한 파도를 일상적인 것으로 인식하게 되고 오히려 이러한 변동성을 이용하기도 한다.

대한민국은 제조업 강국이다. 이제는 금융 강국, 바이오 강국으로 나아가야 한다. 세계는 보호무역주의가 기승을 부리고 있다. 이를 타개하는 방법으로 금융과 바이오가 해결책이라는 생각이다. 제조업 기반으로 축적된 자금을 금융을 통해 더욱 키우고, 영생 기술인 바이오로 국가 간 장벽을 무력화하는 것이다. 우리 국민 모두가 자본가의 길을 걷는다면 그 과실이 대한민국 곳곳에서 열릴 것을 확신한다.

주식 투자로 사업을 하자

사업과 주식 투자 중에 어떤 것이 좋을까? 사업은 특별한 능력이 있어야 한다. 종업원을 뽑아 훈련시키고, 거래처도 확보해야 하고, 경쟁사보다 특별한 강점을 가진 기술이나 서비스가 있어야 한다. 그리고 힘들게 매출을 냈어도 수금을 해야만 한다. 거래처의 단순 변심에도 묵묵히 인내해야 한다. 업종의 특징을 잘 안다고 해도 내가 컨트롤할 수 있는 것이 거의 없다. 고시가 종합 예술이라고 하는데 사업은 고시 보다 어렵다. 여러 고려 요소 중 하나만 소홀해도 치명적인 문제가 생긴다. 특히 시간이 흐르면서 경쟁은 더욱 치열해진다. 사업은 하나의 업종에 국한된다. 여러 개의 사업을 벌이는 경우도 있으나 드문 경우다. 하나의 업종에 전념해도 성공하기가 쉽지 않다.

주식을 사업처럼 해 보자. 싸게 사서 가치를 제대로 받을 때 풀어 주면 된다. 가치보다 저렴한 것을 사서 모아 가는 것이다. 시장에서 적정 가치 이상으로 평가받으면 내놓는다. 시간을 들여서 적정 가치만큼 부가 가치를 만든다. 종업원도 필요 없고 거래처의 변심과 매출 대금 회수를 걱정하지 않아도 된다. 나 스스로만 컨트롤하면 된다. 여러 업종도 공부만 하면 할 수가 있다. 거인의 등에 올라타기만 하면 된다. 탐욕에 대한 절제와 인내력만 있으면 된다.

시드머니도 많이 필요하지 않다. 근로 소득이나 사업 소득이 있어도 할 수가 있다. 매일 쳐다보고 거래해야 하는 것도 아니다. 천만 원을 가지고 시작해 연간 수익률 25%로 40년간 투자하면 어떻게 될까? 여러분이 상상하는 큰 숫자보다도 크다. 700억이 넘는다. 이것이 복리의 마법이다. 따라서 투자는 밥 먹듯이 평생 하는 것이다. 근로 소득은 60세가 넘으면 체력이 받쳐주지 않고, 회사에서도 밀어내기에 하고 싶어도 안 된다. 사업은 고려 요소가 너무 많고 복잡해서 차라리 시작하지 않는 것이 돈을 절약하는 방법이다.

물론 주식도 아무 준비 없이 뛰어들면 망하기 쉽다. 그러나 사업하듯 준비하고 공부한 후에 작은 규모부터 훈련하면 다른 사업보다 훨씬 쉽고 안정적으로 수익을 만들 수 있다. 일반적인 사업을 하는 에너지의 5%만 투입해도 상당한 수익을 낼 수가 있다. 효율이 매우 좋다.

주식 투자에서 핵심은 기다림과 인내다. 충분히 가격이 싸질 때까지 기다리고 또 기다린다. 가능한 낮은 가격에서 잡아도 손실은 발생하기 마련이다. 더 기다렸다면 좋았을 것이다. 그러나 그 손실을 인내해야만 한다. 그 손실을 인내하지 못하면 손실이 확정된다. 손실에 화가 나고 시장에 화를 내봐야 변하는 것이 없다. 자기반성 시간을 가지고, 다음에는 더 기다려야 한다는 것을 배우면 된다. 본능에 따른 매매는 손실만 늘린다. 본능에 따른 사업이 어떻게 성공할 수 있겠는가? 기다리고 인내하지 못하고, 시장에 화풀이하는 사업가를 누가 돈 벌게 해 줄까? 공부하고, 승리할 수 있는 전략을 짜고, 계획에 따른 매매법을 배운 후, 낮은 가격에서 모아가고 인내하다가 시장이 제대로 평가해 주면 내놓는다.

코스피 지수 3,300일 때 많은 개인 투자자가 몰려들었다. 현재 2,700에서 많은 투자자가 돈을 버는 것은 고사하고 '본전'을 목표로 수정했고, 본전이 오면 주식 시장을 떠나려는 사람도 있다. 평생 하는 것인데 환호성 칠 때 몰려들고 아우성칠 때 헐값에 팔아버리는 우를 반복한다. 지수가 5,000이나 10,000을 찍으면 어떻게 될까? 그때도 주식을 안 할 수 있을까? 10년이 지나고 20년이 지나도 지수가 현재와 같을까? 전후 70년이 지나고, 대한민국은 10년이 지날 때마다 엄청난 발전을 이어가고 있다.

우리 부모 세대는 전쟁의 폐허에서도 자녀들을 가르쳤다. 우리 세대는 교육을 받아서 종잣돈을 마련할 수 있었고, 그 덕에 투자를 할 수도 자녀들을 가르칠 수도 있다. 우리 자녀 세대는 한층 더 발전할 것이 틀림없다. 앞으로 대한민국이 세계 속에서 더욱 빛을 발할 것으로 믿는다면 투자를 안 할 수가 없다. 제조업 강국에서 금융 강국으로 선순환되기를 간절히 응원하는 마음으로 투자를 하는 것이다.

부자가 되는 소득 파이프라인을 다양하게 만들자

우리는 그동안 열심히 공부해서 좋은 직장에 들어가, 안정된 생활을 하는 것을 지상 과제로 삼았다. 소수는 사업을 해서 돈을 벌어 노후를 대비하기도 한다. 그러나 현대인은 근로 소득이나 사업 소득으로 충분히 노후를 보내기 어려운 시기를 살아가고 있다. 교육 기간은 길어지고, 명예퇴직 등으로 근로 시기는 줄어들며, 수명은 늘어나고 이자 소득률은 낮기에 저축만으로는 노후를 대비하기 힘든 시대를 살아가고 있다.

부모님 세대에는 자녀를 가르치는 것이 중요했고 여유 자금도 거의 없었지만, 우리 세대는 교육도 받았고 약간의 자금도 모을 수 있다. 이 시드머니를 어떻게 활용하느냐는 노후에 커다란 차이를 만든다. 어쨌든 이 시드머니를 굴릴 만한 처지에 있는 사람들은 행운아라고 생각된다.

근로 소득이나 사업 소득은 나의 근로에서 비롯된다. 나의 근로가 없으면 소득도 없다. 그러나 자본 소득은 근로하지 않더라도 계속해서 소득을 만들어 낸다. 자본이 있는 한 계속 소득이 생긴다. 불로소득이다. 무척이나 아름다운 말인데 부정적으로 잘못 알려졌다. 일하지 않아도 소득이 생긴다니 얼마나 멋진가? 그러나 그러한 자본을 모으기까지 피와 땀이 서려 있었던 것은 명약관화하다. 자본은 씨앗의 역할을 한다.

자본이 커지는 데는 주식 투자가 빠르고 좋다. 주식으로 돈 벌면, 부동산을 사고 일부는 예금을 해서 포트폴리오를 다양화할 수도 있다. 주식을 하면서 배당과 시세차익을 얻고, 부동산을 하면서 임대 소득과 시세차익을 얻을 수 있다. 또 예금을 통해서 이자 소득도 얻을 수가 있다. 주식 투자가 성공적이면 다른 추후 소득도 쉽게 다가오는 선순환 구조가 생긴다. 그러나 주식 투자가 성공적이지 못하면 다른 소득을 보기도 어렵다. 물론 주식 투자 없이 부동산 투자도 가능하지만, 필자는 종잣돈이 많지 않으면 부동산 투자에 접근하기 어렵다고 생각한다. 필자의 고정관념일 수도 있다.

나는 주식이 재산 증식 수단이고 부동산이나 예금은 재산 보존 수단이라고 생각한다. 그러나 주식을 20여 년간 해 오며, 일반 사람들에게 주식을 권하기가 머뭇거려진다. 스스로도 큰 마음고생과 돈 고생을 해봤기에. 그러나 젊은 시절로 돌아가도 주식을 할 것인지 물어보면 '그렇다'고 대답할 것이다. 다만 책도 읽고 공부하며 좀 더 체계적으로 투자하고 싶다. 기회가 되면 자녀에게도 알려주고 싶다. 다만 초창기의 나처럼 무모한 잘못된 방법이 아닌 절제된 투자 방식을 말이다.

돈이 샘물처럼 샘솟는 우물 시스템을 만들자

우리 모두는 각자 최소한의 시스템을 가지고 있다. 바로 직접 근로를 해서 소득을 창출하는 근로 소득이다. 이것은 중요하다. 근로 소득이 자본 축적의 시작 단계이기 때문이다. 그리고 자본 축적의 시작이고 중간이고 끝이다. 자본의 중요한 원천이고 씨앗이면서, 자본을 가꾸고 키우는 데 결정적인 역할을 한다.

과거에는 단순히 아끼고 은행에 저축하며, 누가 오래 많이 모으는지가 중요했다. 경제가 폭발적으로 성장할 때는 금리가 매우 높았기에 은행에 저축하는 것이 핵심적인 재테크 방법이었다.

지금은 상황이 많이 바뀌었다. 은행 이자는 인플레이션을 따라가기도 벅차서 화폐의 구매력은 하락하고 있다. 반면 성장 산업에 자본을 투자하

                                        주식 투자에 대한 생각

여 더 많은 수익을 얻는 방법이 익숙해졌다. 또한 은행 예금은 예금자 보호 한도가 5천만 원으로 턱없이 낮아서 안전하지도 못하다. 생산력 있는 자본에 투자하는 일이 원금 구매력을 유지하면서 자본을 키울 수 있는 방법이 된 것이다.

근로 소득은 내가 투입할 수 있는 시간과 공간의 제약이 매우 크다. 사고파는 것도 무척 어렵다. 상속이나 증여도 불가하다. 그렇다면 자본은 어떤가? 자본은 시간과 공간의 제약이 없고 축적과 분산이 가능하며 상속이나 증여도 편리하다. 자본 축적은 처음에는 매우 미미하다. 그러나 시간이 지나면서 점차 커지는 속성이 있다. 돈이 돈을 만드는 것이다. 자본은 시간이 지남에 따라 더욱 왕성하게 커진다. 복리의 마법이 여기에서 발휘된다. 수명이 정해져 있지도 않는다. 사람은 수명이 다하면 흙으로 돌아가지만 자본은 상속세로 줄어들기는 하지만 죽지는 않는다. 상속세는 국가를 위해서 사용되고 나머지는 상속인에게 귀속되거나 미래 세대에 전해지며 생명이 끝없이 이어진다. 그러면서 자본 스스로 커지는 속성에 따른다.

돈을 벌고 축적하는 방법을 근로 소득으로만 제한하지 말고, 주식 투자를 하여 회사의 주주로서 얻는 배당 소득과 시세차익을 통해 돈이 돈을 버는 시스템을 만드는 것이 필요하다. 샘물처럼 퍼내어 생활비로 활용할 수도 있고, 미래를 대비해서 포트폴리오를 다양화할 수도 있다. 이러한 우물 시스템을 갖추면 나만 마시는 물을 넘어 가족과 미래 세대가 마실 수 있는 물도 된다.

전문가는 어려운 것인가? 나도 전문가가 되어 보자

사실 전문가가 되기는 어렵다. 국가가 인정할 정도의 공부량과 깊이를 갖춰야 하기에 수준이 높은 것은 맞다. 우리 사회에는 의사, 변호사, 회계사, 세무사, 감정평가사, 기술사 등 많은 전문직이 있다. 대학 시절에 이러한 전문직을 준비하는 것은 매우 훌륭한 선택이다. 그러나 그 시기를 놓쳤다고 해도 아쉬워할 필요가 없다. 자신이 하고자 하는 일에서 분야를 좁히기만 하면 다른 사람들보다 깊이 있는 정보를 얻을 수가 있다.

서론이 길었다. 우리나라에는 2,500여 개의 상장 기업이 있다. 이 많은 기업 중 과연 몇 개나 알고 있는가? 시험을 치른다면 10점 이상 획득할 자신이 없다. 그런데도 나는 주식 시장을 좋아하고 가족들에게 또 지인들에게도 주식 시장을 활용하라고 조언한다. 주식 시장에 상장된 2,500여 개의 기업을 모두 알아야 돈을 버는 것은 아니다. 5개에서 10개 정도의 기업만 알아도 동네 부자가 되기는 충분하다. 필자는 5종목 정도 투자를 하고 있는데 그중 2종목 정도의 비중이 크고 나머지는 적다. 그동안의 수익을 보면 한두 개의 종목에서 수익을 80% 이상 거두었다. 내가 보유하지 않은 다른 종목이 날아가고 대중의 환호성을 끄는 일이 많지만 나에게는 노이즈일 뿐이다.

노이즈와 정보의 차이는 무엇일까? 내가 보유한 주식과 관련된 것은 정보이고 그 외에는 모두 노이즈다. 생각해 보라. 내가 보유한 부동산이 아닌 서울 강남 부동산, 뉴욕 부동산, 런던 부동산이 나에게 무슨 의미가 있는가? 그것들이 의미가 있기 위해서는 내가 해당 지역 부동산 구매에 관심이 있거나 그런 부동산을 보유했을 경우에만 정보가 되는 것이다. 전체적인 부동산 상황을 조망하는 데 쓰이는 참고 자료 이상은 아니라는 것이다.

많은 기업을 알아야 시장에서 수익을 얻는 것이 절대 아니다. 성장 가능성이 높다고 생각하는 기업 한 개라도 집중해서 공부할 필요가 있다고 본다. 공부해 보고 확신이 든다면 조금씩 투자를 진행해도 좋다. 다만 아

주식 투자에 대한 생각

직 초보 투자자라면 실력이 검증될 때까지 작은 규모의 투자 자금을 운용할 것을 당부한다. 주식 투자는 모의고사가 아니다. 늘 실전이고 늘 본고사이기 때문이다. 작은 돈을 소중히 다루어야 한다. 그 돈은 나중에 10배, 100배, 1,000배, 10,000배로 성장할 씨앗이기 때문이다. 다만 본격적인 수확에는 긴 시간이 필요하기에, 어쩌면 주식 투자 수익은 시간을 먹고 사는 상상의 부자 되는 동물일지도 모른다. 상상의 부자 되는 동물은 시간의 흐름에 따라 점점 일정하게 커지는 것이 아니라 갑자기 기하급수적으로 커진다. 거기에 핵심이 있다. 우리 모두 작은 분야에서는 얼마든지 전문가가 될 수 있음을 다시 한번 강조한다.

나를 넘어
자녀를 위한 투자

미래 세대에게 금융강국을 물려줄 것인가?
아니면 금융빈국을 물려줄 것인가?

대한민국은 지금 격변기에 놓여있다. 해방과 한국 전쟁을 겪었지만 현재는 세계적으로 찾기 힘든 성과를 이룩했다. 국민들의 삶에 대한 눈높이는 매우 올라간 반면 현실은 기대를 뒷받침하고 있지 못해서 만족도는 낮다. 현재의 대한민국의 문제점을 파악하는 것이 문제 해결의 첫걸음이다.

1. 가계 자산의 대부분이 부동산에 몰빵되어 있다.

서울 집값 상승은 많은 국민들을 불편하게 만든다. 서울 주택은 소수만 가지고 있다. 가격이 오르면 주택 소유자는 좋을지 모르지만 주택을 장만해야 하는 대부분의 국민들에게 좌절감을 준다. 상승 속도가 돈을 벌어서 살 수 있는 정도를 벗어난다. 주택을 구입하고자 하는 서울 시민도 마음이 급하고, 지방에 살지만 자녀는 서울로 보내고 싶은 부모들도 마음도 급하다. 자신이 지방에 산다고 자녀까지 지방에서 살아야 하는가? 평생을 소외된 삶을 살았는데 자녀에

 주식 투자에 대한 생각

게도 그런 삶을 물려주어야 하나? 가계들의 자산 현황을 보면 주택이 대부분을 차지하고 금융 자산은 25%이다. 금융 자산 중에는 절반이 예금이고 주식 비중은 20%이다. 주택 가격 상승은 젊은이들에게 결혼을 주저하게 만들고, 설사 어렵게 결혼을 해도 자녀 계획보다는 주택 담보대출 원리금 상환에 진심이다. 주택 담보대출을 4억이나 5억을 받으면 40년 이상을 은행에 저당 잡힌 채 살게 된다. 다른 무슨 재테크를 할 수가 있는가? 배움의 기회를 완전히 박탈당하는 수동적인 삶을 살 수밖에 없다. 이런 삶이 희망이 있는가? 젊은 세대에게는 주택을 살 기회를 박탈하고 그러면 노인 세대는 행복한가? 평생 모은 재산을 주택에 깔고 살아간다. 주택으로부터 돈이 나오는 것도 아니다. 재산세며 종부세를 부담해야 한다. 금융 재산이 거의 없어 쓸 돈이 없다. 세금이 나오면 답답하기만 하다. 이것이 부동산에 집중된 가계 자산의 문제점인 것이다.

2. 주식 시장 친화정책이 절대적으로 필요하다. (대주주 기준금액 상향, 배당 소득 분리과세 등)

   지금까지 한국에서 돈의 흐름은 부동산에 집중되어 국민들에게 많은 불편을 주었다. 돈의 물꼬를 한국 주식 시장에도 흐르게 만들 필요가 있다. 한국 주식에 투자해서 돈을 벌 수 있다는 강력한 신호를 줘야 한다. 한국 주식 시장 난도는 세계 최고이다. 많은 국민들이 주식 시장에 들어왔지만 손실만 보고 떠나기를 반복하고 있다. 미국 주식 시장에서는 돈을 버는데 한국 주식 시장에서는 돈을 잃기만 할까? 주주 친화 정책이 없고 주주를 규제하는 정책들이 대부분이다. 외국 자본도 들여오는 마당에, 부자 주주에게 양도세를 걷겠다는 생각은 너무나 편협하다. 한국에 상장된 기업의 시가총액은 3000조 원으로 미국의 5위 기업인 알파벳(구글) 한 개의 시총 규모이다. 지독한 저평가이다. 시장 규모가 너무 작아서 외국인의 현금 인출기 역할을 하고 있을 뿐이다. 우리나라 기업의 시총이 더 크다면 이런 짓을 못한다. 자국의 자본도 끌어들이지 못하면서 외국 자본을 유치한다는 것은 난센스이고 우리 국부를 키우는데 외국인 좋은 일만 시키는 것이다. 우리 자본도 끌어들이고 외국 자본도 유치해서 더 큰 시장으로 만들어서 국민의 전체 부를 키울 필요가 있는 것이다.

3. 지금은 한국의 금융시장을 키울 골든타임이다.

제조업으로 성장한 한국은, 돈을 부동산으로 집중한 결과 많은 부작용을 키웠다. 국민에게서는 희망을 빼앗았다. 코스피 5,000으로도 부족하다. 10,000 그리고 20,000으로 키워서 금융 강국을 만들어, 미래 세대에게 희망을 물려줘야 한다. 일본의 전철을 따라갈지 세계가 부러워하는 금융 강국을 만들지 결국 우리 손에 달렸다.

나에게 주어진 시간은 나뿐만 아니라 자녀에게까지 영향을 미친다

겨울 방학 기간에 자녀의 스포츠 활동을 위해서 해당 장소까지 데려다 주기도 하고 함께 운동도 하면서 귀한 시간을 보내고 있다. 이런 시간을 보낼 수 있음에 감사한 마음이 든다.

시간에 대해서 생각해 본다. 스포츠 시설에서 만난 은퇴하신 노인분들은 우리 부자를 보며 칭찬도 해 주시고 동시에 부러워하신다. 스포츠는 어려서 배워야 한다고 말씀하시며, 아빠가 왜 이리 젊냐고 하신다. 그분들 입

　　　　　　　　　　　　　　　　　　　주식 투자에 대한 생각

장에서는 내가 젊은 청년으로 보인다고까지 한다. 그렇다. 시간은 굉장히 상대적이다.

나에게 주어진 시간을 어떻게 보내느냐는 하는 것은 나뿐만 아니라 세대를 건너 아들에게까지 영향을 미친다. 그러므로 시간을 허투루 보내는 일은 절대 없어야겠다. 평일에 아들과 함께 운동하며 시간을 보낼 수 있음에 행복하고 감사한 마음이 든다.

생각해 보면 과연 나에게 주어진 시간만 자녀에게 영향을 줄까? 나의 생각과 삶에 대한 태도 그리고 일상 생활이 그대로 자녀에게 알게 모르게 투영된다. 부모는 자신이 알고 있는 세계에 대해서 자녀들과 이야기를 나눈다. 즉 나의 무지가 단순히 나에게만 국한되지 않는 것이다. 그것이 너무 무섭다. 자녀에게 고스란히 전수된다. 좋은 것은 전수되면 더 좋다. 안 좋은 것은 전수되면 더 안 좋다.

만일 내가 주식 시장의 금융 문맹에서 벗어나지 못하고 17년 동안 고생만 해서 한국 주식 시장에서 퇴출되었다면 어떤 일이 발생할까? 이것은 단순히 나의 불행으로만 끝나지 않는다. 자녀들에게 주식 투자를 절대 하지 말라고 강요하면서 그들의 미래 자산을 키울 가능성을 아예 차단하는 일을 벌일 가능성이 매우 높다. 너무 가혹하고 무서운 일이다.

다행히 이런 상황을 만들지 않았고 금융 문맹에서 벗어나서 나의 미래 자산을 더욱 키울 수가 있었다. 자녀도 금융 문맹에서 벗어나 스스로 자산을 키울 기회를 갖게 되어서 감사한 마음뿐이다. 이 사실이 행운이 아니고 무엇인가?

미래에 '한국의 워렌 버핏'을 꿈꾼다

나에게는 두 가지 꿈이 있다. 하나는 바이오 테크 기업의 주인이고 다른 하나는 증권 회사를 소유하는 것이다. 바이오 회사는 영생 기술로 인간의 건강한 삶에 기여하고, 증권 회사는 사람들의 부를 증가시키는 데 기여할 것으로 생각된다. 평생 투자 개념으로 보면 성장할 수 있는 유망한 분야이고 또 개인적으로도 관심이 가는 세계다.

우리나라는 인접한 강대국에 비해 땅도 작고 인구도 적으며 자원도 많이 부족하지만, 교육에 대한 욕심과 관심은 대단히 높다. 이러한 교육열은 우리나라를 빠르게 강국으로 변모시켰으며, 이 덕에 생존과 발전을 유지하고 있다. 앞으로 투자와 관련된 교육도 폭발적인 성장을 할 것으로 생각된다. 작은 것을 크고 강하게 만드는 것이 교육과 투자이다. 강하고 풍요로운 대한민국을 꿈꾸며, 그 다가올 미래에 나는 한국의 워렌 버핏이고 싶다.

한국은 뛰어난 인적 자원을 제대로 쓰지 못하고 있다. 높은 수준의 교육에 비해 상대적으로 약점이 있다. 그것은 바로 금융 문맹이 많다는 사실이다. 아직도 주식 투자를 노름으로 치부하는 사람이 많다. 그 결과 부동산으로 돈이 몰려 집값은 치솟고 청년들은 좌절한다. 노후 세대는 비싼 집을 깔고 있지만 집이 전 재산이므로 쓸 수 있는 돈은 거의 없다. 젊은 세대와 기성 세대 모두 불편한 현실을 마주하고 있는 것이다. 젊은 사람은 집을 사기 위해 대출을 크게 받는다. 미래의 40년을 저당잡히는 것이다. 월급에서 원금과 이자를 제하면 다른 재테크를 시도하기 어렵다. 집을 장만하는 데 일생을 모두 보내는 것이 과연 바람직한가? 그런데 부모는 그런 자녀를 응원한다. 딴 생각은 하지 말고 집부터 장만하라고 신신당부한다.

인간은 실수와 경험을 통해서 발전한다. 그런데 집을 살 때는 단 한 번의 경험으로 너무 많은 제약을 받는다. 성장해야 하는데 집 장만의 대가는 너무 크고 가혹하다. 돈의 효율이 떨어진다. 이에 대한 해법이 주식 투자라고 생각한다. 주식 투자를 통해서 여러 경험을 축적하고 배움을 얻는 것이다. 잘된 의사 결정과 잘못된 의사 결정을 통해 미래의 자양분을 얻는 것이다. 돈이 부동산이 아닌 산업으로 흘러가는 구조를 만들고, 그 속에서 국민의 미래 자산을 형성하며 금융 자산이 커지는 시스템으로 변화하는 것이 돈의 효율을 높이는 길이다. 금융 산업의 발전은 국민의 생활을 크게 향상시킬 것이다.

「주식 투자에 대한 생각」을 백만 권 이상 팔아야겠다. 아니 천만 권이다!

난 욕심이 많다. 우리나라 국민의 부를 키우려면 무엇을 해야 할까? 올바른 방향으로 길게 가면 된다. 바른 방향에 대한 교재가 필요하다. 그 교재가 바로 이 책이다. 많은 사람들이 책을 읽으려면 최소한 백만 권은 팔려서 도처에 책이 있어야 한다. 가정에도 회사에도 그리고 도서관에도 있어야 한다. 그리고 개인들의 스마트폰에서 전자책을 읽는 열풍을 일으키고 싶다. 지하철에서 모두 스마트폰에 얼굴을 묻고 있는데 그 스마트폰에서 쉽게 읽히는 책이 되어서 개인의 자산을 키우도록 만들어 주고 싶다.

처음에는 자신을 위해서 썼고, 쓰다 보니 자녀에게 알려 주고 싶었고, 지인들에게 알려 주고 싶고, 이제는 국민들에게 알려 주고 싶다. 무엇이 이렇게 나를 강하게 이끄는가? 돈이다. 나는 돈을 벌면 행복하다. 주식 투자를 해서 돈을 벌어 보니 그 경험이 너무 좋다. 그리고 무엇보다 자산이 증가한다. 자산을 키울 수 있는 환경이 조성되었다. 그리고 미래에 갈수록 커지는 자산을 생각하니 현재의 돈이 너무 소중하다. 현재의 10,000원은 단순히 10,000원이 아니다. 그 돈을 평생 투자에 사용하면 미래에는 동그라미 숫자가 세 개나 네 개가 더 불어날 수 있는 엄청난 금액이다. 이것이 바로 필자가 가진 돈에 대한 태도이다. 그런데 그런 엄청난 돈을 어찌 함부로 쓸 수가 있겠는가? 물론 투자를 하기 전에도 돈을 함부로 쓰지는 않았지만 투자를 하면서 더욱 스스로 절제가 된다. 자연스러운 현상이다.

자신을 펀드 매니저로 생각하고 자산을 운용한다. 그런데 이렇게 하려면 경험과 절제가 필요하다. 그것을 훈련하는 시간이 필요한데 이 기간을 필자는 최소 10년을 잡는다. 10년은 주식 사이클에 대한 이해가 필요하다. 단기(1년~3년), 중기(3년~5년) 그리고 장기(5년~10년)의 위험을 모두 경험하는 것이 중요해서 오래 걸리는 것이다. 그런데 대부분 이런 위험을 겪고 주식 시장에서 떠나거나, 손실로 인해 시장에서 퇴출 당한다. 우리는 직업을 갖기 위해서 초등학교 6년, 중학교 3년, 고등학교 3년 그리고 대학교 4년을 교육받는다. 16년 이상을 교육을 받는다. 주식 투자는 직업이 아니라 사업이다. 그런데 10년 배우고 경험하는 것이 부당한가?

사실 여기에 비밀이 있다. 이 기간(10년)에 대부분의 투자자가 주식 시장을 비관하게 되기에 자산을 길게 키우지를 못하는 것이다. 단기적이고 근시안적인 생각이 투자를 어렵게 만들고 그 반복된 실수를 무한 반복하는 것이다. 필자는 이것이 너무나 안타깝다. 이것이 바로 금융 문맹이라고 진단을 내렸다. 필자도 그 원인을 알지 못해서 오랫동안 힘든 때가 있었다. 이제는 진실을 깨닫게 되었고 이것을 우리 사회 전체에 알려서 손실을 최소화하도록 돕고 싶다. 그 아낀 시간과 돈을 미래 자산에 오래 투자해서 자산을 불리고, 그 결과 자신의 노후를 스스로 지켜야 한다고 생각한다.

우선 당장 필요한 것은 1,000,000원이라도 미래를 위해서 투자를 시작하는 것이다. 자신의 돈을 넣어야 배움이 빠르다. 이 투자금 1,000,000원에는 동그라미가 세 개 빠져 있는 것이다. 미래에는 10억이 되는 돈이 될 수

                                                   주식 투자에 대한 생각

가 있다. 따라서 1,000,000원을 운용한다고 생각하지 말고 10억 원을 운용한다고 생각하고 투자를 하는 것이다. 처음에는 작은 돈을 크게 키우는 방법을 배우는 것이다. 이런 방법을 익히고 나면 그때는 투자금을 키워도 무방하다. 본격적인 돈을 버는 시간은 10년의 사이클을 경험한 이후이다.

따라서 가능한 한 빨리 시작하는 것이 좋다. 특히 초등학생이 시작을 한다면 최고의 조기 교육 수혜자가 되는 것이다. 10년 경험은 주식 사이클 때문이지 주식 투자의 난도 때문이 결코 아니다. 주식 투자를 한다고 주식에 집중해야 하는 것이 아니다. 주식 공부를 하는 것은 좋다. 그러나 주식 시세에 몰입하는 것은 필요하지 않는 행동이다. 투자자가 주식 시세를 본다고 기업 가치가 상승하는 것이 결코 아니기 때문이다. 만일 투자자가 주식 시세를 매일 보아야 한다면 그런 중노동을 국민에게 추천할 일은 절대로 없다. 스포츠 뉴스를 보는 정도의 관심이면 된다. 따라서 많은 시간을 빼앗지 않는 사업이다. 다만 옳은 방향으로 평생 가는 것이 최고의 효율과 성과를 낼 수가 있다. 따라서 이 『주식 투자에 대한 생각』은 엄마들이 꼭 읽어야 하는 책이다. 자신과 자녀의 미래 자산을 위해서는 함께 읽고 함께 투자를 해야 한다. 그리고 학생들의 미래를 책임지고 있는 영향력이 막강한 선생님들께 강력 추천한다. 대한민국 금융의 발전을 위해서 이 책이 교재로 쓰이길 희망해 본다.

투자에 대한 지극히 개인적인 생각을 세상에 내보내면서 내가 전달하고자 하는 바에 대해 생각해 본다.

1. 투자에 대한 관심과 참여하기
2. 투자에서 본능에 따른 매매에 따른 손실 줄이기
3. 투자의 사이클 (10년) 경험하기
4. 투자는 조기 교육의 최강자(복리의 마법 실현)
5. 동네 부자 되기

투자를 오래 했지만 거의 독학이었다. 말이 독학이지 내가 하고 싶은 대로 했다. 배움 없이 쳇바퀴처럼 투자하니 진전이 없었지만, 아주 우연히 성공의 경험을 하고 투자가 바뀌기 시작했다. 대부분 투자자들이 이렇게 마구 투자를 하다가 중도 포기하게 된다. 좋은 투자 멘토를 만나거나, 혹은 투자에 관한 책을 읽었으면 좋았겠다는 아쉬움도 남지만, 그래도 늦게라도 깨달을 수 있어 행운이라고 생각한다. 지금까지도 나쁘지 않은데 앞으로의 미래는 더욱 기대된다.

필자와 같이 빙빙 돌아가지만 않아도 시간과 돈을 절약할 수 있다. 투자에 있어서는 투자 사이클을 경험하고 이해하는 것이 필요한데, 그 사이클은 10년 정도 되기에 적지 않은 훈련 시간이 필요하다. 주식 투자를 하다 보면 작은 위기가 1년에도 두세 번 찾아온다. 3년에서 5년 사이에는 중간 정도의 위기가 찾아온다. 그리고 견디기 어려운 큰 위기가 10년에 한 번쯤 찾아와서 투자자의 계좌를 초라하게 만든다. 작은 손실도 힘든데, 중간 정도의 손실이나 큰 손실을 입으면 시장에서 퇴출하거나 퇴출 당하기도 한다. 이 사이클을 이해하고 준비하고 또 견디는 힘이 필요하지만 이를 이해하는 사람은 소수 중에 소수이며, 그들이 시장의 이익을 대부분 가져간다. 무엇보다 중요한 것은 이 시기를 견뎌 내야 수익을 얻을 수가 있다. 그리고 이 시기를 견디는 것은 부자가 되는 통과 의례이다.

투자에서 조기 교육은 실패를 줄이고 그만큼 시간과 돈을 절약한다. 절약된 돈은 투자의 씨앗이 되어 나중에 상상하기 어려운 수익으로 바뀐다. 투자는 보통 사회에 나오는 30대에 시작한다. 은퇴 전까지 계속한다면 대략 30년이다. 그런데 일찍 투자를 시작하고 은퇴 이후에도 투자를 하면 투자 기간이 대폭 늘어나게 된다. 복리의 마법이 발휘할 시간을 주면 더 큰 수익을 맛볼 수 있다. 필자는 늦게 깨달았지만, 최대한 오랫동안 시장에 머무는 것이 목표이다.

이미 투자를 시작했다면 누구나 미래에 부자가 되는 것이 확정된 것이나 다름없다. 단지 그 길을 오늘도 내일도 걷는 것이다. 서두를 필요가 전혀 없는데 대부분 조급해하다가 다른 길로 빠지는 것이 문제일 뿐이다. 투자의 세계를 전혀 모르는 사람들이 너무 많다. 또 일부는 애써 외면하려고 노력한다. 그러나 그것은 옳지 않다. 투자의 세계를 이해하고 공부하고 활용한다면 놀랄 정도로 효율이 좋다는 것을 깨닫게 된다. 아내는 수영에 진심이다. 수영을 모르는 사람에게는 수영장이 공포의 대상이지만 수영을 배운 사람에게는 운동장이자 놀이터가 된다. 앞으로 미래 사회는 더욱 발전하게 된다. 사회의 발전을 나의 발전으로 연결시키는 작업은 바로 투자를 해서 그 과실을 나누는 것이다.

재정 독립은 한 인간이 존엄하게 살아가는데 큰 도움을 준다. 개인의 노후를 국가나 자녀에게 의지하지 않는 것은 무척 중요한 일이다. 주식 투자를 통해 충분히 가능하다. 주식 투자를 오래 하다 보면 노후 대비뿐만 아니라 동네 부자가 되는 것까지는 어렵지 않다. 우리나라 교육 수준을 감안할 때 초등학교만 졸업해도 주식 투자에 전혀 지장이 없다고 생각한다. 다만 짧은 시간에 벼락부자가 되고자 하는 사람은 주식 시장에서 퇴출당할 뿐이다. 긴 시간 동안 바른 방법으로 투자한다면 동네 부자가 되는 것은 너무 쉽다.

우리 국민은 빠르다. 교육열도 높다. 금융 문맹을 퇴치하여만 한다. TV를 통해서 교육하고 정보를 제공하면 금융 산업을 빠르게 발전시킬 수가 있다. 이 책이 TV에 소개되고 홍보되기를 간절히 바란다. 그래서 우리 국민 대다수가 이 책을 읽고 금융 문맹을 벗어나기를, 자산을 키워서 우리 금융 산업도 더불어 발전하기를 기도한다. 그리고 무엇보다 자녀에게 이 사실을 알려주고 싶고, 이 글을 통해서 여러분을 응원하고 싶다.

큰 고깃덩어리는 먹기가 불편하다. 그러나 잘게 자르면 먹기도 좋고 맛도 있고 소화도 잘 된다. 한 번에 많은 양의 글을 소화하는 것은 불편할 수가 있다. 쉽게 접하고 자주 보면 그 내용이 내 것이 된다. 이 글은 주식을 처음 접할 때 범할 수 있는 실수를 최대한 줄이고 자신의 시스템을 만들기를 바라는 마음으로 작성되었다. 짧은 기간에 일확천금을 바라면 자금을 시장에 뿌리는 사람이 되고 만다. 그렇게 되어서는 곤란하다. 차라리 그런 사람들은 주식 투자를 하지 않는 것이 낫다.

필자가 바라는 바는 주식 투자를 통해서 노후를 지키는 수단을 만드는 것이다. 장기적인 시스템으로 가야 한다. 돈이 생기면 작은 돈이라도 소중하게 키우는 훈련을 하는 것이다. 주식 사이클을 볼 때 단기(1년~3년), 중

          주식 투자에 대한 생각

기(3년~5년) 그리고 장기(5년~10년)를 모두 경험한 투자자는 많지 않다. 대부분 한 사이클도 버티지 못하고 주식 시장에서 스스로 벗어나거나 퇴출당한다. 이 사이클은 최소한의 훈련 기간이다. 그런데 이 최소한의 사이클에서 돈을 벌겠다고 달려든다. 수업료를 내더라도 이 사이클을 버티고 견디어 내는 것이 주식 투자자의 생존 전략이다. 이 기간에 자신의 시스템을 마련하면 대성공이다. 사실 돈은 그 이후에 벌린다. 그래도 충분하다.

필자는 그동안 23년 이상 주식 투자를 했지만 오만과 자만으로 책을 소홀히 했다. 하고 싶은 대로 주식 매매를 하였고 그 결과는 참담했다. 우연한 기회에 성공을 해서 그 원인을 분석하기 시작했다. 그리고 책을 탐독했다. 그러자 투자의 차원이 바뀌었다. 돌고 돌아서 가야 할 길을 찾은 것이다. 필자와 같은 실수를 하지 않기를 바란다. 평생 투자의 개념으로 가면 투자자 모두가 부자가 될 수 있다. 복리의 마법이 충분히 힘을 낼 때까지, 일찍 시작하고 꾸준하게 투자하고 최대한 길게 투자하면 동네 부자가 되는 것은 너무나 쉽다.

아는 것은 정말 중요하다. 그러나 알고 있는 것을 실천하고 지속하는 것은 또 다른 차원이다. 시작하는 것이 필요하다. 시작은 대단히 작지만 평생 하면 그 결과는 상상하기가 어려울 정도로 커진다. 평범한 일반인이 돈을 버는 것은 쉽지 않다. 돈을 벌기 위해서는 근로자가 되거나 사업가가 되어야 한다. 둘 다 직접 노동을 요구한다. 그런데 투자는 직접 노동 없이 돈을 벌 수가 있다. 그리고 시간이 흐르면서 근로자가 되거나 사업가가 되는 것은 더욱 어려워진다. AI와 로봇의 발전으로 일자리가 위협받고 있어 근로자는 점차 입지가 불안정해진다. 그리고 무엇보다 나이를 먹으면서 일하기는 더 어려워진다. 주식 투자로 자신의 노후를 스스로 대비해서 인간의 존엄성을 지키자.

약은 입에는 쓰지만 몸에는 좋다. 몸에 좋은 약도 삼켜져야 효과가 있다. 입에 쓰다고 뱉어 버리면 무용지물이다. 약은 사람의 몸을 좋게 하기 위해, 여러 사람의 노고를 담아 만들어졌다. 몸에 좋은 소중한 약을 단지 입에 쓰다고 뱉어 버린다면 너무나 아쉬운 일이다. 약을 만들 수는 있지만 소화까지 시켜줄 수는 없다. 자신의 몸을 위해서 삼키는 수고로움은 필수적인 과정이다. 『주식 투자에 대한 생각』도 마찬가지이다. 자신의 노후를 위해서는 이 지식을 자신의 것으로 삼키는 과정이 필요하다. 주식 투자에 대한 생각이 자신의 노후를 건강하게 만드는 약이 되기를 바란다.

가치 있는 것은 시간이 흐르면서 그 진가를 더욱 드러내기 마련이다. 대수롭지 않게 보였던 것도 가격이 폭등한 후 다시 보면 가치 있어 보인다. 낮은 가격일 때는 왜 관심을 갖지 않았는지 후회하기도 한다. 지나고 보면 명백하지만 당시에는 그 가치를 알아보지 못한 것이다. 현재 미국 증시는 최고점을 갱신 중이다. 한국 증시는 2021년 최고점을 찍고 4년을 조정한 후 최근 조금씩 오르고 있다. 주식 투자 사이클에서 4년씩 조정한 경우는 흔한 일이 아니다. 지루한 조정에서 많은 투자자가 한국 증시를 이탈했다. 그러나 시간이 흐르고 보면 '그때가 투자하기에 좋았다'는 후회 섞인 말이 나올 가능성이 무척 높아지고 있다. 높은 가격에서 매수한 것이 아니기에, 오래 버틸 역량만 있다면 사실 좋은 기회였던 것은 분명하다. 시간이 흐르고 보면 높은 가격에서도 한국 주식을 서로 사기 위해서 줄을 서고 있을 것이다. 그런 시간이 반드시 온다.

좋은 약이 효과를 보기 위해서는 적시에 복용해야 한다. 『주식 투자에 대한 생각』은 사람들의 건강한 노후를 위해, 적시에 제공하고자 세상에 5년 정도 빨리 나왔다. 그때가 되면 한국 시장은 한층 더 성장해서 뒤늦은 처방이 될 수도 있기에, 약간의 완성도를 희생하고 꼭 필요한 때에 세상에

    주식 투자에 대한 생각

내놓게 되었다. 특히 지금 한국 주식은 고평가 영역이 절대로 아니다. 4년의 지루한 조정이 있었기에 그 이후 가파른 성장을 보여줄 수밖에 없다. 이것이 그동안 주식 시장을 오랫동안 경험해 본 투자자의 시각이다.

주식 투자의 사이클을 이해하고, 경험하고, 준비하면 건강한 노후는 자연스러운 결과로 나타난다. 특히 어려운 조정장에서 쓰인『주식 투자에 대한 생각』은 투자자들에게 간접 경험과 생각할 기회를 제공할 것이다. 힘든 시장에서 미리 준비하면 좋은 시장에서 빛을 볼 수 있다. 올바른 주식 투자를 통해서 동네 부자가 되기를 진심으로 응원한다.

20여 년 이상 주식 투자 경험자가 지난 6년간의 쓴 사적인 일기 형식의 글을『주식 투자에 대한 생각』으로 묶었다. 이 책을 세상에 내놓기로 마음먹고 빠르게 일을 진행했다. 쓰는 데는 오래 걸렸지만 마음먹은 이상 지체하지 못하는 성격이다. 정돈된 가공품이 아니라 날것의 느낌이 난다. 이 글은 실용적인 글이다. 형식에 얽매여 시간을 낭비하고 싶지 않았다. 필자는 투자자이다. 글까지 잘 쓴다면 시샘 받을지도 모른다고 위로하며 거친 글을 세상에 내놓는다.

이제 이렇게 에필로그를 작성하면『주식 투자에 대한 생각』은 내 손을 떠나게 된다. 그동안 글을 쓰면서 생각하는 재미가 쏠쏠했다. 투자도 재미있다. 글 쓰는 재능은 없지만 몰입해 보니 계속 쓰고 싶어진다. 마감하는 글을 작성하니 시원하면서 또 한편으로는 아쉽다. 그런데 이것으로 글쓰기를 멈추고 싶지 않다. 주식 투자 사이클을 세 번째 경험하고 있는 중인데 네 번째와 다섯 번째도 경험하면서 그 기록을 남기고 싶다. 따라서 이번 출판은 끝이 아니라 또 다른 시작인 것이다. 이번 출판을 통해서 나의 개인적인 투자 경험을 사회적 자산으로 만들고 싶은 욕심이 든다. 다시 말하지만 주식 투자에 있어 경험은 엄청난 자산이다. 그 경험은 자산을 복리로 불려주는 일등공신이다. 주식 투자에 있어 근시안적인 생각을 버리고 장기적인 안목을 갖는 것은 아주 중요하지만 간과되고 있다. 그런 현실이 안타깝다.

지난 6년은 필자의 23년의 주식 투자 인생에서 매우 중요한 시기였다. 2020년 코로나로 인한 급락과 2021년의 급등, 그리고 그 이후 4년간의 지속적인 조정의 시기로 투자자에게 쉽지 않은 시간이었다. 그런데 역설적으로 필자의 주식 투자는 그때 획기적으로도 발전했다. 주식 시장 자체는 험난했지만 그 어려운 시장에서 생존했을 뿐만 아니라 심지어 수익을 낸 것이다. 그리고 무엇보다 나만의 시스템을 만들었고 주식 시장을 새롭게 인식하게 되었다. 그때 필자가 성장하면서 쓴 글이 『주식 투자에 대한 생각』이다. 따라서 어려운 시장에서 느끼는 감정과 생각들이 고스란히 들어있다. 그런 어려운 환경에서 생존하기 위한 고민의 흔적들이 곳곳에 묻어 있다.

필자는 매우 느린 학습자이다. 초등학교 2학년 때까지 받아쓰기를 못해서 매일 남아 늦게까지 재시험을 보아야 했다. 그리고 중학교 1학년 때에는 알파벳을 못 외우고, 역시 영어 단어 받아쓰기를 못해서 손바닥을 많이 맞았다. 그리고 고등학교 때에는 좋은 대학을 가려고 불어를 선택했는데 너무 못해서 고전했다. 그래도 불어에 집중해 불어 성적은 올랐지만 다른 과목을 소홀히 해서 원하는 대학은 가지 못했다. 세무사업도 개업 후 10년 이상 고전한 후 정상 궤도로 만들었다. 그리고 주식 투자에 있어서도 거의 17년의 허송세월을 보내고서야 진정한 주식 투자자의 길을 걷고 있다. 그럼에도 불구하고 필자는 스스로를 응원한다. 조금 느리면 어떠한가? 바른 방향으로 가는 것이 무엇보다 중요하다는 것을 알고 있기 때문이다.

최대한 일찍 시작하고 시장에 오래도록 남는 것의 중요성을 다시 한번 강조하면서 『주식 투자에 대한 생각』이 여러분의 투자 여정에 진심으로 도움이 되기를 희망한다.

지인들과 대화할 때 주식 투자와 관련해서 책을 추천해 달라는 말을 많이 듣는다. 아래는 주식 투자에 유용한 책들이다.

1. 주식 투자에 대한 생각 / 김진산
2. 거래의 신, 혼마 / 이형도
3. 일본 주식 시장의 신 / 고레카와 긴조
4. 제시리버모어 / 정재호
5. 현명한 투자자 / 벤저민 그레이엄
6. 삼원금천비록 / 정재호
7. 강방천의 관점 / 강방천
8. 워렌 버핏의 주주서한 / 워렌 버핏
9. 워렌 버핏 웨이 / 로버트 해그스트롬
10. 100년 투자 가문의 비밀 / 존 로스차일드
11. 존 리, 새로운 10년의 시작 / 존 리
12. 로스차일드 / 데릭 윌슨
13. 돈, 뜨겁게 사랑하고 차갑게 다루어라 / 앙드레 코스톨라니
14. 피터 린치의 이기는 투자 / 피터 린치

작가 인터뷰

이 책을 집필한 계기는 무엇인가요?

주식 투자 일기를 남긴 것은 아빠와 같은 실수를 반복하지 않도록 자녀들에게 기록을 남기고 싶어서였습니다. 그런데 시간이 지나 다시 읽어보니 그것이 저에게도 큰 도움이 되더군요. 그러다 보니 '가족만 볼 것이 아니라 다른 투자자들에게도 도움이 될 수 있지 않을까?'라는 생각이 들었습니다. 무엇보다 많은 투자자가 금융 문맹으로 인해 불필요한 시간과 시행착오를 겪는 현실이 안타까웠어요. 큰 자본과 시간을 낭비하지 않고도 복리의 힘을 키워가는 데 작은 도움이 되길 바라는 마음으로 책을 출판하기로 결심했습니다.

세무사라는 안정적인 직업을 갖고 계시는데, 손실 위험을 감수해야 하는 투자를 23년간 지속한 근본적인 동력은 무엇이었나요?

어려서부터 가난을 겪었습니다. 도시락이 없어 초등학교 시절 점심을 굶은 적도 많았습니다. 그래서였을까요. 부자가 되고 싶었습니다. 큰 부자가 되고 싶었습니다. 빨리 돈을 벌고 싶다는 마음뿐이었어요. 세무사를 해도 큰돈을 벌긴 어렵더라고요. 29살에 세무사 시험에 합격하고 1년 뒤 개업했지만, 현실은 만만치 않았습니다. 영업을 해보니 콘크리트 바닥에 볍씨를 뿌리는 기분이었습니다.

그러던 중 2008년 금융위기 시절 주식 투자로 큰 손실을 봤는데, 오히려 그 경험을 기점으로 다시 영업에 집중하게 되었어요. 생활이 안정되기 시작하면서 주식 투자에서도 성공하고 싶다는 마음이 더 커졌습니다. 뭘 제대로 알고 시장에서 버틴 건 아니었습니다. 그저 버텼을 뿐이고, 지금 돌이켜보면 운이 좋았다고 생각합니다.

　　　　　　　　　　　　　　　주식 투자에 대한 생각

세무사로 일한 경험이 투자하는 데에 어떤 영향을 주었나요?

세무사들이 투자를 잘할 거라고 생각할 수 있지만, 사실 저 역시 금융 문맹자였습니다. 경영학과를 졸업했고, 경영대학원도 마쳤음에도 금융 문맹 상태로 17년이나 투자를 해왔습니다. 금융 문맹에서 벗어난 지 이제 겨우 5년 정도 됐어요. 세무사라서 기업을 조금 더 쉽게 이해할 수는 있지만, 투자는 그게 결정적인 요소가 아니더라고요.

그래도 도움이 된 부분이 있다면, 꾸준한 현금흐름 덕분에 마음이 덜 흔들렸다는 점 정도였습니다. 투자에서 손실이 나더라도 생활이 유지될 수 있는 여건이 중요합니다. 투자는 항상 손실의 순간이 찾아오는데, 그때 당장 돈이 필요한 상황이면 제대로 버티기가 어렵거든요.

2020년, 17년 만의 실패를 딛고 −80% 계좌가 5개월 만에 수익으로 바뀌었을 때 가장 먼저 든 생각은 무엇이었나요?

2020년 3월, 코로나 위기 때 갑작스러운 큰 손실을 보고 사실상 자포자기 상태였어요. 만약 그때 남은 20%라도 지키겠다고 서둘러 팔고 다시 투자했다면, 지금의 경험과 깨달음은 얻지 못했을 겁니다. 손실이 커지면 본능적으로 '살아남아야 한다'라는 욕구가 올라와요. 제가 그 원리를 이해하고 행동한 건 아니었습니다. 단지, 제 실력으로 다른 종목에 투자해 400% 수익을 낼 자신이 전혀 없었기 때문에 아무 행동도 하지 않은 채 멈춰 있었을 뿐입니다. 지금 돌아보면 정말 운이 좋았던 겁니다.

하지만 그 과정에서 중요한 깨달음을 얻었습니다. 금융에서는 유리한 환경에서만 행동하고 불리한 시기에는 인내해야 한다는 것입니다. 이렇게 단순한 원리를 이해하면서 비로소 금융 문맹에서 벗어날 수 있었습니다. 그때 움직여서 손해를 봤다면, 아마 자녀들에게 '주식은 절대 하지 말라'고 했겠죠. 그렇게 되면 저뿐만 아니라 자녀들도 가난의 악순환을 벗어나지 못했을 겁니다. 그 생각을 하면 지금도 안도의 한숨이 나옵니다.

17년간 투자 실패를 겪던 시기에는 투자 일기를 쓰지 않으셨다고 하셨는데요. 만약 투자를 시작할 때부터 지금처럼 글을 쓰셨다면 무엇이 달라졌을까요?

대단히 중요하고 가치 있는 질문입니다. 우리 대부분은 정작 '나'에 대해 너무 모르고 삽니다. 시장 환경이 바뀔 때 내가 어떻게 반응하는지 스스로 깨닫지 못하는 경우가 많죠. 그러다 보니 자신에 대한 데이터도 없이 그때그때 감정이 시키는 대로 움직이곤 합니다. 일기를 쓰는 사람과 쓰지 않는 사람은 하루가 다르고, 쌓이는 경험의 질도 다릅니다. 만약 투자 초기부터 투자 일기를 썼다면 17년 동안 그렇게 많은 시행착오를 겪지 않았을 거예요. 훨씬 빨리 금융 문맹에서 벗어나 지금과는 비교할 수 없을 만큼 더 큰 부를 축적했겠죠. 이 책을 출판하기로 한 이유도 바로 그 때문입니다.

작가님의 책을 읽고 투자 일기를 쓰기 시작할 독자들에게 '이것 하나만은 꼭 기록하라'고 조언해 주고 싶은 것이 있다면요.

주식을 매수할 때는 그 이유와 매수 가격을 기록하고, 매도할 때도 왜 팔았는지, 얼마에 팔았는지를 남겨두어야 합니다. 인간은 망각의 동물이어서, 매수·매도 판단을 그때그때의 기분에 따라 해버리는 경우가 정말 많거든요. 그래서 주어진 시장 환경에서 내가 어떻게 반응하는지 데이터로 쌓아가는 과정이 중요합니다. 자신에 대한 데이터가 충분히 쌓이면, 성공한 거래와 실패한 거래를 비교해 어떤 부분을 반복해야 할지 알게 됩니다. 그렇

     주식 투자에 대한 생각

게 자신의 노하우가 만들어지고, 반복되는 실수를 줄여갈 수 있습니다. 무엇보다 투자자는 차분한 마음을 유지해야 합니다. 기분에 따라 매매해서는 안 됩니다. 투자 일기를 쓰면 마음이 가라앉고, 상황을 더 객관적으로 바라볼 수 있게 됩니다.

자녀에게 '물고기 잡는 법'을 알려주기 위해 책을 쓰셨다고 했습니다. 실제로 자녀들과 돈이나 투자에 관해 어떤 대화를 나누시는지 궁금합니다.

아직 학생이라 소득이 없기 때문에 지금은 자신에 대한 투자를 게을리하지 말라고 말합니다. 그래도 자녀들도 약 2천만 원 정도의 증권계좌를 가지고 있습니다. 아이들이 직접 투자하고 싶은 종목을 사보는 경험도 시켜주고요. 시간이 지나 소액 계좌가 커가는 과정을 직접 보게 되면, 훨씬 자연스럽게 투자를 받아들이게 될 거라고 기대합니다. 때가 되면 스스로 투자 공부를 시작할 시기가 오겠죠. 장기적인 관점을 가지고 평생 투자하는 태도를 갖기를 바라는 마음으로 제가 겪은 경험도 자주 들려줍니다. 앞으로 투자가 삶을 더 윤택하게 만들어주는 동반자가 될 거라고 계속 강조하고 있습니다.

2008년 금융위기, 2020년 코로나 위기 등 세 번의 사이클을 겪으셨습니다. 지금 만약 네 번째 위기가 온다면 어떻게 대응할 것 같나요?

이 질문은 저에게 매우 흥미로운 주제인데요. 위기는 전혀 예상하지 못한 순간에 찾아옵니다. 모두가 낙관적으로 변할 때, 위기는 기습적으로 나타나 많은 투자자가 손실에 절망하게 만들고, 시장에는 피비린내 나는 혼란이 퍼지게 됩니다. 이런 상황은 인간의 탐욕과 극심한 버블 때문에 발생합니다. 모두가 한꺼번에 시장에서 빠져나가려 몸부림치고, 지구가 멸망할 것처럼 시장은 공포에 휩싸이죠. 고가에 매수한 주식은 휴지처럼 싸게 팔리려고 사람들이 줄을 서게 됩니다. 저 역시 예외 없이 큰 손실을 입게 되겠죠. 다만 그때 싸게 팔려고 몸부림치지 않고, 손실을 버티거나 여유가 있다면 저점에서 매수할 기회를 잡기 위해 최선을 다할 겁니다. 투자자로서 위기는 무섭기도 하지만, 동시에 퀀텀 점프의 기회가 되기도 합니다. 그 순간 생존한 투자자는 수익을 독식하게 됩니다. 2020년 3월 코로나 위기처럼 위기는 예고 없이 찾아오지만, 그때의 경험이 바로 생존 가능성을 높여줍니다.

주식 투자 외에 다른 재테크나 지출 관리를 위한 조언을 해주신다면요.

주식 투자 외에도 부동산 투자도 일부 하고 있지만, 성적은 그리 좋지 않습니다. 주식 투자가 효율이 더 높다고 보기 때문에 앞으로는 부동산 투자를 줄이고 금융 자산을 더 키우고 싶은 마음입니다.

지출 관리는 특별히 따로 하진 않습니다. 작은 돈도 주식 투자에 활용하다 보니 자연스럽게 절제된 생활을 하게 됩니다. 최소한의 소비만 하고 나머지는 모두 투자에 활용합니다. 돈은 일해야 한다는 생각 때문입니다. 투자한 돈이 미래에 불어나게 될 것을 생각하면, 작은 돈도 함부로 쓸 수 없습니다. 50년 동안 투자하면 동그라미가 몇 개는 더 생기는데, 그 돈을 어떻게 함부로 쓰겠습니까? 절제된 생활을 하다 보면 시간도 절약되고, 돈도 아끼게 됩니다. 열심히 투자하다 보면 돈을 쓰는 것조차 불편하게 느껴집니다.

     주식 투자에 대한 생각

주식 투자를 넘어 돈에 관한 심리와 철학을 다뤄주셨는데요. 책을 쓰면서 스스로에 대해 새롭게 발견한 것이 있나요?

돈은 주인이 어떤 태도를 취하느냐에 따라 친구를 더 많이 데려오기도 하고, 때로는 주인에게서 떠나기도 합니다. 주인이 돈을 존중하고, 더 커질 수 있도록 대우하면 그에 맞게 따라주고, 무리 지어 다니기도 합니다. 반대로 함부로 대하면 주인에게 등을 돌립니다. 그래서 돈은 소중하게 다뤄야 하며, 없으면 불편함을 느낄 정도로만 소비합니다. 그렇게 하면 돈 스스로도 잘 자랍니다. 또한 돈은 돈을 버는 재주가 있습니다.

저는 글재주는 부족하지만, 책을 쓰면서 몰입하는 즐거움을 느꼈습니다. 글로 먹고살아야 했다면 힘들었겠지만, 그렇지 않아도 되기에 만족하며 글을 쓸 수 있었습니다. 투자에 눈을 뜬 것이 정말 큰 축복이라는 것을 다시 한번 확인하게 되었습니다.

주식 투자로 수익 내는 법을 깨닫고 책을 쓴 지금, 이후 또 다른 목표가 있다면 무엇인지 궁금합니다.

현재의 생활을 생이 다하는 날까지 지속하는 것이 목표입니다. 부자가 되기 위해 주식 투자를 시작했지만, 지금은 이미 부자가 되었고 생활에도 불편함이 없습니다. 너무 좋습니다. 그런데 지금의 이 생활을 그만두고 싶지가 않습니다. 재미도 있고, 수익까지 생기니까요. 가끔은 투자가 주어진 사명처럼 느껴지기도 하는데, 생명이 유한하다는 점이 아쉬울 따름입니다.

다른 사람들도 평생 재미있게 투자하는 행운을 누렸으면 좋겠습니다. 더 많은 사람이 금융 문맹에서 벗어나도록 돕고 싶어서 이 책을 썼습니다. 조금 거창하게 들릴지 모르지만 제2의 새마을 운동과 같은 영향력이 생기기를 바라는 마음입니다. 금융이 발전해서 대한민국이 진정한 선진국으로 나아갈 수 있었으면 합니다.

과거의 작가님처럼 손실로 고통받고 있을 투자자들에게 꼭 전하고 싶은 한마디는 무엇인가요?

과거의 저는 손실 때문에 짜증과 화가 나 저가에 주식을 팔아버린 적이 많습니다. 그런데 시간이 흐르고 보면, 그 주식 중 상당수가 몇 배씩 오른 경우가 많았습니다. 시장과 내가 같은 방향이 아닐 때가 많다는 것을 깨달았죠. 아직 자신의 순번이 오지 않았을 때도, 미래에는 반드시 수익이 올 것이라고 믿고 버티는 역량이 필요합니다. 시장에서 끝까지 버티세요. 투자할 때의 마음가짐을 잊지 말고, 손실도 견디다 보면 반드시 좋은 시절이 옵니다. 빈번한 매매나 본능에 따른 매매는 자제해야 합니다. 손실 때문에 투자를 멈추지 말고, 성공한 사람들의 책을 읽어 간접 경험을 쌓는 것이 중요합니다.

성공한 투자자의 책은 자신의 부의 그릇을 키우는 데 도움이 됩니다. 그릇이 너무 작으면 넘치는 부를 다 담을 수 없습니다. 투자는 결과도 중요하지만, 과정 자체에도 큰 가치가 있습니다. 지금의 손실을 경험하면서 반대로 수익이 났을 때 어떻게 할지를 생각해 보는 것도 좋습니다. 손실을 참는다는 것은, 반대로 수익도 견딜 수 있다는 것을 실험하는 과정이기도 합니다. 주식 투자 수익은 '인내의 과실'임을 명심하시기를 바랍니다.

작가 홈페이지

    주식 투자에 대한 생각

주식 투자에 대한 생각

세무사가 기록한 진짜 주식 투자 잘 하는 법

발행일 2025년 12월 19일

지은이 김진산
펴낸이 마형민
기획 페스트북 편집부
편집 곽하늘 강채영 유혜수
디자인 김안석 표진아
펴낸곳 주식회사 페스트북
주소 경기도 안양시 동안구 관악대로 488
홈페이지 festbook.co.kr

© 김진산 2025

ISBN 979-11-6929-954-1 03320
값 21,000원